Leven/Schlienkamp · Erfolgreiches Depotmanagement

Franz-Josef Leven
Christoph Schlienkamp

Erfolgreiches Depot- management

Wie Ihnen die moderne
Portfoliotheorie hilft

GABLER

Die Deutsche Bibliothek – CIP-Einheitsaufnahme

Leven, Franz-Josef:
Erfolgreiches Depotmanagement : wie Ihnen die moderne
Portfoliotheorie hilft / Franz-Josef Leven ; Christoph Schlienkamp. –
Wiesbaden : Gabler, 1998
ISBN 3-409-14075-1

Alle Rechte vorbehalten
© Betriebswirtschaftlicher Verlag Dr. Th. Gabler GmbH, Wiesbaden 1998
Lektorat: Sandra Käfer / Maria Kooyman
Der Gabler Verlag ist ein Unternehmen der Bertelsmann Fachinformation GmbH.

http://www.gabler-online.de

Höchste inhaltliche und technische Qualität unserer Produkte ist unser Ziel. Bei der
Produktion und Verbreitung unserer Bücher wollen wir die Umwelt schonen: Dieses
Buch ist auf säurefreiem und chlorfrei gebleichtem Papier gedruckt. Die Einschweiß-
folie besteht aus Polyäthylen und damit aus organischen Grundstoffen, die weder bei
der Herstellung noch bei der Verbrennung Schadstoffe freisetzen.

Die Wiedergabe von Gebrauchsnamen, Handelsnamen, Warenbezeichnungen usw. in
diesem Werk berechtigt auch ohne besondere Kennzeichnung nicht zu der Annahme,
daß solche Namen im Sinne der Warenzeichen- und Markenschutz-Gesetzgebung als
frei zu betrachten wären und daher von jedermann benutzt werden dürften.

Umschlaggestaltung: Schrimpf und Partner, Wiesbaden
Satz: Fotosatz L. Huhn, Maintal
Druck und Bindung: Wilhelm & Adam, Heusenstamm
Printed in Germany

ISBN 3-409-14075-1

Geleitwort

Die private Ersparnis wird in Zukunft stark an Bedeutung gewinnen. Die absehbaren demographischen Änderungen – sinkende Geburtenzahlen, längere Ausbildungszeiten und damit ein späterer Eintritt in das Erwerbsleben, steigende Lebenserwartung – machen eine verstärkte eigene Vorsorge unbedingt notwendig. Die gesetzliche Rente wird für die heute am Anfang oder auch in der Mitte ihres Berufslebens Stehenden bei weitem nicht ausreichen, den gewohnten Lebensstandard zu sichern. Jeder ist deshalb aus eigenem Interesse gehalten, zusätzliche Vorsorge durch eigenes Sparen zu treffen.

Sparen allein reicht aber nicht aus; die Ersparnisse müssen auch sinnvoll investiert werden. Rentabilität, Sicherheit und Liquidität sind die wichtigsten Eigenschaften, nach denen eine Geldanlage beurteilt wird. Insbesondere Rendite und Sicherheit bewegen sich im Regelfall gegenläufig: eine höhere Rendite ist nur zu erreichen, wenn auch ein höheres Risiko in Kauf genommen wird.

Die moderne Finanztheorie zeigt, daß durch eine angemessene Mischung verschiedener Anlageformen in einem Depot das Verhältnis von Rendite und Risiko wesentlich verbessert werden kann. Es kommt nicht darauf an, die einzige „optimale Aktie" oder die einzige „unübertreffbare Anleihe" zu finden, sondern eine optimale Mischung aus Aktien, Anleihen und anderen Formen der Geldanlage. Die verschiedenen Anlageformen schließen einander deshalb nicht aus, sondern sie ergänzen sich.

Dem Anleger steht heute eine breite Palette von Angeboten zur Verfügung: Aktien, festverzinsliche Wertpapiere, Investmentfonds, kapitalbildende Lebensversicherungen und einiges mehr. Die tatsächliche Nutzung dieser Anlageformen ist aber sehr ungleichgewichtig. So verzichtet etwa eine Mehrzahl von Anlegern auf die Aktienanlage, obwohl diese gerade für die langfristige Vorsorge besonders geeignet ist.

Dieses Buch eröffnet dem privaten Anleger erstmals in leicht verständlicher, mathematisch nicht überfrachteter Form einen Zugang zur modernen Finanztheorie. Damit gibt es dem Sparer ein auf seine Verhältnisse zugeschnittenes Instrumentarium an die Hand, ein optimales Depot aus Aktien und Anleihen zusammenzustellen und zu pflegen. Das hier dargestellte Vorgehen bei der strukturierten Depotgestaltung, die „Asset Allocation-Methode", wird von professionellen Portfoliomanagern bei Versicherungen, Investmentfonds und Banken schon lange mit Erfolg angewandt.

Einen besonderen Schwerpunkt des Buches bildet die Darstellung der risikomindernden Wirkung einer bewußten Streuung der Anlagemittel auf verschiedene Wertpapiere. Es steht zu hoffen, daß dies die verbreitete Zurückhaltung gegenüber der Anlageform Aktie – die oftmals zu Unrecht als besonders risikoreich gilt – überwinden hilft und mehr Anleger als bisher neben festverzinslichen Wertpapieren auch Aktien Platz in ihrem Depot einräumen. Dies wäre nicht nur aus einzelwirtschaftlichen Gründen – wegen der höheren Durchschnittsrendite der Aktie – zu begrüßen, sondern auch aus gesamtwirtschaftlichen, denn die deutsche Wirtschaft benötigt dringend eine bessere Eigenkapitalausstattung zur Bewahrung und Schaffung neuer Arbeitsplätze.

Dem vorliegenden Buch wünsche ich eine weite Verbreitung und Beachtung.

Frankfurt am Main, im Dezember 1997   DR. RÜDIGER VON ROSEN

Vorwort

Die oft sehr mathematisch formulierte und im wesentlichen nur den professionellen Finanzanalysten und Portfoliomanagern zugängliche moderne Portfoliotheorie auch Privatanlegern verständlich zu machen, ist das Anliegen unseres Buches. Der Hauptunterschied zu anderen einschlägigen Werken, die sich mit der Geldanlage befassen, liegt in der konsequenten Anwendung der „Asset Allocation-Methode". Wir suchen nicht mehr nach einzelnen aussichtsreichen Aktien (Stock picking) oder Anleihen, sondern bauen ein Wertpapierdepot „von oben her" auf. Damit wird das Risiko der Anlage vermindert und die zu erwartende Rendite berechenbarer.

Dieses Buch hat sehr stark von dem intensiven Gedankenaustausch mit vielen Freunden und Kollegen profitiert, die sich der nicht immer leichten und angenehmen Mühe unterzogen haben, als kritische Testleser zu fungieren. Unser besonderer Dank gilt Frank Bauer, Andreas Bolle, Sabine S. Dahms, Dr. Bernhard Dicke, Ralf Eckes, Norbert Frei, Hermann Kutzer, Rainer Linden, Annette Milz-Dicke, Michael Müller, Dr. Michael Schaal, Heike Schumacher und Dr. Georg Thilenius. Ohne ihre Hilfsbereitschaft und Unterstützung wäre das „Produkt" unserer Bemühungen sicherlich nicht in der Form zustande gekommen, wie es jetzt vorliegt.

Dr. Rüdiger von Rosen hat das Buch in seinem Geleitwort in den aktuellen und doch zeitlosen Zusammenhang von Sparen, Vorsorge, demographischer Entwicklung und gesamtwirtschaftlichen Erfordernissen eingeordnet. Dafür danken wir ihm.

Kaarst und Hilden, November 1997 FRANZ-JOSEF LEVEN
CHRISTOPH SCHLIENKAMP

Inhaltsverzeichnis

Der Gewinn ...

oder
*wie auch erfreuliche Nachrichten manchmal große Ratlosigkeit
auslösen können.*

Manfred E. flattert die erfreuliche Mitteilung ins Haus, daß er bei
einer Lotterie stolze 100.000 DM gewonnen hat. Schon bald beginnen natürlich Überlegungen, was mit dem plötzlichen Wohlstand
anzufangen sei. Manfred E.s Großmutter dringt auf eine sichere
Geldanlage: „Nimm Dir Sparbriefe, mein Junge, die habe ich auch;
und gib bloß nicht zuviel von dem Geld aus. Denk an Deine Zukunft!" Seine Eltern haben allerdings andere Vorstellungen: „Termingeld, Manfred, das ist das einzig Wahre, da kommst Du immer
schnell an Dein Geld ran" rät der Vater, doch die Mutter widerspricht vehement: „Nein, Bundesobligationen und Schatzbriefe
mußt Du kaufen – die bringen viel mehr an Zinsen!"

Auch Manfred E.s Freunde sparen nicht mit Anlagevorschlägen,
Empfehlungen und heißen Tips: „Mach in Aktien", „Options-
scheine!", „Investmentfonds sind am bequemsten, da kümmern
sich Fachleute drum" und „Immobilien – die gehen auch bei Inflation nicht kaputt". Manfred E. läßt sich von den vielen Vor-
schlägen, die ihm gemacht werden, aber nicht verwirren. Bisher
hatte er sich zwar nie große Gedanken um seine Geldanlage machen müssen, denn er hatte einfach nicht viel anzulegen. Er weiß
aber zweierlei: das Sparbuch, auf dem er seine Notgroschen liegen hat, ist sicher nicht der richtige Platz für seinen ganzen Gewinn, und wer über eine solche Anlagesumme zu verfügen hat
wie er, sollte sich gut und kompetent beraten lassen.

Schon früh am nächsten Morgen sitzt Manfred E. deshalb vor
dem Schreibtisch von Udo H., dem Anlageberater seiner Bank,
und schildert ihm sein „Problem". Der Anlageberater gibt ihm
zunächst einmal eine kurze Einführung in zwei wichtige Anlageformen, nämlich Anleihen und Aktien.

Das gleiche erwartet Sie, verehrte Leser, auf den nächsten Seiten.

1. Aktien und Anleihen – eine erste Annäherung

Die Beschreibung der Vielzahl unterschiedlicher Anlageformen, die dem Privatanleger zur Verfügung stehen, ist nicht das Anliegen dieses Buches. Wir möchten Ihnen vielmehr knapp, präzise und verständlich das Spektrum der Möglichkeiten, Geld mehr oder weniger gut in festverzinslichen Wertpapieren oder in Aktien anzulegen, darstellen. Zusätzliche Informationen zu den einzelnen Anlageformen und zu ihrer Beurteilung erhalten Sie in den späteren Kapiteln, wenn es zum Beispiel um die Rendite, das Risiko oder die steuerliche Behandlung der Anlageformen geht, und aus der angegebenen weiterführenden Literatur.

1.1 Das Geldvermögen der privaten Haushalte in der Bundesrepublik Deutschland

Am Ende des Jahres 1996 verfügten die privaten Haushalte in der Bundesrepublik Deutschland über das beachtliche Geldvermögen von 4,96 Billionen DM. Davon waren 768,3 Mrd. DM in festverzinslichen Wertpapieren und 295,9 Mrd. DM in Aktien angelegt. Auch wenn manche der anderen Anlageformen – so etwa die Spareinlagen (das gute alte Sparbuch) – quantitativ bedeutsamer waren, wollen wir uns im folgenden vor allem auf diese beiden konzentrieren, denn sie bieten dem Anleger die besten Chancen, sind aber gleichzeitig oft erklärungsbedürftig.

1.2 Anleihen

Anleihen gehören völlig zu Recht zu den beliebtesten Anlageformen der Bundesbürger. Beim Kauf einer Anleihe gibt der Anleger dem Emittenten ein Darlehen, das mit einem im Regelfall vorab vereinbarten Satz verzinst wird. Zum Ende der Laufzeit der Anleihe wird der Anleihebetrag getilgt und steht dem Investor für eine Neuanlage oder eine andere Verwendung zur Verfügung. Da Anleihen aber börsennotierte Wertpapie-

Tabelle 1: Geldvermögen privater Haushalte (in Mrd. DM)

	1990	1991	1992	1993	1994	1995	1996
Bargeld und Sichteinlagen	276,9	293,4	334,4	368,6	384,9	408,7	441,3
Termingelder	396,5	459,2	505,4	528,1	463,5	416,8	372,5
Spareinlagen	743,7	743,5	761,0	850,2	930,6	1.033,7	1.129,0
Bausparkassen	125,7	132,1	138,7	145,5	151,6	155,1	164,6
Versicherungen	646,6	698,5	759,3	828,5	903,2	988,6	1.066,7
Geldmarktpapiere	10,8	11,3	14,2	12,8	7,8	4,1	3,8
Festverzinsliche Wertpapiere	440,2	526,7	542,6	570,8	612,1	737,0	768,3
Investmentzertifikate	132,9	163,6	212,7	265,8	323,5	353,4	394,3
Aktien	174,3	182,0	174,7	227,8	225,4	245,6	295,9
Sonstige Forderungen	239,5	257,1	279,8	301,0	297,2	304,6	308,7
Insgesamt	3.187,1	3.467,4	3.722,8	4.099,1	4.299,8	4.647,6	4.955,0

re sind, kann der Anleger sich während der Laufzeit zu jedem beliebigen Zeitpunkt von seinem Investment trennen, indem er die Anleihe einfach von seiner Bank an der Börse verkaufen läßt.

Die unterschiedlichsten Emittenten geben Anleihen zur Deckung ihres Finanzbedarfs aus. Für den privaten Anleger sind vor allem die Papiere des Bundes, der Bundesländer und anderer öffentlicher Institutionen von Interesse. Daneben sind z.B. Pfandbriefe von Hypothekenbanken und Industrieobligationen zu nennen. Die Laufzeiten von neu emittierten Anleihen liegen zwischen einem Jahr und 30 Jahren, so daß für jeden Anlagehorizont das richtige Angebot zu finden ist.

Die Anleihe ist eine äußerst vielseitige Anlageform mit einer unerschöpflichen Vielfalt von Variationen, von denen hier nur die wichtigsten Formen kurz dargestellt werden können:

- *Bundesobligationen* haben eine Laufzeit von fünf Jahren und eignen sich für den mittelfristig orientierten Anleger.

- *Bundesanleihen* mit einer zehnjährigen oder noch längeren Laufzeit sind für den langfristig orientierten Sparer interessant, eignen sich aber auch für kürzere Anlagefristen, da sie genau wie Bundesobligationen jederzeit an der Börse ge- oder verkauft werden können.

- *Bundesschatzbriefe* haben eine Laufzeit von sechs (Typ A) oder sieben Jahren (Typ B) und sind mit einem jährlich steigenden Zins ausgestattet. Sie können nicht an der Börse verkauft, wohl aber bis zu einer monatlichen Obergrenze von 10.000 DM an den Emittenten zurückgegeben werden.

- *Industrieanleihen* werden von großen Unternehmen emittiert und weisen in der Regel einen etwas höheren Zinssatz als Anleihen öffentlicher Schuldner auf.

- *DM-Auslandsanleihen* werden zwar von ausländischen Emittenten ausgegeben, doch die Anleihewährung ist die DM, so daß der Anleger kein Währungsrisiko trägt. Trotzdem ist der Anleger gut beraten, vor dem Kauf einer DM-Auslandsanleihe die Kreditwürdigkeit des Emittenten genau zu prüfen. Dies ist für den Privatanleger oftmals nur schwer möglich, so daß er hier besonderen Wert auf eine kompetente Beratung durch seinen Anlageberater legen sollte.

- Bei *Fremdwährungsanleihen* trägt der Anleger neben dem üblichen Risiko auch ein Währungsrisiko, denn bei Rückzahlung des Anleihebetrages kann der Wert der Anleihewährung unter dem ursprünglichen Kurs liegen. Dem steht aber auch eine Gewinnchance gegenüber, wenn die Anleihewährung gegenüber der DM an Wert gewinnt. Gleiches gilt für die Zinszahlungen, denn die Zinsen werden ebenfalls in Fremdwährung gezahlt, und die Höhe der Zinsen in DM hängt von dem jeweils aktuellen Wechselkurs der Fremdwährung ab.

- Kauft der Anleger einen *Zerobond*, so erhält er gar keine laufenden Zinszahlungen. Statt dessen werden ihm die während der Laufzeit anfallenden Zinsen und Zinseszinsen zusammen mit der Tilgung ausgezahlt, was insbesondere unter steuerlichen Gesichtspunkten sehr interessant sein kann.

- Bei *variabel verzinslichen Anleihen* kann man eigentlich nicht mehr von einem „fest-"verzinslichen Wertpapier sprechen. Die Verzinsung dieser Papiere wird in regelmäßigen, meist halbjährlichen Abständen an die allgemeine Zinsentwicklung angepaßt und kann daher stark schwanken. Andererseits ist das Kursrisiko bei diesen Anleihen sehr begrenzt: da sich diese Papiere stets entsprechend der aktuellen marktüblichen Rendite verzinsen, weicht ihr Börsenkurs praktisch kaum vom Nennwert ab.

Die Ausgestaltungsmöglichkeiten einer Anleihe sind praktisch unbegrenzt und werden von den soeben vorgestellten Anleihearten noch lange nicht vollständig abgedeckt. Jeder Anleger sollte sich deshalb sehr genau über die Konditionen und Merkmale der Anleihe seiner Wahl informieren.

Entscheidend für die Rendite, die mit einer Anleihe erzielt werden kann, ist u.a. die Bonität des Emittenten, d.h. das Vertrauen der Marktteilnehmer in seine Fähigkeit, Zinsen und Tilgungsbetrag vereinbarungsgemäß zu zahlen. Je höher die Bonität eines Emittenten, desto geringer ist die Rendite, die er den Kapitalgebern versprechen muß. Umgekehrt muß ein Emittent mit schlechter Bonität eine hohe Rendite bieten, um überhaupt Kapitalgeber zu finden und sie für ihre Risikobereitschaft zu entlohnen. Jeder Anleger muß sich deshalb stets bewußt sein, daß eine Anleihe mit höherer Rendite immer auch ein höheres Risiko mit sich bringt. Nach oben sind dem Risiko und damit auch der Rendite kaum Grenzen gesetzt.

Die Anlage in Anleihen ist im Gegensatz zu Spar- und Termineinlagen oder Sparbriefen nicht völlig kostenlos, denn die Kreditinstitute erheben für die Verwahrung und Verwaltung der Anleihen Depotgebühren. Wird die Anleihe nicht bei der Emission gekauft, sondern zu einem späteren Zeitpunkt an der Börse, werden ebenfalls Bank- und Maklergebühren fällig. Alle diese Kosten lassen sich bei Anleihen des Bundes vermeiden, wenn die Anleihe unmittelbar bei der Emission erworben und sofort bei der Bundesschuldenverwaltung in Bad Homburg (statt in ein Wertpapierdepot bei einem Kreditinstitut) eingeliefert wird. Die Banken nehmen entsprechende Aufträge zwar nicht immer sehr bereitwillig entgegen, doch weil sie gesetzlich dazu verpflichtet sind, lassen sie sich durch unbeirrtes Verweisen auf die Rechtslage überzeugen.

Vor einem möglichen Mißverständnis soll bereits an dieser Stelle gewarnt werden: die Rendite, die mit einer Anleihe erzielt werden kann, ist nur in Ausnahmefällen identisch mit dem Zinssatz, der Jahr für Jahr bis zur Tilgung an den Anleger gezahlt wird. Der Grund hierfür liegt in der Differenz zwischen dem Nennwert, auf den sich der Zinssatz bezieht, und dem Kurswert, zu dem der Anleger die Anleihe kauft.

Erwirbt der Anleger die Anleihe genau zu ihrem Nennwert, also zu 100 Prozent, und hält sie bis zur Tilgung, die ebenfalls zu 100 Prozent erfolgt, so sind nominaler Zinssatz (Kupon) und tatsächliche Rendite identisch. Das ist aber die Ausnahme, denn selbst bei der Emission wird die Anleihe oft nicht genau zum Nennwert ausgegeben, sondern mit einem Auf- oder Abgeld (das der Feinregulierung der Emissionsrendite dient). Kauft der Anleger die Anleihe zu einem unter dem Nennwert liegenden Kurswert, so kann er bei der Tilgung neben den Zinsen auch einen Kursgewinn vereinnahmen; kauft er sie hingegen zu einem über dem Nennwert liegenden Kurswert, erhält er bei der Tilgung den geringeren Nennwert zurück und erleidet einen Kursverlust.

Wartet der Anleger bis zur Tilgung, so erhält er stets den Nennwert der Anleihe zurückgezahlt. Insofern unterscheidet sich die Anleihe nicht vom Sparbrief. Sie bietet aber im Regelfall zusätzlich die Möglichkeit, daß sie vor Ende der Laufzeit zum aktuellen Kurswert an der Börse verkauft werden kann. Der Anleihebesitzer ist somit bei plötzlichem und unerwartetem Liquiditätsbedarf nicht wie beim Sparbrief gezwungen, einen Kredit zu ungünstigen Konditionen aufzunehmen.

Der Kurswert der Anleihe hängt von der Restlaufzeit, der aktuellen Marktrendite und dem Nominalzins, mit dem die Anleihe ausgestattet ist, sowie der Bonität des Schuldners ab und läßt sich – wie in einem späteren Kapitel noch gezeigt wird – recht einfach berechnen.

Ende 1996 hatten die Bundesbürger 768,3 Mrd. DM, d.h. 15,5 Prozent ihres gesamten Geldvermögens in festverzinslichen Wertpapieren angelegt, was die große Beliebtheit dieser Anlageform widerspiegelt. Vom gesamten Umlauf festverzinslicher Wertpapiere machen die Bankanleihen etwa 50 Prozent und die öffentlichen Anleihen 35 Prozent aus. Die Papiere dieser Emittentengruppen sind in den Depots privater Haushalte wahrscheinlich überproportional vertreten, während Industrieanleihen, DM-Auslandsanleihen u.a. in der Anlagepraxis des Durchschnittsanlegers eine eher untergeordnete Rolle spielen.

1.3   Aktien

Anleihen sind im Prinzip Darlehen oder Kredite, die der Anleger dem Emittenten der Wertpapiere gewährt und die von diesem Darlehensnehmer gemäß der getroffenen Vereinbarung verzinst und getilgt werden. Für die Darlehensnehmer stellen die Kredite finanzierungstechnisch Fremdkapital dar. Im Gegensatz hierzu handelt es sich bei Aktien nicht um Kredite, sondern um Eigentumsanteile an Unternehmen. Das Eigenkapital der Aktiengesellschaften ist – vereinfacht dargestellt – in eine bestimmte Zahl von Aktien aufgeteilt, die einer größeren oder kleineren Zahl von Aktionären gehören. Die Aktionäre sind die Eigentümer, nicht die Gläubiger der Aktiengesellschaft.

Eine *Stammaktie*, der Normalfall einer Aktie in Deutschland, verbrieft ihrem Eigentümer

- das Recht auf die *Dividende*, d. h. auf die Beteiligung an der Gewinnausschüttung der Aktiengesellschaft,

- das Recht auf die Teilnahme an der Versammlung der Eigentümer der AG, der *Hauptversammlung*, und die damit verbundenen Auskunfts- und Stimmrechte und

- das Recht auf Beteiligung an einem eventuellen *Liquidationserlös*, wenn die Aktiengesellschaft einmal aufgelöst wird und nach der Rückzahlung des Fremdkapitals noch Vermögen übrig sein sollte.

Bei der *Vorzugsaktie*, einer ebenfalls weit verbreiteten Aktiengattung, verzichtet der Anleger auf sein Stimmrecht in der Hauptversammlung, erwirbt aber im Gegenzug das Recht auf eine etwas höhere Dividende.

Während festverzinsliche Wertpapiere im Regelfall eine begrenzte Laufzeit haben, verliert eine Aktie ihre Gültigkeit erst mit dem Untergang (Konkurs, Liquidation, Fusion) des Unternehmens. Der für den Kauf der Aktie aufgewandte Betrag wird nicht zu einem bestimmten Zeitpunkt zurückgezahlt. Wohl aber kann der Anleger seine Aktien jederzeit an der Börse verkaufen, sofern die Aktiengesellschaft börsennotiert ist. Von einer Investition in nicht börsennotierte Aktien sollte der durchschnittliche Anleger aber ohnehin Abstand nehmen.

In Deutschland gibt es über 4.000 Aktiengesellschaften, von denen allerdings weniger als 700 an der Börse notiert werden. Bei dem Marktwert, mehr aber noch bei den Börsenumsätzen, liegt der Schwerpunkt eindeutig auf wenigen großen Aktiengesellschaften, von denen die 30 bedeutendsten im Deutschen Aktienindex DAX zusammengefaßt sind. Im DAX finden sich die großen Namen der deutschen Industrie, der Bank- und Versicherungswirtschaft wieder, doch auch die nicht im DAX enthaltenen Aktiengesellschaften sollten vom Anleger nicht übersehen werden. Sehr oft stecken gerade in den vermeintlichen „Nebenwerten" viel höhere Ertragschancen als in den bekannten Aktien der Großunternehmen.

Tabelle 2: Die 30 Aktien des DAX (Stand August 1997)

Deutscher Aktienindex		
Allianz Holding	Deutsche Telekom	Münchener Rück
BASF	Dresdner Bank	Preussag
Bayer	Henkel	RWE
Bayer. Hypotheken- und Wechsel-Bank	Hoechst	SAP
BMW	Karstadt	Schering
Bayerische Vereinsbank	Linde	Siemens
Commerzbank	Lufthansa	Thyssen
Daimler-Benz	MAN	VEBA
Degussa	Mannesmann	VIAG
Deutsche Bank	Metro	Volkswagen

Der Börsenkurs einer Aktie richtet sich nach dem Angebot und der Nachfrage der Anleger nach dieser Aktie und kann starken Schwankungen unterliegen: darin liegen sowohl Risiko als auch Chance für den Aktionär:

➡ Die Aktie ist ein Risikopapier.

Dieses Risiko wird aber durch eine mittel- bis langfristig weitaus höhere Rendite, als sie mit festverzinslichen Wertpapieren erreicht werden kann, belohnt:

➡ Die Aktie ist ebenso ein Chancenpapier.

Diese Rendite der Aktie besteht aus der bereits erwähnten Dividende, die im Regelfall einmal jährlich an die Anteilseigner ausgeschüttet wird, und aus der Steigerung des Börsenkurses, auf den natürlich jeder Anleger hofft, wenn er eine Aktie erwirbt. Die Dividende besteht – steuerlich bedingt – aus mehreren Bestandteilen: Brutto-, Netto- und Bardividende, Körperschaftsteuerguthaben und Kapitalertragsteuer. Was es damit genau auf sich hat, ist Gegenstand des Kapitels 15 zur Besteuerung von Kapitalanlagen. Ob die Dividende tatsächlich gezahlt wird und ob die Aktienkurse tatsächlich steigen, hängt wesentlich von der Geschäftslage und der Gewinnsituation der betreffenden Aktiengesellschaft ab. Deren Geschäftserfolg kann dem Anleger aber niemand garantieren. Werden trotzdem Garantien von irgendwelchen Anlagevermittlern abgegeben, ist ganz besondere Vorsicht angebracht.

Deshalb ist es gerade bei der Aktienanlage besonders wichtig, neben der Renditechance immer auch das Risiko zu berücksichtigen und dieses durch geeignete Maßnahmen in erträglichem Rahmen zu halten.

Die Deutschen sind – trotz der langfristigen Renditevorteile von Dividendentiteln – kein Volk von Aktionären. Nur etwa fünf Millionen Bundesbürger besitzen überhaupt Aktien, eine im Vergleich mit anderen Industrienationen geringe Zahl. Auch der Anteil der Aktie am Geldvermögen der privaten Haushalte ist mit 295,5 Mrd. DM (5,9 Prozent des gesamten Geldvermögens) vergleichsweise gering. Ein höherer Aktienanteil an den Ersparnissen der Bundesbürger würde nicht nur die Rendite ihrer Depots wesentlich verbessern, sondern wäre gerade im Hinblick auf die immer stärkere Notwendigkeit der zusätzlichen privaten Altersvorsorge sehr zu empfehlen. Es bleibt zu hoffen, daß in den nächsten Jahren mehr Anleger von den Vorzügen der Anlageform Aktie überzeugt werden können – im eigenen Interesse und im Interesse unserer Volkswirtschaft.

Die Philosophie ...

oder
die Verwirrung nimmt kein Ende.

Manfred E. hat die Ausführungen seines Anlageberaters über Aktien und Anleihen gespannt verfolgt. Seine Fragen sind aber noch nicht alle beantwortet. „Ich weiß zwar jetzt, was festverzinsliche Wertpapiere und was Aktien sind", sagt er, „aber in welches Papier soll ich mein Geld denn nun investieren? Was genau raten Sie mir?"

Udo H. gibt eine geradezu klassische Antwort: „Das kommt ganz darauf an, welche Anlagephilosophie Sie verfolgen wollen." „Philosophie? Ich kenne Sokrates, Platon, Thomas von Aquin und ein paar andere Philosophen, aber wie sollen die mir bei der Geldanlage helfen?" fragt Manfred E. So streng philosophisch hatte der Anlageberater es aber nicht gemeint, und deshalb korrigiert er sich: „Keine Angst, so kompliziert ist es nicht mit der Anlagephilosophie! Ich meine nur, daß Sie sich darüber Gedanken machen müssen, welche Rendite Sie erwarten, welches Risiko Sie eingehen wollen und welchen Anlagehorizont Sie haben."

„Das ist doch ganz einfach", denkt Manfred E. und äußert seine Vorstellungen: „Also, die Rendite soll schon hoch sein, aber das Geld will ich natürlich auch sicher anlegen! Außerdem möchte ich jederzeit zumindest an einen Teil des Geldes herankommen." Udo H. hat so etwas erwartet: „Leider ist es doch etwas komplizierter. Wer mehr Rendite will, muß auch mehr Risiko in Kauf nehmen. Und das Risiko bekommt man nur dann in den Griff, wenn man seine Anlage richtig streut. Es ist halt sehr schwer, wenn man alles gleichzeitig haben will."

Und dann erläutert er seinem neuen Kunden, welche Zusammenhänge zwischen Rendite, Risiko und anderen Anlagezielen bestehen.

2. Traditionelle versus moderne Anlagephilosophie

2.1 Die Ziele der Geldanlage

Die überwiegende Mehrzahl aller Anleger erhofft sich von ihrer Geldanlage zunächst eine möglichst hohe *Rendite*. Gleich an zweiter Stelle der Anlegerwünsche folgt in der Regel die *Sicherheit* (ein möglichst geringes Risiko) der Geldanlage. Erfahrenere Anleger nennen bei der Frage nach ihren Kriterien zur Beurteilung einer Anlageform auch noch die *Liquidität* – die Möglichkeit, ihre Anlage jederzeit schnell zu Geld machen zu können – und die einfache und vor allem kostengünstige Verwaltung. Auch steuerliche Aspekte sind natürlich bei vielen Anlageentscheidungen zu berücksichtigen.

Es gibt keine Anlageform, die in allen vom Anleger gewünschten Kriterien besser ist als die konkurrierenden Formen der Geldanlage. Vielmehr muß bei jeder Anlage vor allem zwischen den beiden wichtigsten Anlagezielen: Rendite und Sicherheit abgewogen werden.

➡ Der erste und wichtigste Grundsatz jeder Geldanlage lautet: Eine höhere Rendite kann im Normalfall nur erzielt werden, wenn dafür ein höheres Risiko, also eine geringere Sicherheit, in Kauf genommen wird.

Die moderne Anlagephilosophie, die die Grundlage des modernen Depotmanagements darstellt, berücksichtigt neben der Rendite ausdrücklich auch das Risiko der Geldanlage: Der Investor muß ständig zwischen der Chance auf Rendite und dem Risiko von Verlusten abwägen.

Obwohl dies eigentlich unmittelbar einleuchtet, hat die Wirtschaftswissenschaft sich erst seit den bahnbrechenden Arbeiten von *Harry M. Markowitz* in den fünfziger Jahren unseres Jahrhunderts systematisch mit der Bedeutung des Risikos für die Geldanlage befaßt. Zusammen mit *William F. Sharpe* und *Merton H. Miller* wurde er im Jahre 1990 für seine Beiträge zur Investmenttheorie mit dem Nobelpreis für Wirtschaftswissenschaften ausgezeichnet.

2.2 Die erste Dimension: Die Rendite als Beurteilungsmaßstab

Die klassische oder traditionelle Anlagephilosophie geht von der einzelnen Anlagemöglichkeit aus. Sie betrachtet die Gesamtheit der Aktien, festverzinslichen Wertpapiere, Fonds usw. und versucht, aus der Vielzahl der möglichen Anlagen die beste zu ermitteln. Dabei bedient sie sich z.B. in der Aktienanalyse der bekannten fundamentalen oder technischen Analysemethoden. Aus der Analyse des einzelnen Wertpapiers folgt nach dem Kriterium der erwarteten Rendite die Beurteilung, ob es zu kaufen oder zu verkaufen sei.

Dies führt zum stock picking, dem Versuch, die im Augenblick beste Aktie zu ermitteln und zu kaufen. Im Laufe der Zeit entstehen – bei richtiger Anwendung der Analysemethoden – bei Anlegern, die dieser Philosophie folgen, bunt gemischte Depots mit relativ zufälliger Zusammensetzung und nicht unbedingt der optimalen Rendite-Risiko-Kombination.

„Modernes Depotmanagement" bedeutet nun keineswegs, daß die bekannten klassischen Verfahren zur Analyse von Investments überholt, gegenstandslos oder gar falsch seien. Nach wie vor sind die Methoden der fundamentalen und technischen Analyse oder der Analyse festverzinslicher Wertpapiere die entscheidende Basis für die Anlageentscheidungen, und ihre Ergebnisse werden auch von den modernen Asset Allocation-Ansätzen genutzt. Anhänger des modernen Depotmanagements setzen diese Ergebnisse aber nicht unmittelbar in Kauf- oder Verkaufsentscheidungen um, wie dies beim traditionellen stock picking geschieht. Statt dessen berücksichtigen sie über die Beurteilung der Renditechancen der einzelnen Aktie oder des einzelnen festverzinslichen Wertpapiers hinaus zwei weitere sehr wesentliche Aspekte:

• die mit den Ertragschancen verbundenen Risiken der einzelnen Wertpapiere und

• die Zusammenhänge zwischen den Risiken, die mit den einzelnen Wertpapieren verbunden sind.

2.3   Die zweite Dimension: Rendite und Risiko als Beurteilungskriterien

Die gleichzeitige Betrachtung von Ertrag und Risiko für ein einzelnes Wertpapier liefert im Vergleich zur isolierten Betrachtung nur der Rendite schon wertvolle zusätzliche Erkenntnisse: Dem Anleger wird deutlich, worauf er sich einläßt, welches Risiko er mit seiner Investition eingeht. Achtete er nur auf die Rendite, würde er vielleicht bei zwei gleich ertragsstarken Titeln zufällig den risikoreicheren wählen. Anders bei Einbeziehung des Risikos in die Anlageentscheidung: Ein vernünftig handelnder Investor, der nur einen einzigen Titel erwerben möchte oder kann,[1] wird das Wertpapier wählen, das ihm bei gegebenem Risiko die maximale Rendite verspricht oder ihm bei der gewünschten Rendite das geringstmögliche Risiko aufbürdet.

Beispiel:
Ein Sparer will ca. 8.200 DM anlegen und hat die Wahlmöglichkeit zwischen einem Investment in 20 VW-Aktien zum Kurs von 408,– DM oder in 15 BMW-Aktien zu 544,– DM. Er erwarte bei beiden Papieren in den nächsten zwölf Monaten eine Kurssteigerung von 15 %. Das Risiko sei bei der VW-Aktie jedoch höher als bei der BMW-Aktie, oder, anders ausgedrückt, die Wahrscheinlichkeit, daß die erwartete Kurssteigerung tatsächlich eintritt, sei geringer.[2]

Nach der klassischen Anlagephilosophie sind beide Aktien gleichwertig, und es wäre vollkommen gleichgültig, für welche der beiden Aktien sich der Anleger entscheidet. Unter Berücksichtigung des Risikos wird sich ein risikoscheuer Investor allerdings für die BMW-Aktie entscheiden, denn hier tritt der gleiche erwartete Ertrag mit höherer Wahrscheinlichkeit, d. h. größerer Sicherheit ein.

Bei Anwendung der modernen Anlagephilosophie hat der Investor also als erstes die Möglichkeit, neben der Rendite auch das Risiko eines Investments als zusätzliches Entscheidungskriterium zu nutzen und damit

---

1   Die folgenden Ausführungen werden zeigen, daß ein wirklich „vernünftiger" Investor sich in den allermeisten Fällen nie auf einen einzigen Titel beschränken wird.

2   Wie der erwartete Ertrag und das Risiko genau ermittelt werden, ist Gegenstand der folgenden Kapitel. Hier möchten wir dem Leser zunächst an einem ganz einfachen Beispiel demonstrieren, warum die Beschäftigung mit diesen beiden Größen überhaupt sinnvoll ist.

im Zweifel die sicherere Anlage zu wählen. Aber damit nicht genug – es gibt noch einen weiteren entscheidenden Vorteil: die ausdrückliche Berücksichtigung des Risikos der Wertpapiere ermöglicht es dem Anleger obendrein, das Gesamtrisiko zu senken.

2.4   Die dritte Dimension: Das Wunder der Diversifikation

Die im obigen Beispiel gewählte Betrachtungsweise, nach der nur in ein einzelnes Wertpapier investiert wird, ist unrealistisch. Die Mehrzahl aller Depots enthält – richtigerweise – mehrere Aktien und festverzinsliche Wertpapiere. Risikostreuung oder Diversifikation werden die meisten Anleger als Begründung dafür angeben, warum sie sich nicht auf das eine Wertpapier konzentrieren, das sie persönlich für das beste halten.

Wie viele verschiedene Wertpapiere ein gut gemischtes Depot enthalten und nach welchen Kriterien diese ausgewählt werden sollten, ist den meisten Anlegern allerdings unbekannt. Die tatsächliche Depotstruktur ergibt sich deshalb in der Regel mehr oder weniger zufällig oder – in seltenen Fällen – nach groben Faustregeln (z.B. „aus jeder Branche eine Aktie").

Ebenso unbekannt ist den meisten Anlegern der wichtigste Effekt, den die Streuung ihrer Investments auf das Gesamtrisiko des Wertpapierdepots hat: Im ersten Augenblick könnte man vermuten, daß das Risiko des Gesamtdepots gleich dem Durchschnitt der Risiken aller im Depot enthaltenen Wertpapiere ist. Das trifft aber nur in ganz extremen Ausnahmesituationen zu. In aller Regel ist das Risiko des gesamten Depots *viel geringer* als der Durchschnitt der Einzelrisiken der jeweiligen Wertpapiere. Dies ist auf den ersten Blick zwar sehr erstaunlich, doch sehr erfreulich für den Anleger.

Der Grund für diese Auswirkung der Diversifikation ist einfach. Die Risiken der verschiedenen Wertpapiere kompensieren sich zum Teil. Greifen wir das obige Beispiel noch einmal auf: Während die VW-Aktie geringer im Kurs steigt als erwartet, nimmt der Kurs der BMW-Aktie vielleicht stärker als erwartet zu. Die Entwicklung des Gesamtwertes des Aktiendepots wird somit verstetigt, wenn der Anleger sein Depot nicht nur mit einer der beiden Aktien, sondern mit beiden bestückt.

Die Methoden des modernen Depotmanagements machen es dem Anleger möglich, sein Depot nicht zufällig, sondern ganz bewußt so aus verschiedenen Wertpapieren zusammenzustellen, daß das von ihm gerade noch tolerierte Risiko mit der maximal möglichen Rendite belohnt wird. Durch geschickte Auswahl mehrerer jeweils für sich relativ risikoreicher Wertpapiere kann das Gesamtrisiko des Depots minimiert werden.

Bevor diese Wunderwirkung modernen Depotmanagements detailliert vorgeführt wird, müssen aber erst einmal die Grundlagen geschaffen werden. Zunächst definieren wir die bereits häufig benutzten Begriffe Rendite und Risiko. Neben der Definition ist es für den Anleger natürlich besonders interessant, wie diese Größen praktisch ermittelt und korrekt berechnet werden.

Ohne ein Minimum an Mathematik ist dies leider nicht möglich, aber die notwendige Mathematik ist relativ einfach zu verstehen und anzuwenden, wie Sie in den nächsten Abschnitten sehen werden.

Auf die Rendite kommt es an ...

oder
drum prüfe, wer sich (auch nicht für ewig) bindet!

„Gut", denkt sich Manfred E. nach den Erklärungen von Udo H., „durch Verteilung meines Gewinnes auf verschiedene Anlagen eine gute Rendite erzielen und gleichzeitig das Risiko vermindern – das gefällt mir." Ihm ist zwar noch nicht ganz klar, wie er das Risiko messen oder berechnen soll, aber mit der Rendite glaubt er keine Schwierigkeiten zu haben.

Einen Teil seines Gewinns will er in festverzinsliche Wertpapiere anlegen, um stets kurzfristig liquide zu sein. Im Wirtschaftsteil der Tageszeitung hat er gerade gelesen, daß der aktuelle Zinssatz 5,5 Prozent beträgt. Er fragt den Anlageberater aber, ob er nicht lieber andere Festverzinsliche aus der letzten Hochzinsphase an der Börse kaufen solle, die mit einem Zinssatz von über 9 Prozent ausgestattet sind.

Daneben will Manfred E. noch einige ausgewählte Aktien kaufen und findet in einem in der Bank ausliegenden Magazin eine Tabelle, aus der die Aktien mit der höchsten Dividende hervorgehen.

Im Gespräch mit Udo H. erkennt Manfred E. aber sehr schnell, daß die Berechnung des Ertrages oder der Rendite eines Wertpapiers – sei es nun eine Anleihe oder eine Aktie – doch komplizierter ist, als er zunächst glaubt. So muß er zwischen der Verzinsung einer festverzinslichen Anleihe und ihrer tatsächlichen Rendite unterscheiden lernen, und die Aktie mit der höchsten Dividendenrendite ist nicht immer auch die rentabelste.

Folgen wir gemeinsam den Erläuterungen des Bankberaters!

3. Der Ertrag

Der Ertrag einer Anleihe ist mehr (oder weniger) als der Zins, der vom Emittenten an den Inhaber der Anleihe gezahlt wird. Und der Ertrag einer Aktie ist mehr (oder weniger) als die Dividende, die die Aktiengesellschaft an den Aktionär zahlt. Neben diesen Zahlungen an den Anleger ist auch stets die Wertveränderung zu beachten, die seine Geldanlage im betrachteten Zeitraum – in der Regel ein Jahr – erfahren hat.

Wir werden nun zunächst die Renditeberechnung für ein festverzinsliches Wertpapier und die hierfür notwendigen finanzmathematischen Grundlagen erläutern. Anschließend folgt die Analyse der Aktie und ihrer Rendite.

3.1 Rendite festverzinslicher Wertpapiere

Der Anleger, der ein Wertpapierdepot besitzt oder eine Anleihe kaufen möchte, wird sich die eine oder andere der folgenden Fragen stellen:

- Welche Zinsen bekomme ich für meine Anlage?
- Welche effektive Rendite erziele ich mit dem Kauf der Anleihe?
- Welche Anleihe soll ich kaufen, wenn mir verschiedene zur Auswahl stehen?
- Welche Rendite erzielte meine Anleihe im vergangenen Jahr?
- Welche Rendite erzielte mein gesamtes Wertpapierdepot im vergangenen Jahr?
- Welche durchschnittliche Rendite erzielte meine Anleihe (oder mein Wertpapierdepot) in den vergangenen 2, 3 (oder mehr) Jahren?

Alle diese Fragen lassen sich mit Hilfe eines Taschenrechners recht einfach beantworten. Noch bequemer hat es der Anleger, der über einen PC mit einem Tabellenkalkulationsprogramm, z.B. MS-Excel oder Lotus 1-2-3, verfügt.

3.1.1 Die laufende Verzinsung

Die Rendite, die ein Anleger mit festverzinslichen Wertpapieren erzielen kann, setzt sich zusammen aus den laufenden Zinsen und einer eventuellen Wertveränderung vom Kauf bis zum Verkauf (bzw. bis zur Fälligkeit) der Anleihe. Der laufende Zins bemißt sich nach dem in den Anleihebedingungen festgelegten Zinssatz, der auch als Nominalzins oder Kupon bezeichnet wird. Der Kupon bezieht sich stets auf den Nennwert der Anleihe, nicht auf ihren tatsächlichen Marktwert.

Kauft der Anleger z.B. eine Bundesobligation zum Nennwert von 5.000 DM mit einem Nominalzins von 6,5 %, so erhält er bis zum Ende der Laufzeit in jedem Jahr je 100 DM Nennwert eine Zinszahlung von 6,50 DM, d. h.

5.000,00 DM x 6,5 : 100 = 325,00 DM.

Die allgemeine Formel für die Berechnung der jährlichen Zinszahlung lautet

Zinsbetrag = Nominalwert der Anleihe x Zinssatz : 100

$$Z = \frac{NW \times i}{100}$$

(NW = Nominalwert, i = Zinssatz, Z = Zinsbetrag)

Der nominelle Zins oder Kupon einer Anleihe ist aber nur dann mit dem für den Anleger viel wichtigeren tatsächlichen (oder effektiven) Zins identisch, wenn er die Anleihe auch zum Nominalwert (oder Nennwert) gekauft hat. In aller Regel weicht der Anschaffungskurs aber vom Nennwert ab. Es wäre deshalb nicht richtig, die Entscheidung für den Kauf einer Anleihe nur vom Vergleich der Nominalzinsen abhängig zu machen und nach diesem allzu einfachen Kriterium die Anleihe mit dem höchsten Kupon zu kaufen. Wir müssen deshalb nach einer geeigneteren Zielgröße suchen, nämlich nach der effektiven Rendite.

3.1.2 Die effektive Rendite

Die Abweichung des Anschaffungskurses einer Anleihe von ihrem Nennwert bewirkt eine Abweichung ihrer effektiven Rendite von ihrem

Nominalzins. Diese Abweichung tritt nicht nur bei bereits auf dem Markt gehandelten Anleihen auf, sondern auch bei festverzinslichen Wertpapieren, die gerade erst neu ausgegeben, emittiert werden. Der Emittent einer Anleihe versucht, durch Variation des Ausgabekurses (der für den Anleger zum Anschaffungskurs wird) die Feineinstellung der Rendite zum Zeitpunkt der Emission vorzunehmen, da der Nominalzins in der Regel bis auf eine Stelle hinter dem Komma festgelegt wird, und alle übrigen Emissionsbedingungen – außer dem Emissionskurs – schon einige Zeit vorher feststehen.

Beispiel:
Emittiert der Bund eine Anleihe im Nominalbetrag von 1.000 Mio. DM, so müßte er bei einem Nominalzins von 6,5 % in jedem Jahr 65 Mio. DM Zinsen zahlen, bei 6,4 % hingegen 64 Mio. DM. Der am Kapitalmarkt für einen Schuldner mit der hohen Bonität des Bundes verlangte effektive Zinssatz betrage 6,45 %. Gäbe der Bund nun seine Anleihe zu einem Emissionskurs von 100 % mit einem Kupon von 6,4 % aus, so würde er keine Anleger finden, die bereit sind, seine Anleihe zu kaufen. Böte er aber bei einem Ausgabekurs von 100 % einen Nominalzins von 6,5 %, so würde er jedes Jahr 500.000 DM mehr an Zinsen zahlen als notwendig.

Der Bund wird deshalb einen der beiden genannten Nominalzinssätze wählen und durch Variation des Emissionskurses die Rendite auf 6,45 % einstellen. Da die Tilgung (die Rückzahlung der Anleihe am Ende der Laufzeit) in der Regel zum Nennwert erfolgt, erleidet der Anleger (isoliert betrachtet) bei einem Emissionskurs über 100 % einen Kursverlust; bei einem Emissionskurs unter 100 % verbucht er einen Kursgewinn.

Dieser Kursgewinn bzw. -verlust muß nun bei der Suche nach der Effektivverzinsung (oder Effektivrendite) eines festverzinslichen Wertpapiers berücksichtigt werden. Dies geschieht, indem er kalkulatorisch auf die mittlere Restlaufzeit der Anleihe verteilt wird. Die Faustformel für die Berechnung der Effektivrendite[3] lautet

---

3 Diese Formel liefert für die Praxis des privaten Anlegers ausreichend genaue Ergebnisse. Die exakte Formel (vgl. Uhlir/Steiner, Wertpapieranalyse, S. 20 ff., Heidelberg 1991) für die klassische Effektivverzinsung ist wesentlich komplizierter, doch die Ergebnisse unterscheiden sich meist nur unwesentlich voneinander.

$$ER = \dfrac{i + \dfrac{NW - EK}{RLZ}}{EK}$$

(i = Zinssatz, NW = Nominalwert, EK = Emissionskurs, RLZ = Rest-laufzeit, ER = Effektive Rendite)

Die Rendite setzt sich somit zusammen aus den regelmäßigen Zinszah-lungen sowie der auf die durchschnittliche Restlaufzeit verteilten Diffe-renz zwischen Nennwert (bzw. Tilgungswert) und Anschaffungswert der Anleihe, geteilt durch den investierten Betrag, den Anschaffungswert.

Kommen wir noch einmal auf das obige Beispiel zurück: Emittiert der Bund eine fünfjährige Anleihe mit einem Nominalzins von 6,5 % zu ei-nem Emissionskurs von 100,175 %, deren Tilgung zum Nennwert er-folgt, so ergibt sich nach der Formel für die Effektivrendite

$$ER = \dfrac{6,5 + \dfrac{(100 - 100,175)}{5}}{100,175} = \dfrac{6,5 + \dfrac{-0,175}{5}}{100,175} = 6,45\,\%$$

Alternativ kann der Bund auch einen Nominalzins von 6,4 % und einen Emissionskurs von 99,80 % wählen:

$$ER = \dfrac{6,4 + \dfrac{(100 - 99,80)}{5}}{99,80} = \dfrac{6,4 + \dfrac{0,20}{5}}{99,80} = 6,45\,\%$$

Bei beiden Anleihen erhält der Anleger eine jährliche Rendite von 6,45 %, obwohl die jährlich gezahlten Zinsen unterschiedlich hoch sind.

Nach der Formel für die Effektivverzinsung kann der Anleger jede ihm zum Kauf angebotene Anleihe bewerten, wenn ihm die folgenden Infor-mationen vorliegen:

• der Nominalzinssatz oder Kupon,
• der Emissionskurs,
• der Rückzahlungskurs (in der Regel gleich dem Nennwert) und
• die Laufzeit der Anleihe bis zur Tilgung.

Er erhält so aber nicht mehr als eine erste Einschätzung, welche Anlei-hen vorzuziehen und welche eher nicht zu kaufen sind. Um aber eine endgültige Entscheidung treffen zu können, muß der Anleger sich auch

Gedanken über die mit den verschiedenen Anleihen und ihren Emittenten verbundenen Bonitätsrisiken machen (vgl. Abschnitt 13) und überlegen, für wie lange er seine Ersparnisse anlegen will. Gerade die letztere Überlegung ist besonders dann relevant, wenn er zu einem bestimmten Zeitpunkt über sein Geld verfügen will oder muß, z.B. für eine größere Anschaffung.

Der künftige Wert des in eine Anleihe investierten Kapitals liegt nur für einen einzigen Zeitpunkt genau fest: das ist der in den Emissionsbedingungen der Anleihe festgelegte Tilgungszeitpunkt, zu dem der vereinbarte Tilgungsbetrag gezahlt wird. Während des Zeitraumes zwischen dem Kauf der Anleihe und der Tilgung schwankt der Anleihekurs in Abhängigkeit von der aktuellen Zinsentwicklung am Kapitalmarkt. Grundsätzlich gilt: liegt der aktuelle Kapitalmarktzins unter dem Nominalzins der Anleihe, ist ihr Kurs höher als ihr Nennwert. Umgekehrt ist ihr Kurs niedriger als ihr Nennwert, wenn der Kapitalmarktzins über dem Nominalzins liegt. Der Zins oder – ein ebenfalls häufig benutzter Ausdruck – die Rendite am Kapitalmarkt schwankt innerhalb weniger Monate oder Jahre oft um mehrere Prozentpunkte und löst somit oft starke Kursschwankungen der früher emittierten Anleihen aus.

3.1.3 Der „faire Wert" einer Anleihe

Oft stehen dem Anleger mehrere Anleihen zur Auswahl, und er muß sich entscheiden, welche er wählen soll, wenn er sein Kapital nicht auf verschiedene Anleihen verteilen will. Als Kriterium für die Wahl der besten Anleihe steht ihm zunächst die bereits erläuterte Effektivrendite zur Verfügung. Er kann die effektive Rendite für jede einzelne Anleihe berechnen und anschließend das Wertpapier mit der höchsten Rendite wählen.

Eine alternative Methode ist die Berechnung des fairen Wertes einer Anleihe. Bei dieser Methode wird der Börsenkurs der Anleihe ermittelt, der sich bei einer gegebenen Rendite, einem gegebenen Tilgungskurs und einem gegebenen Tilgungszeitpunkt theoretisch ergeben müßte. Dieser theoretische Kurs wird dann mit dem Marktkurs verglichen. Liegt der faire Wert über dem Marktkurs, ist die Anleihe unterbewertet und ihr Kauf würde eine erfreuliche Überrendite mit sich bringen. Liegt der faire Wert hingegen unter dem Marktkurs, ist die Anleihe überbewertet, und der Anleger sollte die Finger von ihr lassen.

Wie wird nun der faire Wert berechnet? Um diese Frage beantworten zu können, müssen wir den Leser mit ein wenig komplizierterer Mathematik konfrontieren, nämlich mit dem Konzept der Abzinsung oder Diskontierung. Der Grundgedanke ist einfach: Der faire Wert einer Anleihe ist genau gleich dem Wert der in der Zukunft aus der Anleihe zu erwartenden Zahlungen an ihren Inhaber. Diese Zahlungen sind zum einen die jährlich zu zahlenden Zinsen, zum anderen die am Ende der Laufzeit zu erwartende Tilgung.

Die Tabelle 3 stellt die Zahlungen dar, die der Käufer einer Anleihe mit einem Nominalwert von 5.000 DM, einem Kupon von 7 % und einer Laufzeit von fünf Jahren ab dem 1. Juli 1995 zu erwarten hat.

Tabelle 3: Zins- und Tilgungszahlungen aus einer Anleihe zum Nominalwert von 5.000 DM bei einem Kupon von 7 %

Termin	Zahlung	Betrag
1.7.1996	Zins	350,– DM
1.7.1997	Zins	350,– DM
1.7.1998	Zins	350,– DM
1.7.1999	Zins	350,– DM
1.7.2000	Zins Tilgung	350,– DM 5.000,– DM

Kann aber eine in vier oder fünf Jahren erfolgende Zahlung von 350 DM mit einer heute erfolgenden Zahlung gleichgesetzt werden? Nein, denn die heutige Zahlung würde sofort die Möglichkeit schaffen, über das Geld zu verfügen, während eine Zahlung in fünf Jahren auch erst dann die Verfügung über den Betrag ermöglicht. Normalerweise wird jeder Anleger deshalb einen sofort oder bald verfügbaren Betrag höher schätzen als eine erst in fernerer Zukunft zu erwartende Zahlung.

Um den heutigen Wert einer künftigen Zahlung zu ermitteln, wird der Betrag mit dem aktuellen Marktzinssatz abgezinst. Beträgt die aktuelle Rendite am 1. Juli 1995 z.B. 7,3 %, so ist die in genau einem Jahr zu erwartende Zinszahlung von 350 DM heute nur 326,19 DM wert:

$$\frac{350}{1 + (7,3 : 100)} = \frac{350}{1,073} = 326,19$$

Man kann nun probeweise auch umgekehrt rechnen: Legt man heute den Betrag von 326,19 DM zu einem Zinssatz von 7,3 % an, so erhält man nach einem Jahr an Zinsen

$$326,19 \text{ DM} \times 7,3 : 100 = 23,81 \text{ DM}$$

Die Summe aus Zinsen (23,81 DM) und heute eingesetztem Kapital (326,19 DM) ergibt genau 350,00 DM.

Die allgemeine Formel für die Abzinsung der in einem Jahr zu erwartenden Zahlung auf den heutigen Wert (sog. Barwert) lautet

$$BW = \frac{\text{Wert in 1 Jahr}}{1 + i : 100}$$

(i = Zinssatz, BW = Barwert)

Je weiter eine Zahlung in der Zukunft liegt, desto stärker muß sie natürlich abgezinst werden, wenn ihr heutiger Wert ermittelt werden soll. Dies geschieht, indem der Abzinsungsfaktor (1 + Zins : 100) so oft mit sich selbst multipliziert wird, wie die Jahre bis zum Termin der Zahlung betragen. Bei einer Zahlung in zwei Jahren würde die allgemeine Formel lauten:

$$BW = \frac{\text{Wert in 2 Jahren}}{(1+(i : 100)) \times (1+(i : 100))} = \frac{\text{Wert in 2 Jahren}}{(1+(i : 100))^2}$$

Für einen Abzinsungszeitraum von „n" Jahren wird die Formel entsprechend angewandt.

Ermittelt man für die im Beispiel genannte Anleihe die Barwerte der verschiedenen zu erwartenden Einzahlungen, so ergeben sich folgende künftige Zahlungen:

Tabelle 4: Abgezinste Zins- und Tilgungszahlungen aus einer Anleihe zum
Nominalwert von 5.000 DM bei einem Marktzins von 7,3 % und
einem Kupon von 7 %

Termin	Zahlung	Betrag	Abgezinster Wert
1.7.1996	Zins	350,– DM	326,19 DM
1.7.1997	Zins	350,– DM	304,00 DM
1.7.1998	Zins	350,– DM	283,32 DM
1.7.1999	Zins	350,– DM	264,04 DM
1.7.2000	Zins und	350,– DM	246,08 DM
	Tilgung	5.000,– DM	3.515,37 DM
Summe:			4.939,00 DM

Der Barwert (oder faire Wert) der Anleihe beträgt somit 4.939 DM. Soll
der Anleger beim Kauf mehr als diesen Betrag für einen Nominalwert
von 5.000 DM bezahlen, würde er weniger als die marktübliche Rendite
von 7,3 % erzielen. Liegt der Kaufpreis hingegen bei weniger als 4.939
DM, so ist die Anleihe unterbewertet, und der Käufer kann eine höhere
Rendite erzielen, als der Markt sie eigentlich bietet.

In unserem Beispiel haben wir alle künftigen Zahlungen mit einem ein-
heitlichen Zins, nämlich der aktuellen Marktrendite, abgezinst. Dieses
Verfahren ist angenehm einfach und auch mathematisch nicht zu schwierig. Es stößt jedoch an seine Grenzen, wenn Anleihen mit unterschiedlichen Laufzeiten miteinander verglichen werden sollen.

Soll das Kapital z.B. für zehn Jahre angelegt werden, weist aber eine
Anleihe mit einer Restlaufzeit von vier Jahren eine höhere Effektivverzinsung auf als eine zehnjährige Anleihe, so steht der Anleger vor einem Konflikt: Er kann für vier Jahre die hochrentable Anlage kaufen
und nach erfolgter Tilgung den Betrag für die restlichen sechs Jahre
neu anlegen. Welchen Zinssatz er für diese letzten sechs Jahre erzielen
kann, weiß er aber zur Zeit noch nicht. Im Gegensatz dazu weiß er bei
Kauf der zehnjährigen Anleihe von Anfang an, welche Rendite er bis
zum Ende der Zehnjahresperiode zu erwarten hat. Er muß sich also
zwischen einer anfänglich höheren und später unsicheren Rendite ei-

nerseits und einer für die gesamte Anlagedauer festen Rendite andererseits entscheiden.

3.1.4 Die Rendite einer Anleihe während des vergangenen Jahres

Die Mehrzahl der Privatanleger wird eine Anleihe bis zu ihrer Tilgung halten und das dann freigewordene Kapital entweder für den Kauf von Konsumgütern verwenden oder wieder neu anlegen. Für diese Gruppe sind die zwischenzeitlichen Kursschwankungen ihrer Anleihen völlig belanglos (wenn man von den unterschiedlichen Wiederanlagemöglichkeiten der Zinsen zunächst einmal absieht).

Andere Anleger aber werden vielleicht wissen wollen, wie ertragreich ihre Anlage innerhalb eines Jahres war, oder aus anderen Gründen eine kürzerfristige Renditerechnung bevorzugen. Auch wenn zwei Anlagemöglichkeiten mit unterschiedlichen Laufzeiten verglichen werden sollen, ist die soeben dargestellte Berechnung der Rendite einer Anleihe bis zu ihrer Fälligkeit nicht geeignet, und wir müssen eine andere Methode wählen.

Die Rendite einer Investition im Ablauf eines Jahres wird ermittelt, indem die im Lauf des Jahres eingetretene Wertveränderung durch den Anfangswert geteilt wird. Die Wertveränderung besteht aus zwei Komponenten: der Kursänderung und der während des betrachteten Jahres gezahlten Zinsen.

$$r = \frac{EW - AW + (i \times NW : 100)}{AW}$$

(EW = Wert am Jahresende, AW = Wert am Jahresanfang, i = Zinssatz, NW = Nominalwert, r = Rendite im betrachteten Jahr)

AW steht für den Anfangswert, gemessen durch den Börsenkurs der Anleihe zum Jahreswechsel. EW ist der Endwert, der Kurswert zum Jahresende. Den Anfangswert und den Endwert kann der Anleger z.B. aus den Depotauszügen ersehen, die er zu jedem Jahresende von seinem Kreditinstitut zugesandt bekommt. Der Ausdruck (i x NW : 100) stellt gemäß der bereits erläuterten Formel für die laufende Verzinsung die im Laufe des Jahres gezahlten Zinsen dar.

Betrug der Wert einer Anleihe mit einem Nominalwert von 10.000 DM und einem Kupon von 6,5 % zum Ende des Jahres 1994 10.513 DM und zum Ende des Jahres 1995 10.145 DM, so lautet die nachträgliche Ertragsrechnung des Anlegers für das Jahr 1995

$$r = \frac{10.145 - 10.513 + 650}{10.513} = 282 : 10.513 = 0,02682 \text{ bzw. } 2,682\ \%$$

Die Zinszahlung in Höhe von 650 DM wurde also durch den Kursverlust von 368 DM zum Teil kompensiert, so daß der effektive Wertzuwachs nur 282 DM betrug. Bezogen auf den Anfangswert von 10.513 DM, bedeutet dies eine Rendite von nur noch 2,682 %. Würde der Erfolg der Anleihe im Jahr 1995 nur nach ihrem Nominalzins von 6,5 % beurteilt, entstünde ein falscher, nämlich ein zu positiver Eindruck von ihrer Rentabilität.

Mit dem Besitz einer Anleihe sind aber nicht nur die erfreulichen Zinszahlungen und die manchmal erfreulichen, manchmal unerfreulichen Kursänderungen verbunden, sondern auch die stets unerfreulichen, weil den Ertrag schmälernden Depotkosten und – bei Überschreiten der Freibeträge – die Einkommensteuer. Den Anleger wird deshalb oft interessieren, welche Rendite seine Investition unter Berücksichtigung von Depotkosten und Steuern erzielt hat.

Zu diesem Zweck wird die Formel zur Ermittlung der effektiven Rendite erweitert. Depotkosten und Steuern werden einfach von der Kursveränderung und den Zinszahlungen abgezogen:

$$r = \frac{W - AW + i \times NW - s - d}{AW}$$

(s = Steuern, d = Depotkosten)

In dem bereits bekannten Zahlenbeispiel betragen die Depotkosten 20 DM und die Zinsen müssen – nach dem persönlichen Steuersatz des Anlegers – mit 40 % versteuert werden. Es ergibt sich dann die folgende Rechnung:

$$r = \frac{10.145 - 10.513 + 650 - (650 \times 0,40) - 20}{10.513} = 2,0 : 10.513 = 0,00019$$

Die Rendite der Anleihe beträgt unter Berücksichtigung von Einkommensteuer und Depotkosten nur noch 0,019 %, also praktisch Null.

3.1.5   Die Rendite eines Anleihedepots während des vergangenen Jahres

Besteht ein Wertpapierdepot aus mehreren Anleihen, die unterschiedliche Nominalzinssätze, Fälligkeiten und Nominalbeträge aufweisen, so interessiert den Anleger sicher auch die Rendite seines Gesamtdepots (seines Portfolios). Er kann diese Rendite auf zwei verschiedene Arten ermitteln. Die erste Möglichkeit wäre die gleichzeitige Einsetzung aller Werte in die oben erläuterte Formel. Bei der Wahl dieser Methode stünden dann nicht ein Anfangswert, ein Endwert, eine Zinszahlung usw. in der Formel, sondern so viele Anfangs- und Endwerte etc. wie unterschiedliche Wertpapiere in dem Depot enthalten sind. Dies ist mathematisch nicht schwer zu berechnen, wird aber schnell unübersichtlich.

Besser ist deshalb die zweite Methode, bei der in einem ersten Schritt die Renditen jedes einzelnen Wertpapieres ermittelt werden. Anschließend wird das arithmetische Mittel der Renditen ermittelt, das der Gesamtrendite des Depots entspricht. Hält der Anleger z.B. vier verschiedene Anleihen mit einem Nennwert von jeweils 10.000 DM, so ergibt sich das arithmetische Mittel aus der Addition der Einzelrenditen, dividiert durch die Zahl der Wertpapiere:

$$rD = \frac{r1 + r2 + r3 + r4}{n}$$

(r1, r2 ... = Rendite der ersten, zweiten ... Anleihe, rD = Rendite des Gesamtdepots, n = Anzahl der Anleihen im Depot)

Nehmen wir an, daß die Einzelrenditen 3,5 %, 4,3 %, 2,8 % und 4,0 % betragen, so ergibt sich

$$rD = \frac{3,5\,\% + 4,3\,\% + 2,8\,\% + 4,0\,\%}{4} = 14,6\,\% : 4 = 3,65\,\%$$

Die Gesamtrendite des Wertpapierdepots im Jahr 1995 beträgt in unserem Beispiel 3,65 %.

Im Regelfall werden die einzelnen Anleihen in einem Portfolio aber nicht alle den gleichen Wert haben, sondern mehr oder weniger unterschiedliche Werte. Dann ist es notwendig, bei der Berechnung der Gesamtrenditen die Renditen der einzelnen Wertpapiere mit ihrem jeweiligen Wert zu multiplizieren und die so ermittelte Zahl nicht einfach durch die Zahl der Wertpapiere im Depot, sondern durch ihren Gesamtwert zu teilen. Aus dem arithmetischen Mittel wird auf diese Weise das gewogene arithmetische Mittel:

$$rD = \frac{r1 \times W1 + r2 \times W2 + r3 \times W3 + r4 \times W4}{W1 + W2 + W3 + W4}$$

(W1, W2... = Wert der ersten, zweiten ... Anleihe, r1, r2... = Rendite der ersten, zweiten ... Anleihe)

Erweitern wir das Zahlenbeispiel um die Annahme, daß die verschiedenen Anleihen unterschiedliche Nennwerte aufweisen:

Tabelle 5: Nennwerte und Renditen der Anleihen in einem Wertpapierdepot

Anleihe	Rendite	Nennwert
Anleihe 1	3,5 %	10.000 DM
Anleihe 2	4,3 %	25.000 DM
Anleihe 3	2,8 %	10.000 DM
Anleihe 4	4,0 %	15.000 DM
Gesamt(nenn)wert		60.000 DM

$$rD = \frac{3,5 \% \times 10.000 + 4,3 \% \times 25.000 + 2,8 \% \times 10.000 + 4,0 \% \times 15.000}{10.000 + 25.000 + 10.000 + 15.000}$$

$$= \frac{35.000 + 107.500 + 28.000 + 60.000}{60.000} = \frac{230.500}{60.000} = 3,84 \%$$

Das gewogene arithmetische Mittel liegt in unserem Beispiel mit 3,84 % um 0,19 Prozentpunkte über dem einfachen arithmetischen Mittel, das 3,65 % beträgt. Dies liegt an dem überdurchschnittlichen Anteil der Anleihen mit einer höheren Rendite und dem unterdurchschnittlichen Anteil der Wertpapiere mit geringerer Rendite in dem von uns gewählten Zahlenbeispiel. Natürlich kann das gewogene arithmetische Mittel auch unter dem einfachen arithmetischen Mittel liegen, wenn die Anleihen mit niedriger Rendite im Depot überwiegen.

Für die Gewichtung der Anleihen haben wir in dem Zahlenbeispiel die Nennwerte der Anleihen verwendet. Genaugenommen müßten wir aber die Kurswerte zum Jahresbeginn in die Formel einsetzen. Da sich bei den Anleihen der Kurswert aber stets in der Nähe des Nennwerts befindet (zumindest bei DM-Anleihen von Schuldnern erstklassiger Bonität), ist die durch diese Vereinfachung verursachte Verzerrung der Ergebnisse nicht übermäßig groß. Wer es aber ganz genau wissen will, kann natürlich auch mit den exakten Kurswerten rechnen:

Tabelle 6: Nennwerte, Renditen und Kurswerte der Anleihen in einem Wertpapierdepot

Anleihe	Rendite	Nennwert	Kurswert
Anleihe 1	3,5 %	10.000 DM	9.890 DM
Anleihe 2	4,3 %	25.000 DM	25.530 DM
Anleihe 3	2,8 %	10.000 DM	9.680 DM
Anleihe 4	4,0 %	15.000 DM	15.180 DM
Gesamtwert		60.000 DM	60.280 DM

$$rD = \frac{3,5\ \% \times 9.890 + 4,3\ \% \times 25.530 + 2,8\ \% \times 9.680 + 4,0\ \% \times 15.180}{9.890 + 25.530 + 9.680 + 15.180}$$

$$= \frac{34.615 + 109.779 + 27.104 + 60.720}{60.280} = \frac{232.218}{60.280} = 3,852\ \%$$

Die Gesamtrendite des Depots ist durch Verwendung der Kurswerte statt der Nennwerte nochmals geringfügig gestiegen. Dies verwundert nicht weiter, denn die Anleihen mit den höheren Renditen weisen ja Kurswerte über dem Durchschnitt auf und werden bei der Verwendung von Kurswerten als Gewichtungsfaktoren somit etwas stärker gewichtet. Die Abweichung zwischen der mit Nennwerten und der mit Kurswerten ermittelten Gesamtrendite ist aber so gering, daß sie für den Privatanleger keine praktische Bedeutung haben dürfte.

3.1.6 Die Rendite einer Anleihe oder des gesamten Wertpapierdepots während mehrerer Jahre

Gehen wir nun einen Schritt weiter und untersuchen die Rendite einer Anleihe oder eines Wertpapierdepots über mehrere Jahre hinweg. Der Gesamtwert des Depots (bzw. der Kurswert der Anleihe, wenn diese isoliert betrachtet werden soll) beträgt zum Ende des jeweiligen Jahres:

Tabelle 7: Wertentwicklung eines Wertpapierdepots

Jahr	Depotwert zum Jahresende
1991	62.450 DM
1992	65.947 DM
1993	68.981 DM
1994	71.533 DM
1995	75.324 DM

Die während eines Jahres erhaltenen Zinszahlungen abzüglich der Depotkosten sind im Endwert des betreffenden Jahres enthalten, und wir nehmen an, daß sie in neue Wertpapiere investiert werden. Wir können nun die Rendite als prozentuale Veränderung von Jahr zu Jahr berechnen, indem wir die Wertveränderung in einem Jahr durch den Anfangswert teilen und den so erhaltenen Wert mit 100 multiplizieren. Die Rendite für das Jahr 1993 beträgt z.B.

$$r_{1993} = \frac{68.981\ DM - 65.947\ DM}{65.947\ DM} \times 100 = 4{,}6\ \%$$

Auf die gleiche Weise kann die jährliche Rendite für jedes Jahr ermittelt werden, so daß sich die folgenden Renditen ergeben:

Tabelle 8: Wertentwicklung und jährliche Wertveränderung eines Wertpapier-depots (1)

Jahr	Depotwert zum Jahresende	Wertänderung
1991	62.450 DM	
1992	65.947 DM	5,6 %
1993	68.981 DM	4,6 %
1994	71.533 DM	3,7 %
1995	75.324 DM	5,3 %

Wie hoch war nun die durchschnittliche Rendite von Anfang 1992 bis Ende 1995? Es läge nahe, hier wieder das bereits bekannte arithmetische Mittel zu verwenden: die vier jährlichen Renditen werden addiert und die Summe (hier 19,2) durch die Zahl der vorliegenden Werte (4) geteilt. Dies ergäbe, wenn diese Vorgehensweise richtig wäre, eine Durchschnittsrendite von 4,8 % pro Jahr.

Diese Methode ist zwar angenehm einfach und scheinbar auch logisch, aber trotzdem falsch. Dies sei an einem anderen, absichtlich sehr drastisch gewählten Beispiel demonstriert:

Tabelle 9: Wertentwicklung und jährliche Wertveränderung eines Wertpapier-depots (2)

Jahr	Depotwert zum Jahresende	Wertänderung
1991	62.450 DM	
1992	49.960 DM	– 20 %
1993	62.450 DM	25 %

Im Jahr 1992 sank der Wert der im Portfolio enthaltenen Wertpapiere um 20 %. Im darauffolgenden Jahr stieg ihr Wert dann wieder, und zwar um 25 %, wobei sich diese Steigerung von 25 % auf den niedrigen Kurswert zum Ende des Jahres 1992 (100 %) bezieht. Das arithmetische Mittel ergibt eine durchschnittliche jährliche Rendite von

$$r_{ari} = (-20 + 25) : 2 = 5 : 2 = 2,5 \%$$

Da der Endwert des Jahres 1993 aber genau mit dem Endwert des Jahres 1991 übereinstimmt, kann diese Rechenweise nicht richtig sein. Würde die durchschnittliche jährliche Rendite tatsächlich 2,5 % betragen, so müßte die Wertentwicklung des Portfolios wie folgt verlaufen:

Tabelle 10: Wertentwicklung und jährliche Wertveränderung eines Wertpapierdepots (3)

Jahr	Depotwert zum Jahresende	Wertänderung
1991	62.450 DM	
1992	64.011 DM	2,5 %
1993	65.611 DM	2,5 %

Im vorliegenden Fall (Anfangswert und Endwert sind identisch) ist die durchschnittliche jährliche Rendite einfach zu ermitteln: sie beträgt 0 %. Im Regelfall wird der Depotwert allerdings steigen und dann muß auf die mathematisch korrekte, aber leider etwas kompliziertere Methode, das geometrische Mittel, zurückgegriffen werden.

Das geometrische Mittel wird ermittelt, indem der Endwert des Depots oder des Wertpapiers (einschließlich der zwischenzeitlich gezahlten Zinsen) durch den Anfangswert geteilt wird. Aus dem so ermittelten Faktor wird nun eine Wurzel genau des Grades gezogen, der der Zahl der Jahre entspricht, über die die Rendite ermittelt werden soll. Bei einer zweijährigen Anlageperiode wird also eine normale Quadratwurzel, bei einer fünfjährigen Anlageperiode eine Wurzel fünften Grades, bei zehn Jahren eine Wurzel zehnten Grades usw. gezogen. Die Formel für das geometrische Mittel lautet

$$r_{geo} = \sqrt[n]{(\text{Endkapital} : \text{Anfangskapital})} - 1$$

Wenden wir diese Formel nun auf das bereits angesprochene Beispiel an:

Tabelle 11: Wertentwicklung und jährliche Wertveränderung eines Wertpapierdepots (4)

Jahr	Depotwert zum Jahresende	Wertänderung
1991	62.450 DM	
1992	65.947 DM	5,6 %
1993	68.981 DM	4,6 %
1994	71.533 DM	3,7 %
1995	75.324 DM	5,3 %

$$r_{91-95} = \sqrt[4]{(75.324 : 62.450)} - 1 = \sqrt[4]{(1,21)} - 1 = 4,797 \%$$

Schreibt man den Anfangswert von 62.450 DM Jahr für Jahr mit diesen 4,797 % fort, so erhält man den gleichen Endwert wie bei der tatsächlichen Entwicklung des Depotwertes, aber während der Zwischenjahre weicht der tatsächliche Depotwert natürlich von dem mit der durchschnittlichen Wachstumsrate ermittelten hypothetischen Depotwert ab.

Tabelle 12: Wertentwicklung, jährliche Wertveränderung und hypothetische Wertentwicklung (gemäß der geometrischen Wachstumsrate) eines Wertpapierdepots (5)

Jahr	Depotwert zum Jahresende	Wertänderung	Depotwert bei 4,797 % Rendite
1991	62.450 DM		62.450 DM
1992	65.947 DM	5,6 %	
1993	68.981 DM	4,6 %	
1994	71.533 DM	3,7 %	
1995	75.324 DM	5,3 %	75.324 DM

Damit sind die verschiedenen Fragen zur Rendite festverzinslicher Wertpapiere und zu ihrer Berechnung für die Zwecke des Privatanlegers zunächst ausreichend behandelt. Verschiedene Verfeinerungen und Ergänzungen, z.b. die Berücksichtigung nicht ganzjähriger Anlageperioden, sind zwar durchaus möglich, doch gerade für den Privatanleger gibt es wichtigere Themen, denen wir uns im folgenden zuwenden wollen.

3.2   Renditeberechnung bei Aktien

Auch der Aktionär wird an der Rendite seiner Depotbestände interessiert sein. Er wird sich – ebenso wie der Besitzer festverzinslicher Wertpapiere – verschiedene Fragen stellen, die etwa so lauten:

• Welche laufenden Erträge (Dividenden) erziele ich mit meiner Aktie?
• Welche effektive Rendite erziele ich mit meiner Aktie?
• Welche Rendite erzielte mein gesamtes Aktiendepot im vergangenen Jahr?
• Welche durchschnittliche Rendite erzielten die einzelnen Aktien in meinem Depot (oder mein Aktiendepot) in den vergangenen 2, 3 oder mehr Jahren?

Bevor wir die Methoden zur Beantwortung dieser Fragen wieder einzeln darstellen, sei auf einige wichtige Unterschiede zwischen der Aktie und dem festverzinslichen Wertpapier hingewiesen:

Zunächst ist festzuhalten, daß die Aktie nicht wie eine Anleihe eine feste Laufzeit hat, an deren Ende sie zu einem bestimmten, vorher festgelegten Betrag getilgt wird. Wenn ein Unternehmen Aktien ausgibt, steht ihm das damit gesammelte Kapital unbefristet zur Verfügung. Der Anleger, der sein in eine Aktie investiertes Kapital zurückerhalten möchte, kann diese Aktie (nach deutschem Recht) nicht dem Unternehmen zurückgeben, aber er kann sie an der Börse zum aktuellen Börsenkurs verkaufen.[4] Die Finanzierung des Unternehmens durch die

---

4   Vor dem Kauf nicht (oder angeblich „noch nicht") an der Börse notierter Aktien sei ausdrücklich gewarnt, auch wenn diese noch so sehr von vorgeblichen Experten angepriesen werden!

Aktienausgabe wird durch den nachträglichen Eigentümerwechsel der Aktie nicht berührt.

Ein weiterer wichtiger Unterschied zwischen der Aktie und der Anleihe ist der Nennwert. Auch die Aktie hat einen Nennwert, der im Regelfall 5,00 DM je Aktie beträgt. Im Zuge der EURO-Einführung ist allerdings mit einer Abkehr von der Nennwertaktie zu rechnen.

Bei der Anleihe hat der Nennwert durchaus eine wirtschaftliche Bedeutung. So erfolgt z.b. die Tilgung zum Nennwert, und der Kurs der Anleihe variiert, je nach der Zinsentwicklung, um den Nennwert. Zum Ende der Laufzeit nähert sich der Kurswert einer Anleihe immer mehr ihrem Nennwert.

Der Nennwert der Aktie hingegen hat mit dem Wert der Aktie nichts zu tun. Deshalb wäre es vollkommen falsch, bei der Renditeberechnung einer Aktienanlage in irgendeiner Beziehung Bezug auf den Nennwert zu nehmen. Dies gilt auch und vor allem für die immer noch verbreitete Unsitte, die Dividende einer Aktie in Prozent des Nennwertes auszudrücken.

Die einzig relevante und sinnvolle Größe für die Beurteilung der Rendite einer Aktie ist der Börsenkurs (oder Kurswert), zu dem man die Aktie einmal gekauft hat, und der aktuelle Kurswert, zu dem man die Aktie wieder verkaufen könnte. Dieser aktuelle Kurswert läßt sich dem Börsenteil der meisten deutschen Tageszeitungen entnehmen.

3.2.1 Die Dividendenrendite der Aktie

Die Aktiengesellschaft beteiligt ihre Eigentümer, die Aktionäre, durch Ausschüttung einer Dividende an dem von ihr erzielten Gewinn. In Deutschland wird die Dividende einmal jährlich ausgezahlt, in den USA einmal im Quartal.

Bei der Anleihe steht die Höhe der jährlich gezahlten Zinsen von vornherein fest, nämlich durch den in den Emissionsbedingungen festgelegten Nominalzinssatz. Die Höhe der Dividende einer Aktiengesellschaft schwankt hingegen mit dem Geschäftserfolg des Unternehmens. In schlechten Jahren, in denen weniger oder kein Gewinn erwirtschaftet werden konnte, kann die Dividendenzahlung auch geringer als in den

Vorjahren sein oder sogar ganz entfallen. Es ist deshalb nur mit großer Vorsicht möglich, aus der aktuellen Dividende Prognosen für künftige Ausschüttungen abzuleiten.

Eine weit verbreitete Maßzahl zur Beurteilung der Rendite einer Aktie ist die Dividendenrendite (DivR). Sie gibt das prozentuale Verhältnis der ausgeschütteten Dividende je Aktie zum aktuellen Börsenkurs dieser Aktie an.

$$\text{Dividendenrendite} = \frac{\text{Dividende}}{\text{Börsenkurs}} \times 100$$

Schüttet die Daimler-Benz AG z.b. eine Dividende von 1,20 DM je Aktie aus, so ergibt sich bei einem Börsenkurs von 73,50 DM folgende Dividendenrendite:

$$\text{DivR} = \frac{1{,}20\,\text{DM}}{73{,}50\,\text{DM}} \times 100 = 1{,}63\,\%$$

Neben der Dividende erhält der Aktionär meist auch eine Körperschaftsteuergutschrift, mit der er sich die von dem Unternehmen bereits auf den Gewinn gezahlte Körperschaftsteuer bei seiner persönlichen Einkommensteuererklärung anrechnen lassen kann (vgl. Abschnitt 15). Die Körperschaftsteuergutschrift beträgt im Regelfall 3/7 der ausgeschütteten Dividende. Ein Anleger, der seiner Bank einen Freistellungsauftrag für Dividenden und andere Kapitalerträge erteilt hat, bekommt neben der Dividende auch die Körperschaftsteuergutschrift ausgezahlt. Die Dividendenrendite der Daimler-Benz-Aktie einschließlich Steuergutschrift wäre demnach

$$\text{DivR}_{\text{Steuer}} = \frac{1{,}20\,\text{DM} + (3/7) \times 1{,}20\,\text{DM}}{73{,}50\,\text{DM}} \times 100$$

$$= \frac{1{,}20\,\text{DM} + 0{,}54\,\text{DM}}{73{,}50\,\text{DM}} \times 100 = \frac{1{,}74\,\text{DM}}{73{,}50\,\text{DM}} = 2{,}33\,\%$$

Weder die Dividendenrendite ohne Steuer mit 1,63 % noch die Dividendenrendite einschließlich Steuergutschrift von 2,33 % sind geeignet, den Anleger „in Freudentänze" ausbrechen zu lassen. Die Dividendenrendite aller Aktien liegt im Normalfall um einige Prozentpunkte unter der Verzinsung, die mit einer Schuldverschreibung erzielt werden kann. Dieser Nachteil in der laufenden Ausschüttung wird allerdings durch eine zweite Ertragsquelle der Aktie, der (hoffentlich eintretenden) Kurssteigerung, ausgeglichen. Berücksichtigt man auch die Kursänderung, so erhält man die Gesamtrendite einer Aktie.

3.2.2 Die Gesamtrendite einer Aktie

Steigerungen des Börsenkurses sind für den Aktionär zunächst einmal unrealisierte Gewinne. Über die Dividenden kann er sofort verfügen, z.b. für die Anschaffung neuer Konsumgüter oder für den Kauf weiterer Aktien. Um in den Genuß der Wertsteigerung der Aktien zu gelangen, muß er diese erst ganz oder teilweise an der Börse verkaufen.

Trotzdem kann der Anleger sich einen Überblick über die Wertentwicklung seiner Aktie verschaffen. Hierzu setzt er die Kursveränderung seit dem Kauf der Aktie einschließlich etwa vereinnahmter Dividenden in Relation zu dem Kurs, zu dem er die Aktie erworben hat, dem Anschaffungskurs:

$$\text{Rendite} = \frac{\text{Kurs} - \text{Anschaffungskurs} + \text{Dividende}}{\text{Anschaffungskurs}} \times 100$$

Beispiel:

Hat der Anleger eine Aktie vor einem Jahr zu einem Kurs von 68,50 DM erworben, so ergibt sich

$$\text{Rendite} = \frac{73,50 - 68,50 + (1,20 + (3/7) \times 1,20)}{68,50} \times 100 = 9,8\%$$

Eine Rendite von 9,8 % in einem Jahr ist natürlich wesentlich erfreulicher als die niedrigere Dividendenrendite. Die positive Kursentwicklung kann allerdings noch weniger garantiert werden als die regelmäßige Zahlung der Dividende. Es ist deshalb auch möglich, daß der aktuelle Kurs nicht über, sondern unter dem Anschaffungskurs liegt

$$\text{Rendite} = \frac{62,50 - 68.50 + (1,20 + (3/7) \times 1,20)}{68,50} \times 100 = -6,26\%$$

In diesem Fall h   .\nleger seit Kauf der Aktie trotz der Dividende 6,26 % verloren. Mit dem Kursrisiko und der nicht garantierten Dividende trägt der Aktionär somit ein höheres Ertragsrisiko als der Besitzer festverzinslicher Wertpapiere (sofern sie von Emittenten hoher Bonität ausgegeben wurden). Für das Tragen dieses Risikos wird der Aktionär aber belohnt, denn in der langen Frist ist die Aktie rentabler als die Anleihe. Um das Risiko aber kalkulierbar und beherrschbar zu machen, muß der Aktionär einige Regeln kennen und beachten, die in den folgenden Kapiteln erläutert werden. Vorher sind aber noch einige Ergänzungen zur Renditeberechnung der Aktie notwendig.

3.2.3 Die Rendite eines Aktiendepots während des vergangenen Jahres

Ebenso wie bei den festverzinslichen Wertpapieren interessiert den Anleger auch bei seinen Aktien, welche Rendite er insgesamt erzielt hat. Zur Beantwortung dieser Frage greifen wir wieder auf das bereits bekannte Konzept des arithmetischen Mittelwertes zurück und nehmen an, der Anleger besitze ein Depot mit Aktien der Bayer AG, Daimler-Benz AG, Dresdner Bank AG und VEBA AG. Die Aktien weisen alle seit ihrem Kauf vor einem Jahr eine erfreuliche Wertentwicklung auf, die einschließlich Dividende zwischen 9 % und 32 % beträgt. Die Wertentwicklung des Gesamtdepots ermittelt der Anleger entweder, indem er den gesamten Wertzuwachs in Relation zu den gesamten Anschaffungskosten setzt, oder indem er den mit den Kurswerten gewichteten arithmetischen Durchschnitt der Renditen aller Aktien in seinem Depot ermittelt.

Tabelle 13: Wertentwicklung und Rendite verschiedener Aktien eines Depots

Aktie	Stück-zahl	An-schaf-fungs-kurs-DM	Börsen-kurs DM	Divi-dende DM	An-fangs-wert DM	Divi-denden-ein-nahme DM	Endwert DM	Wert-zu wachs DM	Rendite %
Bayer	50	245	315	10	12.250	500	15.750	4.000	32,65
Daimler	20	685	735	12	13.700	240	14.700	1.240	9,05
Dresdner Bank	40	320	360	12	12.800	480	14.400	2.080	16,25
VEBA	35	420	480	14	14.700	490	16.800	2.590	17,62
Summe					53.450	1.710	61.650	9.910	

Am einfachsten kann hier die erstgenannte Methode angewandt werden:

Rendite = 9.910 DM x 100 : 53.450 DM = 18,54 %

Die Gesamtrendite des Aktiendepots beträgt im betrachteten Zeitraum erfreuliche 18,54 %.

3.2.4   Die Aktienrendite über mehrere Jahre

Auch bei der Aktienrendite über mehrere Jahre kann auf ein bereits bekanntes Konzept zurückgegriffen werden: das geometrische Mittel. Deshalb genügt an dieser Stelle ein kurzes Beispiel, bei dem wir die Wiederanlage der Erträge unterstellen. Die Depotwerte zum Jahresende beinhalten also auch die im jeweils vergangenen Jahr ausgeschütteten Dividenden:

Tabelle 14: Wertentwicklung und Rendite eines Depots

Jahr	Depotwert zum Jahresende	Wert-veränderung	Depotwert bei 8,819 % Rendite
1991	53.450 DM		53.450 DM
1992	61.650 DM	15,34 %	
1993	58.260 DM	−5,50 %	
1994	78.390 DM	34,55 %	
1995	74.950 DM	− 4,39 %	74.950 DM

Die Rendite $r_{91\text{-}95}$ des Aktiendepots von Ende 1991 bis Ende 1995, also über einen Zeitraum von vier Jahren, ermittelt sich wie folgt:

$$r_{91\text{-}95} = \sqrt[4]{(74.950 : 53.450)} - 1 = \sqrt[4]{(1,40)} - 1 = 8,819\,\%$$

Auch hier ist die Aktienrendite höher als die Rendite festverzinslicher Wertpapiere. Die bessere Wertentwicklung wird aber um den Preis stärkerer Wertschwankungen erkauft – in zweien der vier betrachteten Jahre geht der Depotwert sogar zurück. Darin besteht das besondere Risiko der Aktienanlage. Im folgenden Kapitel wollen wir untersuchen, wie der Anleger mit diesem – und anderen – Risiken umgehen und unter Umständen sogar von ihnen profitieren kann.

Dabei werden wir der zuletzt dargestellten Rendite der Aktie über einen vergangenen Zeitraum wieder begegnen. In Ermangelung einer besseren oder fundierten Schätzgröße wird nämlich die in der Vergangenheit erzielte durchschnittliche Rendite auch als Prognosewert für die künftige Rendite verwandt. Erzielte eine Aktie während der letzten Jahre z.B. eine durchschnittliche Rendite (Dividendenzahlungen und Kursänderungen) von 9,5 %, so wird angenommen, daß dies auch für die Zukunft gilt.

Diese Annahme ist nicht ganz unproblematisch, denn die Dauer des vergangenen Zeitraums hat erheblichen Einfluß auf die Rendite. Machte eine Aktiengesellschaft bis vor 3 Jahren Verlust und weist erst seit diesem Zeitpunkt Dividendenzahlungen und steigende Kurse auf, so wird die durchschnittliche Rendite über die letzen drei Jahre natürlich viel besser ausfallen als über die letzten fünf Jahre. Besser als eine quasi automatische Fortschreibung der früheren Rendite in die Zukunft ist deshalb der Versuch, eine fundierte Prognose der künftigen Rendite abzugeben. Daß auch dieser Weg leider nicht ganz problemlos ist, werden wir in einem späteren Kapitel noch sehen.

Kein Gewinn ohne Risiko

oder

Jede Medaille hat auch ihre Kehrseite

Udo H.s Erklärungen über die verschiedenen Methoden der Renditeberechnung hat Manfred E. gut verstanden. Nun erinnert er sich aber daran, daß er neben der Rendite auch das Risiko der Anlage berücksichtigen muß, wenn er eine vernünftige Entscheidung über die Verwendung seines Gewinnes treffen will.

„Die Renditeberechnung war schon nicht so einfach, wie ich geglaubt habe. Wie kompliziert wird dann erst die Ermittlung des Risikos?" fragt er seinen Anlageberater. Und noch ein weiterer Gedanke beschäftigt ihn: „Was ist das denn eigentlich – ‚Risiko'? Wie kann ich eine so abstrakte Größe messen?"

Udo H. kann seine Fragen gut verstehen: „Sie haben recht, der Risikobegriff ist schwer zu fassen. Es gibt nicht *das* Risiko. Risiko ist eigentlich mehr ein Oberbegriff für die verschiedenartigsten Gefahren, die Ihrer Geldanlage drohen können. Aktien unterliegen anderen Risiken als festverzinsliche Wertpapiere. Und Sie müssen zwischen wirtschaftlichen und politischen Risiken unterscheiden. Das Geldentwertungsrisiko, das Währungsrisiko, das Kursrisiko und das Zinsänderungsrisiko sind zu berücksichtigen."

Manfred E.s Interesse ist jetzt geweckt. „Das scheint ja ein sehr vielfältiges Thema zu sein!" Sein Gesprächspartner stimmt ihm zu: „Sie haben recht, die Vielfalt der Risiken ist recht hoch. Wenn wir uns diese Risiken aber einzeln ansehen, wird der ganze Bereich schnell übersichtlicher. Und wenn man weiß, was sich hinter diesen Begriffen verbirgt, findet man auch die richtige Methode, die Gefahren zu messen."

Manfred E. ist zuversichtlich, daß Udo H. recht hat. Wenn Sie das nächste Kapitel gelesen haben, sind Sie es auch.

4. Das Risiko

Unter dem recht allgemeinen Begriff des Risikos verbergen sich viele, z.T. sehr verschiedene Gefahren, die dem Investor und seiner Anlage drohen. Ihnen allen ist eines gemeinsam, nämlich die Unsicherheit, ob die mit der Geldanlage verbundenen Erwartungen tatsächlich eintreten. Diese Unsicherheit hat viele Ursachen, und jede Form der Geldanlage wird von anderen Ursachen betroffen.

So vielfältig die Ursachen des Risikos auch sein mögen, seine Wirkung ist doch stets die gleiche: sie schlägt sich im Wert oder in der Wertentwicklung der Anlageform nieder. Je stärker der Wert einer Anlageform im Laufe der Zeit schwankt, desto größer ist ihr Risiko.

➠ Risiko bedeutet aber nicht nur Gefahr, sondern auch Chance: bei einer Anlage mit hohem Risiko ist nicht nur die Wahrscheinlichkeit einer unterdurchschnittlichen Wertentwicklung größer als bei einer risikoarmen Anlage, sondern auch die Wahrscheinlichkeit einer überdurchschnittlichen Wertentwicklung.

Eine Anlage, die Jahr für Jahr 5 Prozent an Wert verliert, birgt in diesem Sinne kein Risiko, weil der Verlust ja „sicher" ist. Eine Investition mit nacheinander 5 Prozent Verlust, 12 Prozent Gewinn, 3 Prozent Verlust und 18 Prozent Gewinn ist per saldo zwar ertragreicher, aber auch riskanter als die Anlage, die einen sehr zuverlässigen jährlichen Verlust von 5 Prozent aufweist.

Hier werden vor allem die Risiken behandelt, die für die Anlage in Aktien und in festverzinslichen Wertpapieren von besonderer Bedeutung sind. Die Tabelle 15 gibt einen Überblick über die Risiken, die den einzelnen Anlageformen drohen und nennt die Methoden zu ihrer Messung.

Tabelle 15: Anlagerisiken und Methoden ihrer Messung

Risiko	Anlageform	Messung des Risikos
Kursrisiko	Aktie	Volatilität
Kursrisiko	Investment-fondsanteile	Volatilität
Zinsänderungs-risiko	Anleihe	Modified Duration
Bonitätsrisiko	Anleihen	Rating
Geldentwertungs-risiko	alle Wertpapiere	Inflationsrate
Währungsrisiko	alle auf fremde Währung lautenden Geldanlagen (Aktien *und* Anleihen)	Volatilität
Politische Risiken	alle Formen der Geldanlage	

4.1 Das Risiko der Aktienanlage: Renditeschwankungen

Die Rendite einer Aktie setzt sich, wie im vorangegangenen Abschnitt erläutert, aus der Dividende und der Kursänderung zusammen. Die Dividende kann aber, je nach dem wirtschaftlichen Erfolg der Aktiengesellschaft, höher oder niedriger sein (oder sogar ganz entfallen), und die Schwankungen des Kurses einer Aktie kennt jeder Anleger oft aus eigener Erfahrung. Diese Unregelmäßigkeit der Kurs- und Dividendenentwicklung führt zu einer unregelmäßigen Renditeentwicklung der Aktie. Diese unsichere Rendite ist eines der Hauptrisiken der Aktienanlage. Wie läßt sie sich messen?

Die Finanzanalysten verwenden als Meßgröße für die Renditeschwankung einer Aktie die Volatilität. Fast jeder interessierte Anleger hat von dieser Größe bereits einmal gehört oder gelesen, doch die wenigsten wissen, was sie wirklich bedeutet und wie sie berechnet wird.

Die Volatilität mißt, wie stark die tatsächliche Rendite einer Aktie von der durchschnittlichen Rendite der Aktie abweicht. Die Durchschnittsrendite wird auch als Erwartungswert bezeichnet, denn nach der bisherigen Erfahrung mit der Aktie wird erwartet, daß die Aktie diese Rendite erbringt. Als Symbol für den Erwartungswert wird der griechische Buchstabe µ (my) verwandt.

Zur Messung der Volatilität wird das mathematische Konzept der Standardabweichung, symbolisiert durch den griechischen Buchstaben σ (sigma), benutzt:

$$\sigma = \sqrt{\frac{1}{n} \sum_{i=1}^{n} (r_i - \mu)^2}$$

(σ = Standardabweichung, n = Zahl der Renditen, i = Index für die Jahre, r_i = Rendite im Jahr i, µ = Erwartungswert der Rendite)

Diese Formel der Standardabweichung erscheint auf den ersten Blick recht kompliziert. Die Berechnung der Volatilität ist aber relativ einfach, wenn man Schritt für Schritt vorgeht:

Beispiel: Berechnung der Volatilität einer Aktie
Der Kurs einer Aktie steigt innerhalb von vier Jahren von 320,00 DM auf 448,72 DM. Die jährlichen Wertveränderungen schwanken zwischen – 5,50 % im schlechtesten Jahr und + 34,55 % im besten Jahr. Der Einfachheit halber nehmen wir an, daß die Gesellschaft keine Dividende ausgeschüttet, sondern die Gewinne einbehalten und wieder investiert hat. Werden Dividenden gezahlt, sind diese dem Kurswert hinzuzuzählen, damit dieser Teil der Rendite mitberücksichtigt wird.

Schritt 1: Ermittlung der jährlichen Wertveränderungen (Renditen)

Jahr	Aktienkurs am Jahresende	Wertveränderung
1991	320,00 DM	
1992	369,09 DM	15,34 %
1993	348,80 DM	–5,50 %
1994	469,31 DM	34,55 %
1995	448,72 DM	– 4,39 %

Der arithmetische (hier wird *nicht* das geometrische Mittel verwandt) Durchschnitt der jährlichen Renditen beträgt genau 10,00 %, wie im zweiten Schritt ermittelt wird:

Schritt 2: Ermittlung der durchschnittlichen Rendite (Erwartungswert)

$(15,34 - 5,50 + 34,55 - 4,39) : 4 = 10,00\,\%$

Zieht man die Durchschnittsrendite von den jährlichen Renditen ab, so kommt man zum Teil auf positive, zum Teil auf negative Abweichungen.

Schritt 3: Ermittlung der Abweichungen zwischen jährlicher Rendite und Erwartungswert

Jahr	Aktienkurs am Jahresende	Wertverän- derung	Unterschied zur Durchschnittsrendite
1991	320,00 DM		
1992	369,09 DM	15,34 %	5,34 %-Punkte
1993	348,80 DM	–5,50 %	–15,50 %-Punkte
1994	469,31 DM	34,55 %	24,55 %-Punkte
1995	448,72 DM	– 4,39 %	–14,39 %-Punkte
Erwartungswert: 10,00			

Diese Abweichungen werden quadriert, d.h. mit sich selber multipliziert. Diese Rechenoperation hat zwei Wirkungen: zunächst werden auch die negativen Abweichungen der durchschnittlichen von der tatsächlichen Rendite in eine positive Zahl umgewandelt. Darüber hinaus werden die relativ großen Abweichungen durch die Quadrierung stärker berücksichtigt als die kleineren. Je größer eine Schwankung ist, desto mehr wird sie bei der Berechnung der Volatilität berücksichtigt.

Schritt 4: Ermittlung des Quadrates der Abweichungen zwischen jährlichen Renditen und Erwartungswert

Jahr	Aktienkurs am Jahresende	Wertver- änderung	Unterschied zur Durchschnitts- rendite	Quadrat der Abweichung vom Erwartungs- wert
1991	320,00 DM			
1992	369,09 DM	15,34 %	5,34 %-Punkte	28,52 %^{2}
1993	348,80 DM	– 5,50 %	–15,50 %-Punkte	234,25 %^{2}
1994	469,31 DM	34,55 %	24,55 %-Punkte	602,70 %^{2}
1995	448,72 DM	– 4,39 %	– 14,39 %-Punkte	207,07 %^{2}
Erwartungswert: 10,00				

Schritt 5: Ermittlung des arithmetischen Mittels der quadrierten Abweichungen zwischen jährlichen Renditen und Erwartungswert

$(28{,}52 \ \%^2 + 234{,}25 \ \%^2 + 602{,}70 \ \%^2 + 207{,}07 \ \%^2) : 4 = 268{,}14 \ \%^2$

Damit haben wir die *Varianz* der Renditen σ^2 berechnet. Sie beträgt hier 268,14 %^{2}.

Die Volatilität der Aktienrenditen, die wir suchen, ist gleich der Standardabweichung, die der Wurzel der Varianz entspricht.

Schritt 6: Ermittlung der Standardabweichung als Wurzel aus der Varianz

$\sqrt{268{,}14} = 16{,}37 \ \%$

Wir sind bei der Berechnung der Volatilität von jährlichen Renditen ausgegangen. In diesem Spezialfall ist die Volatilität gleich der Standardabweichung der Renditen. Die Volatilität kann aber auch mit Hilfe von Renditen berechnet werden, die kürzere Zeiträume umfassen, z.B. Quartals-, Monats- oder Wochenrenditen. Sogar von Tag zu Tag können Renditen ermittelt und aus ihnen eine Standardabweichung berechnet werden. Da die Volatilität einer Aktie keine feststehende Größe ist, sondern sich innerhalb kurzer Zeit verändern kann, ist es auch durchaus sinnvoll, bei ihrer Ermittlung auf kürzere Zeiträume zurückzugreifen.

Es ist aber natürlich ein Unterschied, ob eine Aktie innerhalb eines Tages, eines Monats oder eines Jahres eine Rendite von beispielsweise 5,8 % hat. Deshalb muß eine auf kürzeren Zeiträumen basierende Standardabweichung noch korrigiert werden, bevor sie als Volatilität bezeichnet werden kann. Die Finanzanalysten bezeichnen deshalb die Volatilität auch als „annualisierte" Standardabweichung der Renditen.

Die Rendite einer Aktie ergibt sich von Handelstag zu Handelstag. Pro Jahr gibt es etwa 250 Handelstage an der Börse. Aus einer mit Hilfe täglicher Renditen ermittelten Standardabweichung errechnet man die Volatilität, indem man sie mit der Wurzel aus der Zahl der Handelstage (250) multipliziert. Entsprechend werden aus wöchentlichen Renditen ermittelte Standardabweichungen mit der Wurzel aus der Zahl der Wochen pro Jahr (52) und aus monatlichen Renditen ermittelte Standardabweichungen mit der Wurzel der Zahl der Monate (12) multipliziert.

Ermittlung der Volatilität bei:

Tagesrenditen: $\sigma_{ann} = \sigma \times \sqrt{250}$
Wochenrenditen: $\sigma_{ann} = \sigma \times \sqrt{52 \times (250 : 365)}$
Monatsrenditen: $\sigma_{ann} = \sigma \times \sqrt{12 \times (250 : 365)}$
Quartalsrenditen: $\sigma_{ann} = \sigma \times \sqrt{4 \times (250 : 365)}$

Würde das Beispiel, an dem wir die Berechnung der Volatilität demonstriert haben, nicht auf jährlichen Renditen, sondern auf Renditen über kürzere Zeiträume beruhen, so wäre die Volatilität entsprechend höher: bei Quartalsrenditen betrüge sie 27,10 %, bei Monatsrenditen 46,93 %, bei Wochenrenditen 97,70 % und bei täglichen Renditen sogar 258,83 %. Dies macht deutlich, wie wichtig eine genaue Beachtung der Zeiträume ist, die der Renditeberechnung zugrunde liegen.

Volatilität als annualisierte Standardabweichung bei unterschiedlichen Renditezeiträumen bei:

Tagesrenditen: $\sigma_{ann} = 16,37\ \% \times \sqrt{250}$ $= 258,83\ \%$
Wochenrenditen: $\sigma_{ann} = 16,37\ \% \times \sqrt{52 \times (250 : 365)} = 97,70\ \%$
Monatsrenditen: $\sigma_{ann} = 16,37\ \% \times \sqrt{12 \times (250 : 365)} = 46,93\ \%$
Quartalsrenditen: $\sigma_{ann} = 16,37\ \% \times \sqrt{4 \times (250 : 365)} = 27,10\ \%$

Der Anleger muß die Volatilität natürlich nicht unbedingt selbst errechnen. Das Handelsblatt und auch die Börsen-Zeitung veröffentlichen börsentäglich die Volatilitäten der wichtigsten Aktien auf der Basis von 30 und 250 Tagen. Trotzdem ist es für jeden Anleger, der mit dieser Größe arbeitet, gut zu wissen, wie man sie berechnet und was inhaltlich hinter ihr steckt.

Wir haben nun die Berechnung der Volatilität, des wichtigsten Maßes für das Risiko der Aktienanlage, dargestellt. Am Ende der Berechnungen steht nun eine Zahl, und jeder Leser sollte in der Lage sein, für die Aktien in seinem Depot eine entsprechende Berechnung selber durchzuführen. Was aber bedeutet die Volatilität für den Anleger? Es ist wenig befriedigend, sich mit der banalen Aussage zu begnügen, daß das Risiko einer Aktie um so höher ist, je höher ihre Volatilität ist.

Interessanter ist da schon die *Zwei-Drittel-Regel:* Nach dieser Regel aus der Wahrscheinlichkeitstheorie liegen zwei Drittel aller Renditen (genaugenommen 68,27 %) in dem Bereich zwischen dem Erwartungswert abzüglich der Volatilität einerseits und dem Erwartungswert zuzüglich der Volatilität andererseits. Auf unser Beispiel bezogen bedeutet dies, daß zwei Drittel aller Renditen zwischen – 6,37 % im ungünstigen Fall und + 26,37 % im günstigen Fall liegen.

Praktische Anwendung der Zwei-Drittel-Regel:

Untergrenze	$\mu - \sigma$	$= 10,00\ \% - 16,37\ \% = -6,37\ \%$
Erwartungswert	μ	$= 10,00\ \%$
Obergrenze	$\mu + \sigma$	$= 10,00\ \% + 16,37\ \% = 26,37\ \%$

Die Zwei-Drittel-Regel besagt weiterhin, daß 95,45 % aller Renditen in dem Bereich zwischen ($\mu - 2\sigma$) einerseits und ($\mu + 2\sigma$) andererseits liegen, also in unserem Beispiel zwischen – 22,74 % und + 42,74 %. Fast alle, nämlich 99,73 % der Renditen liegen in dem Bereich zwischen ($\mu - 3\sigma$) einerseits und ($\mu + 3\sigma$) andererseits. 99,99 % der Renditen liegen sogar zwischen ($\mu - 4\sigma$) einerseits und ($\mu + 4\sigma$) andererseits. Mit diesen Wahrscheinlichkeiten kann sich ein Anleger nun schon ein recht „genaues" Bild von dem Risiko machen, das er mit dem Kauf der betreffenden Aktie eingeht. Trotzdem müssen noch zwei einschränkende Anmerkungen gemacht werden, die zu einer vorsichtigen Verwendung der Volatilität motivieren sollen:

Zunächst beruht die wahrscheinlichkeitstheoretische Interpretation der Volatilität auf der Annahme, daß die Renditen rund um ihren Erwartungswert normalverteilt sind, also ihre Verteilung etwa die Form einer Glockenkurve hat. Das bedeutet, daß das Erreichen einer bestimmten Rendite um so unwahrscheinlicher ist, je stärker sie vom Erwartungswert abweicht. Es besteht absolut kein sachlich zwingender Grund dafür, daß die tatsächliche Renditeverteilung die Form einer Normalverteilung hat. Trotzdem kann die Normalverteilung mit Recht als eine ziemlich gute Annäherung an die Verteilung der Rendite angesehen und deshalb als mathematische Grundlage für die Berechnung der Volatilität benutzt werden.

Darüber hinaus muß der Anleger sich stets bewußt sein, daß die Ermittlung der Volatilität auf historischen Daten beruht. Es besteht ebenfalls kein zwingender Grund dafür, daß die Kurschwankungen der Aktie in der Zukunft genau so stark sein werden wie in der Vergangenheit. Es gibt daher zwei Möglichkeiten, die historische Volatilität ein wenig zu aktualisieren. Die erste Möglichkeit ist die subjektive Schätzung der Volatilität durch den Anleger, seinen Anlageberater oder den Wertpapieranalysten, der den Anlageberater mit Informationen versorgt. So kann z.B. bei einem Wechsel der Unternehmenspolitik die historische Volatilität durch einen Unsicherheitszuschlag korrigiert werden.

Die andere Methode ist methodisch wesentlich anspruchsvoller. Sie ermittelt die implizite Volatilität durch Auswertung der Kurse von Optionen, die auf die betreffende Aktie gehandelt werden. Dies ist aber nur für den kleinen Teil der deutschen Aktien möglich, für den es einen liquiden Optionshandel gibt. Außerdem ist die Ermittlung der impliziten Volatilität für den nicht einschlägig vorgebildeten Privatanleger kaum möglich, so daß er diese Kenngröße besser von seinem Anlageberater erfragt.

Trotz aller notwendigen Einschränkungen ist und bleibt die historische Volatilität somit die beste Kennzahl zur Beurteilung des Risikos einer Aktie.

4.2   Das Risiko der Anlage in festverzinslichen Wertpapieren: Zinsschwankungen

Für die Kursschwankungen der Aktie ist die soeben erläuterte Volatilität das geeignete Maß. Auch festverzinsliche Wertpapiere, z.B. Bundesanleihen, unterliegen Kursschwankungen. Selbstverständlich lassen sich die Kursschwankungen festverzinslicher Anleihen ebenfalls mit Hilfe der Volatilität analysieren. Wir werden auf die Volatilität festverzinslicher Wertpapiere noch zu sprechen kommen, wenn wir die optimale Struktur eines Wertpapierdepots behandeln.

Im Gegensatz zur Aktie, bei der eigentlich unendlich viele Einflüsse Ursachen für Kursschwankungen darstellen, wird der Kurs einer Anleihe vor allen Dingen von einer Einflußgröße bestimmt: dem Marktzins und seiner Veränderung im Zeitablauf (die zweite wesentliche Einflußgröße auf den Kurs einer Anleihe ist die Bonität des Schuldners, d.h. das Vertrauen der Anleger in die Bereitschaft und Fähigkeit des Schuldners, Zins- und Tilgungsleistungen vereinbarungsgemäß zu erbringen). Der Zusammenhang zwischen einer Änderung des Zinses und dem Kurs der Anleihe läßt sich rechnerisch mit Hilfe der Modified Duration bestimmen. Während die Volatilität eine eher das Kursrisiko beschreibende Meßgröße darstellt, stellt die *Modified Duration* einen mathematischen Zusammenhang zwischen einer Ursache – der Zinsänderung – und der daraus folgenden Wirkung – der Kursänderung – her.

Die Berechnung der Modified Duration dient somit letztlich der Frage: Wie ändert sich der Kurs meiner Anleihe, wenn sich der Marktzins um 0,1 %, 0,5 % oder 1,0 % (mathematisch korrekt: Prozentpunkte) ändert? Dies ist natürlich unmittelbar relevant für den Anleger, der sich überlegt, ob er durch einen Verkauf der Anleihe während der Laufzeit bei günstigem Kursverlauf einen zusätzlichen Ertrag erzielen kann.

Für den Anleger, der eine Anleihe kauft und sie dann bis zu ihrer Tilgung in seinem Depot hält, mag die Frage nach dem Kursrisiko auf den ersten Blick weniger interessant erscheinen. Schließlich erhält er am Ende der Laufzeit seinen ursprünglich angelegten Betrag zum Kurs von 100 zurück. Vordergründig trägt er also kein Kursrisiko.

Was aber ist mit den Zinsen, die er während der Laufzeit der Anleihe regelmäßig erhält? Bleibt die Rendite während der gesamten Laufzeit unverändert, so können die Zinsen zu gleichen Konditionen wiederangelegt werden. Sinkt die Rendite hingegen, so erfolgt die Wiederanlage zu ungünstigeren Konditionen. Die Gesamtrendite der Anlage, bei der die Wiederanlage der Erträge bis zur Endfälligkeit berücksichtigt wird, wäre dann geringer. Umgekehrt führt eine Erhöhung der Rendite während der Laufzeit der Anleihe dazu, daß die Zinsen zu günstigeren Konditionen wiederangelegt werden können. Die Gesamtrendite bei Wiederanlage der Erträge bis zum Ende der Laufzeit erhöht sich dadurch natürlich.

Diesen über die Wiederanlage der Erträge auf den Gesamtwert der Anlage wirkenden Einflüssen stehen aber die unmittelbaren Wirkungen der Zinsänderung auf den Kurs der Anleihe selber gegenüber. Wie bereits bei der Diskussion der Rendite festverzinslicher Wertpapiere festgestellt, bemißt sich der heutige Wert (Barwert) einer in Zukunft erfolgenden Zahlung nach der Dauer bis zur Zahlung und der aktuellen Rendite:

$$\text{Barwert} = \frac{\text{Wert in n Jahren}}{(1 + (\text{Zins} : 100))^n}$$

Ändert sich der Zinssatz am Markt, so ändert sich natürlich auch – unter sonst gleichen Umständen – der Barwert einer bestimmten Anlage. Je höher der Zins, desto niedriger ist der Barwert (und umgekehrt).

Die Formel für die Berechnung der Modified Duration sieht auf den ersten Blick (wie schon oben die Formel für die Volatilität) schwierig aus, aber auch sie ist, wenn man Schritt für Schritt vorgeht, leicht zu beherrschen:

$$MD = \frac{\sum_{t=1}^{n} t\, E_t : (1 + i)^t}{\sum_{t=1}^{n} E_t : (1 + i)^t} : (1 + 1)$$

(MD = Modified Duration, t = Zahlungszeitpunkte, n = Restlaufzeit, i = Marktzins (Rendite), E_t = Zahlung im Zeitpunkt t)

Beispiel: Berechnung der Modified Duration
Wie groß ist das durch eine Renditeänderung bedingte Kursrisiko einer Anleihe mit einem Nennwert von 8.000 DM und einem Nominalzins von 6 %, die eine Restlaufzeit von 3 Jahren hat?

Schritt 1: Feststellung der Zahlungsströme einer Anleihe

Termin	Zahlung	Betrag
1.1.1996	Zins	480 DM
1.1.1997	Zins	480 DM
1.1.1998	Zins und Tilgung	480 DM 8.000 DM

Schritt 2: Abzinsung der Zahlungsströme einer Anleihe

Die zu verschiedenen Zeitpunkten anfallenden Zahlungen werden auf ihren heutigen Barwert abgezinst. Dabei wird für die Abzinsung jeder Zahlung genau die Marktrendite verwandt, die der jeweiligen Zeitdauer entspricht. Am Rentenmarkt hat sich in unserem Beispiel eine sehr steile Zinsstrukturkurve herausgebildet: für einjährige Restlaufzeiten werden 4 %, für zweijährige Restlaufzeiten 5 % und für dreijährige Restlaufzeiten 6 % Zinsen pro Jahr gezahlt. Die Barwerte der Zahlungen zu den einzelnen Zeitpunkten ergeben sich nun nach der bekannten Abzinsungsformel. Aus der Summe der Barwerte ergibt sich der heutige Wert der Anleihe:

Termin	Betrag	Abzinsung mit ... %	Abzinsungs-rechnung	Barwerte
1.1.1996	480 DM	4 %	$480/1,04$	461,54 DM
1.1.1997	480 DM	5 %	$480/1,05^2$	435,37 DM
1.1.1998	8.480 DM	6 %	$8.480/1,06^3$	7.119,97 DM
Summe der Barwerte:				8.016,88 DM

Schritt 3: Gewichtung der abgezinsten Zahlungsströme einer Anleihe

Die Anleihe wäre somit zum heutigen Zeitpunkt mit 8.016,88 DM fair bewertet. Für die Berechnung der Modified Duration sind aber noch einige weitere Operationen notwendig. Zunächst werden die Barwerte der einzelnen Zahlungen mit der Zeit bis zu ihrer Fälligkeit gewichtet, d.h. der Barwert der in zwei Jahren fälligen Zahlung wird verdoppelt, der Barwert der in drei Jahren fälligen Zahlung verdreifacht usw.

Termin	Betrag	Abzin-sung	Abzin-sungs-rechnung	Barwerte	Gewich-tungs-faktor	Gewichtete Barwerte
1.1.1996	480 DM	4 %	480/1,04	461,54 DM	1	461,54 DM
1.1.1997	480 DM	5 %	480/1,05^2	435,37 DM	2	870,74 DM
1.1.1998	8.480 DM	6 %	8.480/1,06^3	7.119,97 DM	3	21.359,91 DM
Summe der Barwerte:			8.016,88			22.692,19 DM

Schritt 4: Ermittlung der Duration einer Anleihe

Teilen wir nun die Summe der gewichteten Barwerte durch die einfache
Summe der Barwerte, so erhalten wir die Duration der Anleihe:

22.692,19 DM : 8.016,88 DM = 2,83

Diese Kennziffer Duration gibt den Zeitpunkt an, an dem die künftigen
Zahlungen im Durchschnitt beim Anleger eingehen. In unserem Beispiel
sind dies genau 2,83 Jahre. Diese Kennziffer kann bei der Entscheidung
über die Laufzeit einer Anlage sehr hilfreich sein, wenn der Anleger zu
einem bestimmten Zeitpunkt über sein Geld verfügen will. Die Duration
gibt nämlich genau den Zeitpunkt an, an dem eventuelle Kursänderungen aufgrund von Renditeänderungen genau durch die veränderten Wie-
deranlagebedingungen kompensiert werden. Steigt z.B. die Marktrendite, so sinkt einerseits der Kurs, andererseits können die Zinsen günstiger
wiederangelegt werden. Genau zum Zeitpunkt der Duration – und nur
dann – sind die beiden gegenläufigen Wirkungen gleich hoch, und genau
auf diesen Zeitpunkt bezogen besteht für den Käufer einer Anleihe kein
Zinsänderungsrisiko.

Wer also heute einen bestimmten Betrag anlegen will, den er genau in
drei Jahren benötigt, kann jedes Kursrisiko ausschließen, indem er einfach keine dreijährige Anleihe kauft, sondern eine Anleihe mit einer Duration von drei Jahren. Allgemein gilt: die Duration einer Anleihe ist um
so höher, je

• länger die Restlaufzeit und je
• niedriger die Marktrendite ist.

Die Duration ist im Extremfall so groß wie die Restlaufzeit der Anleihe.
Wenn vor der Endfälligkeit noch mindestens ein Zinszahlungstermin
liegt, ist die Duration immer kleiner als die Restlaufzeit.

Schritt 5: Berechnung der Modified Duration

In einem letzten Rechenschritt wird aus der Duration nun die Modified Duration ermittelt. Hierzu wird die Duration durch den Faktor (1 + Nominalzinssatz) geteilt:

2,83 : (1 + 0,06) = 2,67

Mit dieser Kennzahl kann nun das Zinsänderungsrisiko der Anleihe berechnet werden: Erhöht sich die Rendite um 1 %-Punkt, so sinkt der Kurs der Anleihe um 2,67 %. Umgekehrt steigt der Kurs der Anleihe um 2,67 %, wenn die Rendite um 1 %-Punkt sinkt.

An dieser Stelle sei aber vor einem zu unvorsichtigen Umgang mit der Modified Duration als Risikokennzahl gewarnt. Sie unterstellt einen linearen Zusammenhang zwischen Renditeänderung und Kursänderung, obwohl dieser Zusammenhang nicht linear ist. Deshalb sollte die Modified Duration auch nur als Schätzgröße verstanden werden. Für kleine Zinsänderungen lassen sich die Kursrisiken über die Modified Duration aber hinreichend exakt bestimmen. Bei fallenden Renditen werden dabei die Kurschancen unterschätzt, bei steigenden Renditen hingegen die Kursrisiken überschätzt.

Wendet der Anleger also die Modified Duration zur Abschätzung seines Zinsänderungsrisikos an, so befindet er sich stets auf der sicheren Seite, denn er ermittelt stets ein etwas ungünstigeres Ergebnis, als es bei exakter Kalkulation zu erwarten wäre (die exaktere Kalkulation ist mit Hilfe der Konvexität oder Convexity möglich).

Rendite und Risiko im Zusammenhang

oder
Was bei der Rendite richtig ist, gilt lange noch nicht
für das Risiko

Manfred E. hat seinem Anlageberater aufmerksam zugehört. Varianz, Standardabweichung und Volatilität – davon hatte er vorher noch nichts gewußt. Es leuchtet ihm aber alles ein, und er traut sich nun auch zu, die Volatilität einer Aktie zu berechnen. Udo H. weiß, daß er Manfred E. schon eine Menge an mathematischen Formeln und Rechenschritten zugemutet hat. Er weiß aber auch, daß er seinem Kunden schon sehr bald zeigen kann, wozu die Rechnerei dient und was man mit ihr alles erreichen kann.

„Ich erkläre Ihnen als Nächstes, wie sich das Risiko eines gesamten Wertpapierdepots berechnet und welche Einflußfaktoren hier gelten", kündigt der Anlageberater an. Manfred E. fragt überrascht: „Das ist doch sicher genauso wie bei der Rendite mehrerer Wertpapiere – der Mittelwert der Renditen ist die Rendite des ganzen Depots. Und beim Risiko ergibt dann eben der Mittelwert der Volatilitäten das Risiko des Depots. Oder liege ich hier falsch?"

„Ja, zum Glück haben Sie hier nicht Recht", entgegnet Udo H. „Das Risiko mehrerer Wertpapiere ist nicht gleich dem Mittelwert des Risikos der einzelnen Papiere. Vielmehr kompensieren sich die Risiken teilweise gegenseitig, und das nutzen wir ganz bewußt, um bei einer gegebenen Renditeerwartung ein möglichst geringes Gesamtrisiko eingehen zu müssen". Manfred E. ist fasziniert. „Sie verblüffen mich immer wieder", gibt er zu. „Aber nehmen diese ewigen Formeln denn gar kein Ende?" Der Anlageberater beruhigt: „Die Berechnungen verstehen Sie problemlos – da bin ich mir ganz sicher."

Folgen wir den beiden auf ihrem weiteren Weg durch die Finanzanalyse ...

5. Der Zusammenhang von Rendite und Risiko

5.1 Die Rendite und das Risiko einzelner Aktien

Bisher haben wir uns stets mit der Berechnung der Rendite und des Risikos einzelner Aktien oder anderer Wertpapiere beschäftigt. Jetzt wollen wir an einem Beispiel mit drei Aktien die Wirkungen zeigen, die die Aufnahme mehrerer Wertpapiere auf die Rendite und das Risiko des gesamten Portfolios haben kann. Die Tabelle 16 gibt die Kurse von drei hypothetischen Aktien jeweils zum Ende eines Monats wieder.

Tabelle 16: Kursverlauf von drei hypothetischen Aktien (in DM)

Monat	Aktie 1	Aktie 2	Aktie 3
1	225	175	325
2	247	178	306
3	237	172	328
4	258	185	301
5	262	187	288
6	269	195	290
7	270	201	289
8	257	189	325
9	278	211	323
10	275	204	348
11	286	213	342
12	281	210	353

Die Kursentwicklungen allein geben dem Anleger natürlich noch keine Informationen über die mit den verschiedenen Aktien (und ihren möglichen Kombinationen in einem Depot) verbundene Renditechance und das zugehörige Risiko. Auch die graphische Darstellung des Kursverlaufes ist nicht sehr hilfreich bei der Beurteilung der drei Aktien. Der Anleger erkennt zwar in der Abbildung 1, daß die Aktien 1 und 2 einen weitgehend gleichgerichteten Kursverlauf haben, doch für eine fundierte Anlageentscheidung reicht dies noch nicht aus.

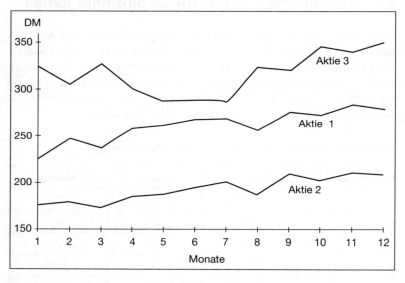

Abbildung 1: Hypothetischer Kursverlauf von drei Aktien

Deshalb berechnen wir zunächst mit Hilfe der bisher dargestellten Methoden die Renditen während der einzelnen Monate, die Gesamtrendite und das mit Hilfe der Volatilität gemessene Risiko jeder Aktie.

Die Ergebnisse dieser Berechnungen sind in der Tabelle 17 dargestellt. Nun wird der Vergleich der drei Aktien schon einfacher: Aktie 1 wies in dem betrachteten Jahr eine Gesamtrendite von 24,89 % auf. Aktie 2 kam immerhin auch auf eine Rendite von 20 %, Aktie 3 hingegen „nur" auf 8,62 %. Die Volatilität der Aktie 1 betrug 14,21 %, die Volatilität der Aktie 2 war mit 14,47 % sogar noch etwas höher, und am höchsten war die Volatilität der Aktie 3 – sie betrug 17,48 %.

Tabelle 17: Kursverlauf, Renditen und Volatilitäten von drei hypothetischen Aktien

Monat	Aktie 1		Aktie 2		Aktie 3	
	Kurs DM	Rendite %	Kurs DM	Rendite %	Kurs DM	Rendite %
1	225	.	175	.	325	.
2	247	9,78	178	1,71	306	−5,85
3	237	−4,05	172	−3,37	328	7,19
4	258	8,86	185	7,56	301	−8,23
5	262	1,55	187	1,08	288	−4,32
6	269	2,67	195	4,28	290	0,69
7	270	0,37	201	3,08	289	−0,34
8	257	−4,81	189	−5,97	325	12,46
9	278	8,17	211	11,64	323	−0,62
10	275	−1,08	204	−3,32	348	7,74
11	286	4,00	213	4,41	342	−1,72
12	281	−1,75	210	−1,41	353	3,22
Gesamtrendite	24,89		20,00		8,62	
Arithm. Mittel	2,16		1,79		0,93	
Varianz	23,57		24,43		35,65	
Standardab-weichung	4,85		4,94		5,97	
Volatilität	14,21		14,47		17,48	

Die Ertragschancen und Risiken verschiedener Aktien können sehr übersichtlich in einer Graphik dargestellt werden. Auf der horizontalen Achse wird die Volatilität als Maß für das Risiko einer Aktie abgetragen, auf der vertikalen Achse der Erwartungswert für die Aktienrendite. So wird ein Feld umrissen, in dem die Rendite-Risiko-Eigenschaften jeder Aktie als Punkt umrissen werden können. Je weiter rechts eine Aktie in dem

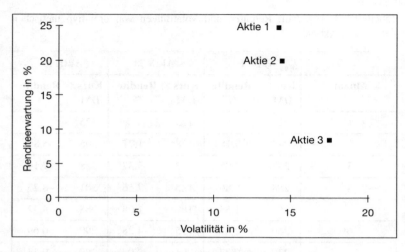

Abbildung 2: Lage von drei Aktien im Rendite-Risiko-Diagramm

„μ-σ-Diagramm" liegt, desto höher ist ihr Risiko, und je weiter oben sie liegt, desto höher ist die (erwartete) Rendite. Erstrebenswert ist deshalb – zumindest für den risikoscheuen Anleger, den wir hier als Normalfall unterstellen – eine Plazierung im oberen linken Bereich, der eine hohe Rendite bei geringem Risiko signalisiert.

Tragen wir nun die für die Aktien ermittelten Kennzahlen in das μ-σ-Diagramm ein, so scheint die Anlageentscheidung auf den ersten Blick einfach zu sein: Die Aktie mit der höchsten Rendite weist auch das niedrigste Risiko aus. Dies ist etwas ungewöhnlich, da „normalerweise" Aktien mit höherem Ertrag auch riskanter sind, aber natürlich nicht unmöglich.

5.2   Die Rendite und das Risiko einzelner Wertpapiermischungen

Soll der Anleger nun diese seltene Konstellation ausnutzen und seine gesamten Mittel in die Aktie 1 investieren, weil sie von allen Alternativen das geringste Risiko und die höchste Rendite verspricht? Bevor wir diese Frage beantworten, sollten wir die Wertentwicklung verschiedener Depots untersuchen, die aus jeweils zweien der Aktien zusammengesetzt sind:

- Depot 1 besteht aus 50 Stücken der Aktie 1 und 65 Stücken der Aktie 2,
- Depot 2 aus 50 Stücken der Aktie 2 und 35 Stücken der Aktie 3 und
- Depot 3 schließlich aus 65 Stücken der Aktie 1 und 35 Stücken der Aktie 3.

Tabelle 18: Wertpapierdepots aus jeweils zweien der drei Aktien

Monat	Aktien 1 & 2 (Depot 1)		Aktien 2 & 3 (Depot 2)		Aktien 1 & 3 (Depot 3)	
	Kurs DM	Rendite %	Kurs DM	Rendite %	Kurs DM	Rendite %
1	22.625		22.750		22.625	
2	23.920	5,72	22.280	–2,07	23.060	1,92
3	23.030	–3,72	22.660	1,71	23.330	1,17
4	24.925	8,23	22.560	–0,44	23.435	0,45
5	25.255	1,32	22.235	–1,44	23.180	–1,09
6	26.125	3,44	22.825	2,65	23.600	1,81
7	26.565	1,68	23.180	1,56	23.615	0,06
8	25.135	–5,38	23.660	2,07	24.225	2,58
9	27.615	9,87	25.020	5,75	25.205	4,05
10	27.010	–2,19	25.440	1,68	25.930	2,88
11	28.145	4,20	25.815	1,47	26.270	1,31
12	27.700	–1,58	26.005	0,74	26.405	0,51
Gesamtrendite	22,43		14,31		16,71	
Arithm. Mittel	1,96		1,24		1,42	
Varianz	21,79		4,07		1,89	
Standard-abweichung	4,67		2,02		1,37	
Volatilität	13,67		5,91		4,02	

Diese Gewichtung ist völlig willkürlich gewählt; allerdings gewährleistet sie, daß der Anfangswert aller drei Depots in etwa gleich hoch und ihre Wertentwicklung damit vergleichbar ist.

Die Rendite des ersten Depots beträgt 22,43 % bei einer Volatilität von 13,67 %. Das zweite Depot erbringt bei einer Volatilität von 5,91 % eine Rendite von 14,31 %, und das dritte Depot erwirtschaftet eine Rendite von 16,71 % bei einer Volatilität von 4,02 %. Auch hier ist eine graphische Darstellung übersichtlicher als die reine Aufzählung von Zahlen: Das μ-σ-Diagramm in Abbildung 3 stellt neben der Einordnung der einzelnen Aktien auch die Einordnung der drei untersuchten gemischten Aktiendepots und eines aus allen drei Aktien bestehenden Depots dar.

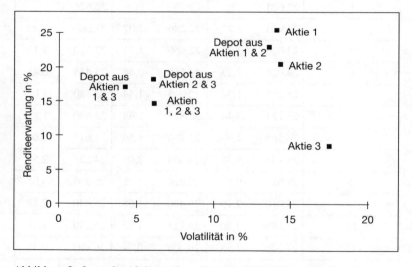

Abbildung 3: Lage der Aktien und aus ihnen gebildete Depots im Rendite-Risiko-Diagramm

Das Ergebnis dieser sehr vereinfachten ersten Diversifikationsversuche ist bereits überzeugend: Die Depotrendite entspricht jeweils dem gewogenen arithmetischen Mittel der Renditen der in ihm enthaltenen Aktien; die Depotrendite liegt deshalb zwangsläufig zwischen der niedrigsten und der höchsten Einzelrendite.

Die Volatilität der Depots ist aber in allen Fällen wesentlich niedriger als das gewogene arithmetische Mittel der Volatilitäten der in ihnen enthaltenen Aktien; die gemischten Depots sind im Diagramm fast alle viel weiter links (im Bereich des geringeren Risikos) plaziert als die einzelnen Aktien. Allein das aus den Aktien 1 und 2 bestehende Depot weist nur eine geringfügige Risikoverminderung gegenüber den einzelnen Aktien aus. Diese Aktien haben ja, wie wir weiter oben bereits feststellten, einen weitgehend parallelen Kursverlauf, so daß die Kursschwankungen sich hier nicht so sehr kompensieren.

Die größte Risikovernichtung gewährleistet in unserem Beispiel interessanterweise nicht das aus allen drei Aktien bestehende Depot; hier sinkt die Volatilität „nur" auf 5,9 % Prozent. Vielmehr führt die Mischung der Aktien 1 und 3 – die die geringste Übereinstimmung im Kursverlauf haben – zum geringsten Risiko. Dies zeigt, daß es nicht darauf ankommt, möglichst viele verschiedene Aktien in das Depot aufzunehmen. Die Kunst der Aktienauswahl besteht statt dessen vor allem darin, die richtigen, von ihrem Risikoprofil her zueinander passenden Aktien zu finden.

Die eingangs gestellte Frage, ob der kluge Investor sein gesamtes Kapital in die Aktie mit der höchsten Renditeerwartung, die zufälligerweise auch das geringste Risiko aufweist, investieren soll, ist damit beantwortet. Durch die Mischung verschiedener Aktien kann er sein Risiko sehr stark vermindern, ohne in gleichem Maße auf Ertragschancen verzichten zu müssen. Er wird deshalb – in Kenntnis aller Zusammenhänge – ein gemischtes Depot bevorzugen.

In unserem einfachen Beispiel haben wir eine sehr willkürliche Depotzusammensetzung gewählt. In Wirklichkeit kann der Anleger aus sehr viel mehr möglichen Depotmischungen die für ihn optimale auswählen. Die Spannweite reicht z.B. von einem rein aus Aktie 1 bestehenden Depot als dem einen Extremfall über stets wachsende Anteile der Aktie 2 und zurückgehende Anteile an Aktie 1 bis zu dem aus Aktie 2 allein bestehenden Depot als dem anderen Extremfall.

5.3 Die optimale Zusammensetzung eines Depots

Natürlich wird der Anleger daran interessiert sein, die optimale Zusammensetzung seines Depots genauer zu ermitteln. Dies ist bei nur wenigen zur Verfügung stehenden Wertpapieren noch relativ leicht möglich, wenn man das Konzept der Kovarianz zu Hilfe nimmt. Bei einer größeren Zahl von Wertpapieren, zwischen denen der Anleger wählen kann (oder muß), wird diese Methode sehr schnell zu aufwendig für eine praktische Anwendung. Trotzdem sei sie hier erläutert, weil sie auch für das Verständnis der weiteren Erläuterungen sehr hilfreich ist.

Die Abbildung 4 verdeutlicht die Ursache für die Risikovernichtung durch Diversifizierung. Sie gibt nochmals die Kursentwicklung der Aktien 1, 2 und 3 wieder. Die Kursreihen schwanken mehr oder weniger stark, aber es ist kein Zusammenhang zwischen ihnen ersichtlich. Beachten wir nun die vierte Linie, die nichts anderes darstellt als den Durchschnitt der Kurse der drei Aktien zum jeweiligen Zeitpunkt. Die Schwankungen dieser Linie sind, wie man auf den ersten Blick sieht, wesentlich niedriger als die Schwankungen der Kurse selber. Der Grund hierfür liegt in dem *Nicht*-Zusammenhang zwischen den Aktienkursen: Wenn der eine Kurs stark steigt, kann der andere sinken und die Gesamtentwicklung so glätten.

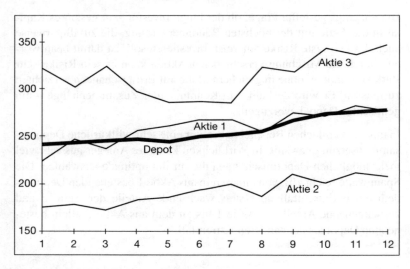

Abbildung 4: Kursglättung durch Depotstreuung

Entscheidend für das Ausmaß der Risikovernichtung durch Streuung ist, wie parallel oder wie unterschiedlich die Kursentwicklung der Aktien ist. Vergleicht man z.B. die Aktien zweier Automobilhersteller miteinander, so werden ihre Kurse sich relativ gleich entwickeln. Schließlich haben sie zahlreiche Einflußfaktoren gemeinsam, nämlich alle gesamtwirtschaftlichen und politischen Entwicklungen, die Auswirkungen auf die Lage der Automobilindustrie haben. Lediglich die spezifischen Einflußfaktoren der einzelnen Unternehmung, z.b. die Modellpolitik, bewirken eine unterschiedliche Entwicklung der beiden Aktienkurse.

Vergleicht man hingegen die Kursentwicklung eines Automobiltitels mit der Kursentwicklung der Aktie einer Bank oder eines Versicherungsunternehmens, so wird der Gleichlauf der Kurse geringer sein. Schließlich sind die branchenspezifischen Einflußfaktoren auf die Kursentwicklung hier unterschiedlich, und nur allgemeine politische oder gesamtwirtschaftliche Faktoren üben auf beide Aktienkurse die gleiche Wirkung aus.

Es ist also einsichtig, daß verschiedene Aktien einen relativ ähnlichen Kursverlauf aufweisen, während andere Papiere offensichtlich voneinander unabhängige Kursverläufe haben. Die Kunst der erfolgreichen Aktienanlage besteht nun zu einem großen Teil darin, Titel mit voneinander unabhängigen Kursverläufen in einem Depot zusammenzufassen und auf diese Weise das Gesamtrisiko zu vermindern, ohne unbedingt auf Ertragschancen verzichten zu müssen.

Mit einer Streuung seines Depots auf die Aktien von Unternehmen aus unterschiedlichen Branchen kann der Anleger schon eine sehr weitgehende Risikodiversifikation erreichen und einen Großteil des Kursrisikos der Aktien buchstäblich vernichten. Die Aufteilung des Depots auf verschiedene Branchen ist aber ein ziemlich grobes Verfahren zur Ermittlung der optimalen Depotstruktur.

5.4 Die Kovarianz

Es gibt natürlich noch weitergehende, viel ausgefeiltere Methoden zur Optimierung der Portfoliostruktur unter den grundlegenden Gesichtspunkten Risiko und Rendite. Diese Methoden arbeiten mit der mathematischen Größe Kovarianz σ_{xy}, die eine Meßzahl für die Enge des Zusammenhangs zweier Kursreihen ist.

$$\sigma_{xy} = \frac{\sum r_x\, r_y}{n} - \mu_x\, \mu_y$$

(σ_{xy} = Kovarianz der Aktien x und y, n = Zahl der Renditen, $r_{x,\,y}$ = Rendite der Aktien x und y, $\mu_{x,\,y}$ = Erwartungswert der Aktien x u. y)

Auch die Berechnung der Kovarianz zwischen den Renditen zweier Aktien ist im Grunde relativ einfach.

Beispiel: Berechnung der Kovarianz von 2 Aktien

Schritt 1:
Wir gehen wiederum von der aus der Kursentwicklung abgeleiteten Aktienrendite aus und multiplizieren die Renditen jeder Periode miteinander. Anschließend addieren wir die Ergebnisse dieser Multiplikationen (vgl. Tabelle 19):

Tabelle 19: Berechnung der Kovarianz

Monat	Aktie 1 Kurs DM	Aktie 1 Rendite %	Aktie 2 Kurs DM	Aktie 2 Rendite %	Rendite 1 x Rendite 2
1	225		175		
2	247	9,78	178	1,71	16,72
3	237	−4,05	172	−3,37	13,6485
4	258	8,86	185	7,56	66,9816
5	262	1,55	187	1,08	1,674
6	269	2,67	195	4,28	11,4276
7	270	0,37	201	3,08	1,1396
8	257	−4,81	189	−5,97	28,7157
9	278	8,17	211	11,64	95,0988
10	275	−1,08	204	−3,32	3,5856
11	286	4,00	213	4,41	17,64
12	281	−1,75	210	−1,41	2,4675
Summe					259,0989

Schritt 2:
Jetzt wird das arithmetische Mittel der Ergebnisse der Multiplikationen der beiden Renditen ermittelt:

259,0989 : 11 = 23,5544

Schritt 3:
Von dem so ermittelten Wert wird nun noch das Produkt der Erwartungswerte, d.h. der arithmetischen Mittel der Renditen der Aktien 1 und 2 abgezogen (diese Werte wurden bereits in einer der früheren Tabellen ermittelt):

23,5544 – (2,16 x 1,79) = 19,6880

Die Multiplikation der Renditen miteinander bewirkt, daß große Kursänderungen stärker berücksichtigt werden als kleine. Haben die Renditen das gleiche Vorzeichen – weisen also beide Aktien in der betreffenden Periode einen Verlust oder beide Aktien einen Gewinn aus – so ist das Ergebnis der Multiplikation positiv und erhöht die Summe; bei ungleichem Vorzeichen – wenn eine Aktie Gewinn macht und die andere Verlust – ist das Ergebnis der Multiplikation hingegen negativ und vermindert die Summe. Das bedeutet, daß die Kovarianz um so höhere Werte annimmt, je ähnlicher der Kursverlauf der beiden Aktien ist, unabhängig davon, ob die Kurse nun gestiegen oder gesunken sind.

Diese Interpretation bestätigt sich, wenn wir die Kovarianz zwischen den Aktien 1 und 2 den Kovarianzen zwischen den Aktien 1 und 3 bzw. 2 und 3 gegenüberstellen. Die Kovarianz zwischen den Aktien 2 und 3 beträgt –21,53, und die Kovarianz zwischen den Aktien 1 und 3 ist mit –24,73 sogar noch geringer. Beide Kovarianzen sind negativ, denn der Zusammenhang – die „Parallelität" – zwischen den betreffenden Aktien ist gering. Demgegenüber ist die Kovarianz zwischen den Aktien 1 und 2 mit 19,7 sehr hoch, was sich ja bereits durch den sehr ähnlichen Kursverlauf erahnen ließ.

5.5   Die Depotrendite und das Depotrisiko

Mit Hilfe der Kovarianzen und der Volatilitäten läßt sich nun die Renditechance und das Risiko unterschiedlicher Depotstrukturen ermitteln.

Die Formel für die Renditechance lautet für das Depot mit zwei Aktien:

$$\mu_{Depot} = (\mu_1 \cdot x_1) + (\mu_2 \cdot x_2)$$

(μ_{Depot} = Rendite des Depots, $\mu_{1,2}$ = Rendite der Aktien 1 bzw. 2, $x_{1,2}$ = Anteil der Aktie 1 bzw. 2 am Depot)

Die Größen x_1 und x_2 addieren sich definitionsgemäß zu 1, denn das Gesamtdepot setzt sich ausschließlich und vollständig aus den beiden Aktien zusammen. Deshalb können wir x_2 auch durch den Ausdruck $(1 - x_1)$ ersetzen, so daß die Formel sich weiter vereinfacht:

$$\mu_{Depot} = (\mu_1 \cdot x_1) + (\mu_2 \cdot (1-x_1))$$

(μ_{Depot} = Rendite des Depots, $\mu_{1,2}$ = Rendite der Aktien 1 bzw. 2, x_1 = Anteil der Aktie 1 am Depot)

Man braucht also nur für x_1 stetig sinkende Werte, z.B. von 1,0 über 0,9 und 0,8 usw. bis hinunter zu 0,1 und dann letztlich 0,0 einzusetzen, um mit Hilfe der bereits vorher errechneten Erwartungswerte der Renditen der einzelnen Aktien die Erwartungswerte der Renditen bei verschiedenen Depotstrukturen zu ermitteln. Dies ist mathematisch nichts anderes als die Ermittlung eines gewogenen arithmethischen Mittels der Erwartungswerte der Renditen, wobei als Gewichtungsfaktoren die Anteile der Einzelaktien am Gesamtdepot dienen.

Nur unwesentlich komplizierter ist die Ermittlung des Portfoliorisikos der verschiedenen Depotstrukturen. Hier lautet die Formel, wenn wir wieder $(1-x_1)$ als vereinfachte Darstellung für x_2 wählen:

$$\sigma_{Depot}{}^2 = x_1{}^2 \sigma_1{}^2 + (1 - x_1)^2 \sigma_2{}^2 + 2 \sigma_{12} x_1 (1 - x_1)$$

($\sigma_{Depot}{}^2$ = Varianz des Depots, x_1 = Anteil der Aktie 1 am Depot, $\sigma_{1,2}$ = Renditeerwartung von Aktie 1 bzw. 2, $\sigma_{1,2}$ = Volatilität der Aktien 1 bzw. 2, σ_{12} = Kovarianz der Aktien 1 und 2)

Die Standardabweichung bzw. – bei jährlichen Renditen – die Volatilität des Portfolios ergibt sich als die Wurzel aus der Varianz des Portfolios, wie sich ja auch die Standardabweichung bzw. Volatilität einer einzelnen Aktie als Wurzel aus der Varianz dieser Aktie ergab:

$$\sigma_{Depot} = \sqrt{\sigma_{Depot}{}^2}$$

($\sigma_{Depot}{}^2$ = Varianz des Depots, σ_{Depot} = Volatilität des Depots)

Obwohl diese Formeln auf den Leser vielleicht kompliziert wirken, verlangen sie mathematisch doch nicht mehr als die einfache Addition und Multiplikation von längst bekannten, weil vorher schon ermittelten Größen. In die Berechnung der Portfoliovarianz bzw. Portfoliorendite gehen lediglich die Anteile der Aktien am Depot, die Volatilitäten der Aktien und die Kovarianz der Aktien ein.

Zum besseren Verständnis sei die Ermittlung der Depotrendite und der Depotvolatilität durch ein Zahlenbeispiel verdeutlicht. Wir ermitteln zunächst den Erwartungswert der Depotrendite für ein (willkürlich gewähltes) Depot, das zu 70 % aus Aktie 1 und zu 30 % aus Aktie 2 besteht:

$$\mu_{Depot} = (24,89 \times 0,7) + (20,00 \times (1 - 0,7)) = 23,42 \%$$

Die Varianz des gleichen Portfolios ergibt sich entsprechend durch Einsetzen der bekannten Werte in die Formel:

$$\sigma_{Depot}^2 = 0,7^2 \times 14,21^2 + (1 - 0,7)^2 \times 14,47^2 + 2 \times 19,7 \times 0,7 \times (1 - 0,7)$$
$$= 126,06$$

Es ist nun einfach, die Volatilität des Depots zu berechnen:

$$\sigma_{Depot} = \sqrt{\sigma_{Depot}^2} = \sqrt{126,06} = 11,23$$

Diese Berechnung haben wir für verschiedene Kombinationen der Aktien 1 und 2 durchgeführt. Dabei erhöhten wir den Anteil der Aktie 1 in Schritten von 10 % und verminderten den Anteil der Aktie 2 entsprechend. Die Abbildung 5 gibt die Lage der elf verschiedenen Depotstrukturen im μ-σ-Diagramm wieder. Die eingezeichneten Verbindungslinien geben eine recht gute Annäherung für die Rendite-Risiko-Eigenschaften der Depotzusammensetzungen, die zwischen den von uns benutzten 10 %-Sprüngen liegen.

Die Form der Verbindungslinie – eine nach rechts offene halbe Ellipse – ist typisch für die verschiedenen Kombinationen von jeweils zwei beliebigen Aktien (oder anderen Wertpapieren). Die beiden Endpunkte sind identisch mit den Rendite-Risiko-Punkten der einzelnen Aktien, denn sie repräsentieren ja ein Depot, das zu 100 % aus einer einzigen Aktie besteht.

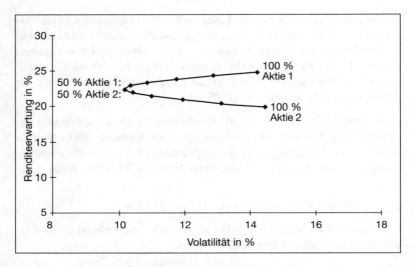

Abbildung 5: Rendite-Risiko-Strukturen unterschiedlicher Kombinationen der Aktien 1 und 2

Gehen wir einmal vom oberen rechten Eckpunkt der Rendite-Risiko-Linie aus und verfolgen ihren Verlauf: Dieser Punkt gibt die Rendite-Risiko-Struktur der Aktie 1 wieder. Je mehr der Anteil der Aktie 1 am Gesamtdepot vermindert wird, desto stärker geht das Risiko zurück. Diese Risikoreduktion wird durch den zunehmenden Anteil der Aktie 2 am Depot verursacht, die die Kursschwankungen der Aktie 1 kompensiert. Die Depotrendite sinkt ebenfalls mit zunehmendem Anteil der Aktie 2 am Depot, da diese Aktie ja, wie bereits bekannt, einen geringeren Erwartungswert hat als Aktie 1.

Der Rückgang des Depotrisikos wird aber von Schritt zu Schritt geringer. Bei einem Depot, das zu gleichen Teilen aus Aktie 1 und Aktie 2 zusammengesetzt ist, erreicht die Volatilität schließlich ein Minimum von 10,62 %. Dies ist gegenüber der Volatilität der Aktie 1 (die 14,21 % beträgt) ein Rückgang von 3,59 Prozentpunkten oder 25,26 %. Diese Depotstruktur, die das geringste Risiko birgt, nennen die Finanzanalysten „Minimum-Varianz-Portfolio".

Wird der Anteil der Aktie 2 am Depot weiter erhöht, geht das Risiko nicht mehr zurück. Vielmehr steigt die Volatilität bei jeder weiteren Erhöhung des Anteils von Aktie 2. Schließlich wird der Punkt erreicht, an dem das Depot ausschließlich aus Aktie 2 besteht, und hier entspricht die Volatilität des Depots natürlich der Volatilität der Aktie 2, nämlich 14,47 %. Bei zunehmendem Anteil der Aktie 2 am Depot sinkt die Depotrendite stetig. Dies ist nicht weiter verwunderlich, denn die Aktie 2 hat ja einen geringeren Erwartungswert der Rendite als Aktie 1.

5.6   Das Minimum-Varianz-Portfolio

Was bedeutet diese Form der Rendite-Risiko-Linie für den Anleger? Gehen wir davon aus, daß der Anleger an einer möglichst hohen Rendite interessiert ist. Gleichzeitig wird er nur das absolut notwendige Risiko eingehen wollen. Deshalb sind alle Depotkombinationen, die auf dem vom Minimum-Varianz-Portfolio nach unten abgehenden Ast liegen, für den Anleger nicht interessant. Bei allen Depotkombinationen auf diesem Ast gibt es schließlich eine Kombination auf dem oberen Ast, der bei gleichem Risiko eine höhere Rendite verspricht. Warum sollte der Anleger also ein höheres Risiko als unbedingt notwendig eingehen?

Für den klugen Investor verbleibt somit der obere Ast der Rendite-Risiko-Linie – vom Minimum-Varianz-Portfolio bis zum allein aus Aktie 1 bestehenden Depot. Wählt er eine beliebige Depotstruktur aus diesem Bereich, so kann er sicher sein, daß es keine andere Depotkombination der Aktien 1 und 2 gibt, die bei gegebenem Risiko eine höhere Renditeerwartung hat (oder bei gegebener Renditeerwartung ein geringeres Risiko).

Welche der verschiedenen möglichen Kombinationen der Anleger wählt (oder wählen soll), kann mit Hilfe der Rendite-Risiko-Linie nicht genauer festgelegt werden. Dies hängt vor allem von der Risikoscheu des einzelnen Anlegers ab. Je risikoscheuer er ist, desto eher wird er eine Depotstruktur in der Nähe des Minimum-Varianz-Portfolios wählen. Ist er risikofreudiger, wird er eher eine risikoreichere, aber auch ertragreichere Depotstruktur wählen, die einen sehr hohen Anteil der Aktie 1 enthält.

Bei den aus den Aktien 1 und 2 bestehenden Portfolios lag das Minimum-Varianz-Portfolio bei einem Anteil der beiden Aktien von jeweils 50 %. Dies ist nicht notwendigerweise immer der Fall, wie die Abbildungen 6 und 7 zeigen. Das Minimum-Varianz-Portfolio liegt im ersten Fall bei einem Anteil von 60 % der Aktie 1 und 40 % der Aktie 3. Im zweiten Fall besteht das Minimum-Varianz-Portfolio aus 60 % Aktie 2 und 40 % Aktie 3. Der für den Anleger relevante obere Ast der Rendite-Risiko-Linie ist in beiden Fällen kürzer; der Mindestanteil der ertragreicheren Aktie beträgt schließlich 60 %.

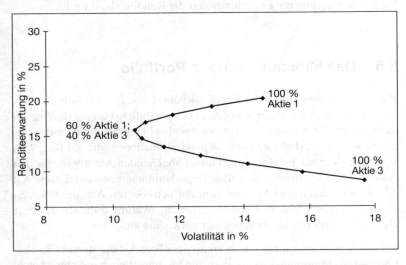

Abbildung 6: Rendite-Risiko-Strukturen unterschiedlicher Kombinationen der
Aktien 1 und 3

Bei der praktischen Anwendung der in diesem Kapitel vorgestellten Methoden muß der Anleger sich immer bewußt sein, daß sowohl die Volatilität als auch der Erwartungswert der Rendite aus historischen Daten ermittelt wurden. Es gibt aber keine Garantie dafür, daß die in der Vergangenheit erzielten Renditen auch in der Zukunft eintreten werden. Und ebenso gibt es keine Garantie dafür, daß das in der Vergangenheit beobachtete Risiko auch für die Zukunft gilt.

Jeder Anleger sollte deshalb stets überlegen, ob er die Vergangenheitsdaten einfach übernehmen will, oder ob er aus seiner persönlichen Einschätzung heraus Korrekturen vornimmt. Erwartet er z.B. eine Gewinnsteigerung bei der einen und einen Gewinnrückgang bei der anderen Aktie, so wird er im ersteren Fall die historische Renditeerwartung nach oben anpassen, im zweiten Fall jedoch einen Abschlag vornehmen. Die

anschließende Weiterverarbeitung erfolgt dann mit Hilfe der hier dargestellten mathematischen Methoden.

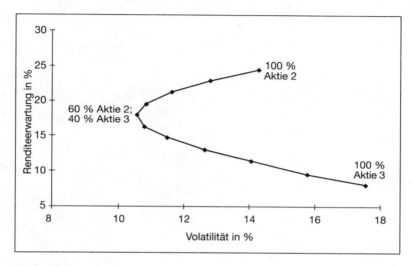

Abbildung 7: Rendite-Risiko-Strukturen unterschiedlicher Kombinationen der
Aktien 2 und 3

Eine weitere Einschränkung muß noch genannt werden: bei drei Aktien
sind die Formeln schwerer, bei einer noch größeren Anzahl von Wertpapieren kaum noch zu handhaben. Im nächsten Kapitel werden wir deshalb eine Fortentwicklung der hier dargestellten Verfahren erläutern, die
für den Anleger eine wesentliche Vereinfachung darstellt.

Die Kunst liegt in der Beschränkung ...

oder
Viel Gutes kann schnell zuviel sein

Manfred E. ist beeindruckt. „Jetzt kann ich mir selbst ein optimales Depot zusammenstellen. Dazu brauche ich nur die Kursentwicklungen, Zinsen und Dividenden der Wertpapiere zu kennen, und dann rechne ich mir aus, welche Aktien und Anleihen ich kaufen muß. Das ist ja gar nicht so schwer!"

„Das stimmt," pflichtet ihm Udo H. bei, „aber mit dieser Methode ist auch ein sehr hoher Rechenaufwand verbunden. Sie müssen nicht nur die Volatilitäten und Renditen aller Wertpapiere berechnen, sondern auch die Kovarianzen zwischen allen Anlagemöglichkeiten. Bei zwei Anlagealternativen sind dies nur fünf Größen. Bei zehn Aktien müßten Sie aber schon 65 Werte ermitteln, und bei hundert Wertpapieren 5.150. Stellen Sie sich vor, Sie würden alle 800 in Deutschland börsennotierten Aktien in Ihre Überlegungen einbeziehen. Dann müßten Sie etwa 250.000 Werte berechnen. Wollen Sie das?"

„Das habe ich noch gar nicht bedacht", gibt Manfred E. zu. „Aber was nutzt mir die ganze Mathematik, wenn ich sie nicht mit vertretbarem Aufwand anwenden kann? Wozu muß ich das dann alles wissen?" „Was ich Ihnen soeben vorgestellt habe, sind die Grundzüge der Portfoliotheorie. Dafür hat Harry Markowitz den Nobelpreis für Ökonomie bekommen," erläutert der Anlageberater. „Aber es gibt zum Glück eine Weiterentwicklung, die den Rechenaufwand sehr stark vereinfacht, und um diese Vereinfachung zu verstehen, benötigen Sie eben Grundkenntnisse der Portfoliotheorie. Es war also auf keinen Fall überflüssig, daß Sie sich einmal damit beschäftigt haben."

Lassen wir uns überraschen, was der Anlageberater Manfred E. nun mitzuteilen hat.

6. Grundlagen der Portfoliotheorie

Wer sich eine Zeitlang intensiv mit Aktienkursen beschäftigt, stellt fest, daß sie sich zwar nicht gleich oder parallel, aber auch nicht ungeordnet oder unabhängig entwickeln. An guten Börsentagen steigen die Kurse der Mehrzahl aller Aktien, an schlechten Börsentagen wiederum sinken die meisten Kurse. Es scheint so, als ob es eine gemeinsame Einflußgröße (oder sogar mehrere?) gäbe, die auf alle Aktienkurse fast gleich wirkt.

Bei noch genauerer Betrachtung der Aktienkurse stellt man dann fest, daß sich die Kurse verschiedener Aktien zwar grob in die gleiche Richtung bewegen, aber mit unterschiedlich starken Schwankungen. Während die eine Aktie an guten Börsentagen meistens hohe Kursgewinne verbucht, an schlechten Börsentagen aber auch öfter hohe Kursverluste hinnehmen muß, sind die jeweiligen Kursgewinne bzw. Kursverluste bei einer anderen Aktie regelmäßig viel geringer. Daraus könnte man schließen, daß die gemeinsame Einflußgröße, deren Existenz wir vermuten, auf die Kursentwicklung der einzelnen Aktien unterschiedlich stark wirkt.

Die Weiterentwicklungen der Portfoliotheorie, die unter den Bezeichnungen Indexmodell und Capital Asset Pricing Model (oder abgekürzt CAPM) bekannt wurden, machen sich diese beiden Vermutungen zunutze. Im Indexmodell wird angenommen, daß die Entwicklung eines Aktienkurses zu einem großen Teil durch die Entwicklung der Gesamtheit aller Aktienkurse erklärt werden kann. Als Maßstab für diese Entwicklung aller Aktienkurse wird ein Aktienindex benutzt.

Ein Aktienindex soll die Kursentwicklung einer Mehrzahl von Aktien, im Optimalfall aller börsennotierten Aktien, in einer einzigen Meßzahl ausdrücken. Bei der Berechnung dieser Meßzahl werden die Kurse aller betrachteten Aktien berücksichtigt. Teilweise werden alle Aktien bzw. ihre Kurse gleich gewichtet, so daß der Index einfach nur die Addition aller Kurse darstellt.[5] Wesentlich häufiger werden die Kurse aber mit dem an der Börse zugelassenen Grundkapital der betreffenden Aktiengesellschaft gewichtet.[6] In diesen Fällen stellt ein Aktienindex mathema-

---

5 Der Dow Jones-Index der New York Stock Exchange wird auf diese Weise ermittelt.
6 Dies gilt für die in Deutschland gebräuchlichen Indizes, z.B. für den aus dreißig Standardaktien berechneten DAX.

tisch nichts anderes als ein gewogenes arithmetisches Mittel dar, wie wir es bereits kennengelernt haben.

Neben dem Kursverlauf der einzelnen Aktien (es handelt sich um die gleichen Aktien und Kurse wie in Kapitel 5) wird nun auch die Entwicklung des aus diesen drei Aktien gebildeten Indexes wiedergegeben. Dabei haben wir der Einfachheit und besseren Anschaulichkeit wegen angenommen, daß die Aktien alle mit dem gleichen Gewicht (genau einem Drittel) in den Index eingehen und daß der Index, nicht wie sonst üblich, auf einen bestimmten Anfangswert (z.B. 100, 500 oder 1.000 Punkte) normiert wurde. Der Index ist hier also ein einfaches arithmetisches Mittel aus den Kursen der drei Aktien.

Tabelle 20: Aktienkurse (in DM) und Aktienindex (in Punkten)

Monat	Aktie 1	Aktie 2	Aktie 3	Index$_{1-3}$
1	225	175	325	241,7
2	247	178	306	243,7
3	237	172	328	245,7
4	258	185	301	248,0
5	262	187	288	245,7
6	269	195	290	251,3
7	270	201	289	253,3
8	257	189	325	257,0
9	278	211	323	270,7
10	275	204	348	275,7
11	286	213	342	280,3
12	281	210	353	281,3

6.1   Der Beta-Faktor

Aus dem Verlauf eines Aktienindex lassen sich ebenso wie aus dem Kursverlauf einer einzelnen Aktie Renditen, ein Erwartungswert der Renditen und eine Volatilität der Renditeentwicklung berechnen, was hier nicht erneut dargestellt werden muß. Wir benutzen für Erwartungswert und Volatilität eines Aktienindex die gleichen griechischen Buchstaben μ und σ wie für Erwartungswert und Volatilität einer Aktie, machen aber durch ein großes „I" deutlich, wenn wir uns auf den Index beziehen, und durch ein kleines „i", daß wir eine einzelne Aktie meinen:

μ_I = Änderung („Erwartungswert der Renditeentwicklung") des Index
μ_i = Erwartungswert der Renditeentwicklung der Aktie i
σ_I = Volatilität des Index
σ_i = Volatilität der Aktie i

Der Zusammenhang zwischen der Rendite einer einzelnen Aktie i und der Entwicklung des Index I wird durch eine Regressionsgleichung ausgedrückt:

$$\mu_i = \alpha + \beta\, \mu_I$$

μ_I = Änderung des Index
μ_i = Erwartungswert der Rendite der Aktie i
α = Alpha-Faktor
β = Beta-Faktor

Nach dieser Gleichung ist die erwartete Rendite einer Aktie i abhängig von einem konstanten Faktor α (der übrigens sowohl positive als auch negative Werte annehmen kann) und der Änderung des Aktienindex, welche aber noch mit einem Faktor β multipliziert wird. Der Alpha-Faktor wird als ein Maß für den vom Index unabhängigen Ertrag der Aktie angesehen. Ein Unternehmen mit einem guten Management sollte einen möglichst hohen Alpha-Faktor haben, so daß auch bei allgemeinen Kurssenkungen noch eine positive Rendite erreicht wird.

6.1.1 Der Beta-Faktor im Anlageentscheidungsprozeß

Die Höhe der letzten Größe, des Beta-Faktors, entscheidet darüber, wie stark oder schwach die Schwankungen der Aktienkurse im Verhältnis zu den Schwankungen des Index ausfallen:

Liegt der Beta-Faktor genau bei 1, so schwankt die Aktie genauso stark wie der Index:

* Eine Indexsteigerung um 5 % läßt eine Steigerung des Aktienkurses um ebenfalls 5 % erwarten.
* Ein Indexrückgang um 8 % läßt auch einen Kursrückgang der Aktie um 8 % erwarten.

Liegt der Beta-Faktor über 1, z.B. bei 1,2, so schwankt die Aktie stärker als der Index:

* Eine Indexsteigerung um 5 % läßt eine Steigerung des Aktienkurses um 1,2 x 5 % = 6 % erwarten.
* Ein Indexrückgang um 8 % läßt einen Kursrückgang der Aktie um 1,2 x 8 % = 9,6 % erwarten.

Liegt der Beta-Faktor hingegen unter 1, z.B. bei 0,9, so schwankt die Aktie schwächer als der Index:

* Eine Indexsteigerung um 5 % läßt eine Steigerung des Aktienkurses um 0,9 x 5 % = 4,5 % erwarten.
* Ein Indexrückgang um 8 % läßt einen Kursrückgang der Aktie um 0,9 x 8 % = 7,2 % erwarten.

Der Beta-Faktor des Index liegt per definitionem immer bei 1, der Alpha-Faktor des Index bei 0.

Aus dem Kursverhalten der Aktien mit unterschiedlichen Beta-Faktoren kann bereits ein erster Schluß für das Anlageverhalten gezogen werden: in Zeiten allgemein steigender Aktienkurse (erkennbar am steigenden Aktienindex) ist es empfehlenswert, Aktien mit hohen Beta-Faktoren in das Depot aufzunehmen, da sie voraussichtlich stärker als der Index steigen werden, so daß der Anleger eine bessere Rendite für sich verbuchen kann. In Zeiten allgemein rückläufiger Aktienkurse, d.h. bei sinkendem Index, sind hingegen Aktien mit niedrigerem Beta-Faktor vorzuziehen, denn dann verliert das Depot weniger an Wert (wenn man in diesen Phasen von Kursrückgängen nicht ganz auf die Aktienanlage verzichtet).

Wenn man es sich zutraut, als Aktienanleger die allgemeine Kurstendenz vorauszusagen, ist diese Regel ein guter Anhalt für die Entscheidung, welche Aktien in das Depot aufgenommen werden sollen.

6.1.2 Die Berechnung des Beta-Faktors

Viele Zeitschriften, die sich mit Fragen der Geldanlage beschäftigen, veröffentlichen regelmäßig die Beta-Faktoren der wichtigsten börsennotierten Aktien. Zum tieferen Verständnis für die Zusammenhänge wollen wir aufzeigen, wie diese Kennzahl praktisch berechnet wird. Diese Berechnung ist auf zwei Arten möglich. Zunächst könnte der Zusammenhang zwischen der Kursentwicklung und dem Indexverlauf mit Hilfe einer Regressionsanalyse ermittelt werden. Das ist mathematisch nicht sehr schwer, aber wesentlich komfortabler ist der zweite Weg, der auf bereits bekannte Größen zurückgreift und den wir deshalb im folgenden vorstellen möchten:

$$\beta_i = \frac{\sigma_{iI}}{\sigma^2_{I}}$$

(β_i = Beta-Faktor der Aktie i, σ_{iI} = Kovarianz zwischen Aktie und Index, σ^2_{I} = Varianz des Index)

Man braucht also nur die Kovarianz zwischen dem Index und der Aktie zu ermitteln und diese dann durch die Varianz, d.h. das Quadrat der Standardabweichung des Indexes zu teilen, um den Beta-Faktor einer Aktie, bezogen auf den jeweiligen Index, zu erhalten.

Beispiel: Berechnung der Kovarianz zwischen der Aktie i und dem Index I
Die Tabelle 21 gibt zunächst die Berechnung der Kovarianz zwischen der Aktie i (= Aktie 1 des Beispiels aus Kapitel 5) und dem Index I dieses Beispiels wieder:

Tabelle 21: Kovarianzberechnung: Paarweise Multiplikation der Renditen

Monat	Aktie i		Index I		i x I
	Kurs (DM)	Rendite (%)	Indexwert (Punkte)	Rendite (%)	
1	225	241,7			
2	247	9,78	243,7	0,83	8,09
3	237	−4,05	245,7	0,82	−3,32
4	258	8,86	248,0	0,95	8,42
5	262	1,55	245,7	−0,94	−1,46
6	269	2,67	251,3	2,31	6,16
7	270	0,37	253,3	0,80	0,29
8	257	−4,81	257,0	1,45	−6,96
9	278	8,17	270,7	5,32	43,45
10	275	−1,08	275,7	1,85	−2,00
11	286	4	280,3	1,69	6,77
12	281	−1,75	281,3	0,36	−0,62
Summe					58,82
Erwartungs- werte:		2,16		1,40	

Schritt 1:

Zunächst werden die monatlichen Renditen der Aktie und des Index miteinander multipliziert und die Summe dieser Produkte ermittelt. Gleichzeitig berechnen wir die Erwartungswerte der Aktienrendite sowie der Rendite des Index.[7] Dabei stellt sich heraus, daß die durchschnittliche monatliche Rendite der Aktie 2,16 % betrug, die durchschnittliche Indexrendite hingegen nur 1,40 %.

---

7   Eigentlich hat ein Index keine Rendite im eigentlichen Sinne; nur die in ihm enthaltenen Aktien weisen eine Rendite auf. Das mathematische Verfahren der Renditeermittlung läßt sich aber problemlos auf die Indexentwicklung anwenden. Dies ist stets gemeint, wenn von der „Rendite eines Index" die Rede ist.

Schritt 2:
Jetzt wird das arithmetische Mittel aus den miteinander multiplizierten Renditen ermittelt:

58,82 : 11 = 5,35

Schritt 3:
Zuletzt wird das Produkt der Rendite-Erwartungswerte vom Durchschnitt der Produkte der Einzelrenditen abgezogen. Die so ermittelte Kovarianz zwischen der Aktie i und dem Index I beträgt 2,33:

5,35 − (2,16 x 1,40) = 2,33

Tabelle 22: Volatitätsberechnung des Index

Monat	Index-stand	Wert-veränderung in %	Unterschied zur Durch-schnitts-rendite	Quadrat der Abweichung vom Durch-schnitt
1	241,7			
2	243,7	0,83	0,59	0,35
3	245,7	0,82	0,59	0,34
4	248,0	0,95	0,68	0,46
5	245,7	−0,94	−0,67	0,45
6	251,3	2,31	1,65	2,71
7	253,3	0,80	0,57	0,32
8	257,0	1,45	1,03	1,07
9	270,7	5,32	3,80	14,43
10	275,7	1,85	1,32	1,74
11	280,3	1,69	1,21	1,46
12	281,3	0,36	0,25	0,06
Summe		15,42	11,02	23,41
Durchschnitt		1,40		2,13

Um den Beta-Faktor der Aktie i zu ermitteln, muß die Kovarianz nun noch durch die Varianz des Index geteilt werden.

Die Varianz ist, wie bereits bekannt, nichts anderes als das arithmetische Mittel der quadrierten Abweichungen zwischen den einzelnen Renditen und der Durchschnittsrendite und beträgt in unserem Beispiel 2,13 (siehe Tabelle 22).

Der Beta-Faktor der Aktie i beträgt demnach 2,33 : 2,13 = 1,094. Wenn der Index um 10 % zunimmt, ist mit einem Anstieg des Aktienkurses von 10,94 % zu rechnen, bei einem Indexrückgang um 10 % ist entsprechend ein Kursrückgang der Aktie von 10,94 % zu erwarten. Diese Aktie ist also vor allem in Phasen steigender Aktienkurse als Investition zu empfehlen.

Weisen zwei Aktien den gleichen Beta-Faktor auf, so kann der Zusammenhang zwischen Indexentwicklung und Kursveränderungen doch sehr unterschiedlich eng sein. Die eine Aktie kann mit dem Index praktisch gleichlaufen, die andere aber mit größeren oder kleineren Schwankungen vom Indexverlauf abweichen.

6.2   Der Korrelationskoeffizient

Die Qualität oder Güte eines Beta-Faktors wird mit Hilfe des Korrelationskoeffizienten beurteilt. Dieser mißt, wie stramm der Zusammenhang zwischen der Indexentwicklung und der Kursentwicklung der einzelnen Aktie ist. Der Korrelationskoeffizient zwischen dem Index und einer Aktie wird ermittelt, indem die Kovarianz zwischen Index und Aktie durch das Produkt der beiden jeweiligen Volatilitäten geteilt wird:

$$k_{iI} = \frac{\sigma_{iI}}{\sigma_i \times \sigma_I}$$

(k_{iI} = Korrelationskoeffizient, σ_{iI} = Kovarianz zwischen i und I, σi, σ_I = Volatilität von i bzw. I, i = einzelne Aktie, I= Index)

In unserem Beispiel beträgt der Korrelationskoeffizient zwischen der Aktie i und dem Index I etwa 0,35:

$k_{iI} = 2,33 : 14,21 \times 2,13 = 0,34925405$

Der Korrelationskoeffizient muß aufgrund seiner mathematischen Konstruktion zwischen −1 und +1 liegen. Beträgt er −1, so liegt ein perfekter negativer Zusammenhang zwischen dem Index und der Aktie vor: Jeder Anstieg des Index führt genau zu dem Rückgang des Aktienkurses (und jeder Indexrückgang zu genau dem Anstieg des Kurses), dessen Stärke sich durch den Beta-Faktor ergibt. Beträgt der Korrelationskoeffizient +1, so führt jeder Anstieg des Index genau zu einem Anstieg des Aktienkurses gemäß des spezifischen Beta-Faktors. Bei einem Korrelationskoeffizienten von 0 hingegen ist statistisch kein Zusammenhang zwischen Indexentwicklung und Kursänderungen nachweisbar.

Im Regelfall wird der Korrelationskoeffizient zwischen einer Aktie und einem Index allerdings zwischen 0 und 1 liegen. Das bedeutet, daß der Zusammenhang nicht hundertprozentig eng ist. Aus einem Anstieg des Index um 10 % kann bei einem Beta-Faktor von 1,2 nur dann mit völliger Sicherheit eine Kurssteigerung von 12 % erwartet werden, wenn der Korrelationskoeffizient genau 1 beträgt. Liegt der Korrelationskoeffizient unter 1, so wird sich die Änderung der Aktienkurse zwar im Durchschnitt aus der Änderung des Index multipliziert mit dem Beta-Faktor der Aktie ergeben, nicht aber in jedem Einzelfall (bzw. in jeder einzelnen Periode). Je niedriger der Korrelationskoeffizient ist, desto unzuverlässiger ist also der Beta-Faktor – in der kurzfristigen Betrachtung. Dies sollte der Anleger stets berücksichtigen, wenn er sich bei seinen Investitionsentscheidungen auf eine Analyse der Beta-Faktoren stützt.

6.3   Das Bestimmtheitsmaß

Das Quadrat des Korrelationskoeffizienten ergibt das Bestimmtheitsmaß B, das eine etwas handlichere Interpretation der Strammheit des Zusammenhanges zwischen Index und Aktienkurs ermöglicht:

$$B = k_{iI}^2 = \left(\frac{\sigma_{iI}}{\sigma_i \cdot \sigma_I} \right)^2$$

(B = Bestimmtheitsmaß, k_{iI} = Korrelationskoeffizient, σ_{iI} = Kovarianz zwischen i und I, σ_i, σ_I = Volatilität von i bzw. I, i = einzelne Aktie, I = Index)

Wegen der Quadrierung des Korrelationskoeffizienten, der zwischen −1 und +1 liegen kann, liegt das Bestimmtheitsmaß stets zwischen 0 und +1. Man kann also nicht mehr die Richtung des Zusammenhangs aus ihm ablesen, sondern nur noch seine Stärke.

In unserem Beispiel beträgt das Bestimmtheitsmaß B etwas mehr als 0,12:

$$B = k_{il}^2 = (2,33 : 14,21 \times 2,13)^2 = 0,34925405^2 = 0,12197839$$

Das Bestimmtheitsmaß B gibt den Anteil der Kursbewegung an, der sich statistisch auf die zugrundeliegende Indexbewegung zurückführen läßt. In unserem Fall sind dies genau 12 %, so daß der Zusammenhang zwischen der Aktie und dem Index als nicht sehr eng angesehen werden muß. Jeder Anleger, der steigende Aktienkurse erwartet und deshalb Aktien mit einem Beta-Faktor von mehr als 1 in sein Depot aufnehmen möchte, wäre gut beraten, zunächst von der Aktie in unserem Beispiel Abstand zu nehmen. Obwohl ihr Beta-Faktor 1,094 beträgt und daher die geforderte Voraussetzung erfüllt, ist der Zusammenhang relativ unsicher. Andere Aktien mit einem höheren Bestimmtheitsmaß bzw. Korrelationskoeffizienten wären ihr deshalb vorzuziehen, da bei ihnen der gewünschte Erfolg, ein im Vergleich zum Index überproportionaler Anstieg des Depotwertes, sicherer erreicht werden kann.

6.4   Probleme portfoliotheoretischer Kennzahlen

Bei der Arbeit mit Beta-Faktoren (und dies gilt natürlich auch für die Korrelationskoeffizienten) ist zu bedenken, daß sie im Zeitablauf nicht stabil sind. Außerdem werden sie notwendigerweise aus Vergangenheitsdaten ermittelt, die natürlich keine sehr verläßliche Auskunft über die zukünftigen Verhältnisse geben können. Hier gelten die gleichen Argumente wie bei der Ermittlung von Risiko und Rendite aus historischen Werten. In ihre Berechnung gehen die Kurse und Indexwerte der jeweils letzten 30 oder 250 Tage oder eines anderen Zeitraumes ein. Jeder neue Kurs löst quasi den bis dahin ältesten Kurs ab, so daß eine leichte Veränderung des Beta-Faktors von Tag zu Tag völlig normal ist. Im Regelfall wird der so ermittelte Beta-Faktor um einen Mittelwert schwanken und sich nur mehr oder weniger allmählich verändern. Diese allmählichen

Änderungen im Beta-Faktor spiegeln wider, wie die Anleger das Risiko des Unternehmens einschätzen. Änderungen in der Unternehmenspolitik oder im Umfeld des Unternehmens schlagen sich so im Beta-Faktor seiner Aktie nieder. Bei plötzlichen, sehr starken Kursänderungen einer Aktie, z.B. nach einem Crash, unerwarteten Gewinnmeldungen oder Verlustankündigungen kann sich der Beta-Faktor aber ebenso plötzlich, von einem Tag zum anderen, sehr stark verändern.

Die Tabelle 23 gibt die Beta-Faktoren und die Volatilitäten der im DAX enthaltenen Aktien mit dem Stand vom 31.12.1996 wieder. Diese Kennzahlen werden täglich von der Frankfurter Börse ermittelt und in einschlägigen Zeitungen und Fachzeitschriften regelmäßig veröffentlicht. Jeder Anleger kann sich deshalb zumindest für die Standardaktien leicht mit den aktuellen Kennzahlen versorgen, ohne die oben dargestellte Berechnung stets selbst vornehmen zu müssen.

Die Stabilität der Beta-Faktoren ist auch ein Indiz für die Liquidität einer Aktie. Bei den DAX-Aktien, die vergleichsweise hohe Umsätze aufweisen, wird ein einzelner Großauftrag nicht so schnell zu außergewöhnlichen Kursausschlägen führen wie bei einer der nicht im DAX enthaltenen Aktien mit geringeren Umsätzen. Daher sind die Beta-Faktoren der DAX-Aktien tendenziell stabiler als die Beta-Faktoren anderer Aktien.

Neben der Einschätzung der Bindung oder Abhängigkeit der Kurse einzelner Aktien von einem Aktienindex erlaubt die Kenntnis der Beta-Faktoren noch einige weitere Schlüsse. So läßt sich z.B. leicht die Empfindlichkeit des gesamten Aktiendepots eines Anlegers gegenüber Änderungen des Aktienindex berechnen, also ein Portfolio-Beta-Faktor. Dieser Beta-Faktor des Gesamtdepots ergibt sich einfach als gewogenes arithmetisches Mittel der Beta-Faktoren der Aktien, aus denen das Depot besteht:

$$\beta_{Depot} = \sum_{i=1}^{n} \beta_i \times x_i$$

(β_i = Beta-Faktor, x_i = Anteil der Aktie i am Depot; $\sum x_i = 1$, i = Aktie, n = Zahl der Aktien im Depot)

Tabelle 23: Portfoliotheoretische Kennzahlen der DAX-Aktien

Aktie	Volatilität 30 Tage	Volatilität 250 Tage	Beta-Faktor 250 Tage
DAX	**20,65**	**12,79**	**1,0000**
Allianz	22,08	16,97	1,0224
BASF	39,10	24,12	1,5598
Bayer	39,89	22,57	1,4274
Bayerische Hypo	25,70	20,18	0,9274
BMW	29,90	16,17	0,9010
Bayerische Vereinsbank	22,26	18,99	0,6782
Commerzbank	23,84	15,34	0,6812
Daimler	25,77	16,04	0,9487
Degussa	36,86	21,47	0,9814
Deutsche Bank	19,07	15,49	0,8425
Deutsche Telekom	25,35	–	1,9595
Dresdner Bank	24,49	15,35	0,7749
Henkel	32,84	21,66	0,9768
Hoechst	28,89	22,15	1,2388
Karstadt	27,09	20,59	0,7668
Linde	16,82	14,98	0,6489
Lufthansa	30,44	23,65	1,0983
MAN	29,93	20,58	0,9213
Mannesmann	27,94	17,46	0,9588
Metro	24,26	23,46	1,0192
Münchener Rück	17,10	18,73	0,5798
Preussag	24,77	16,91	0,7347
RWE	24,40	18,66	1,0014
SAP	27,31	42,33	1,4669
Schering	29,47	19,76	0,9360
Siemens	17,17	15,55	0,7397
Thyssen	24,16	18,70	0,7157
VEBA	22,75	17,42	0,9613
VIAG	21,10	17,40	0,8191
Volkswagen	30,40	19,93	1,0054

Quelle: Börsen-Zeitung vom 31.12.1996

Wenn die Zusammensetzung des Depots vollkommen identisch mit der Gewichtung der Aktien im Index ist, so beträgt der Beta-Faktor des Depots per definitionem „Eins". Dies wird aber eher die Ausnahme sein; im Normalfall weichen die Depots von der Zusammensetzung des Index ab. Für die Beurteilung des Depot-Beta-Faktors gilt das gleiche wie für den Beta-Faktor einer einzelnen Aktie: liegt dieser Wert über eins, so steigt (und sinkt) der Wert des Aktiendepots voraussichtlich stärker als der Index. Liegt er dagegen unter eins, so schwankt der Depotwert weniger stark als der Index.

Der Beta-Faktor eines ganzen Depots kann somit auch als ein Maß für das Risiko des Depots interpretiert werden. Seine Berechnung ist viel einfacher als die Berechnung der Standardabweichung des Portfolios, denn sie erfordert nicht die Ermittlung aller Kovarianzen zwischen jeweils zwei Aktien, sondern nur der Kovarianz zwischen jeder Aktie und dem Index. Der erforderliche Rechenaufwand wird dadurch wesentlich verringert.

Mit Hilfe des Beta-Faktors des Depots und der ebenfalls bekannten Volatilität des Index kann nun auch die Volatilität und damit das Risiko des gesamten Portfolios berechnet werden:

$$\sigma_{Depot} = \beta_{Depot} \times \sigma_{Index}$$

(σ_{Depot} = Volatilität des Depots, β_{Depot} = Beta-Faktor des Depots, σ_{Index} = Volatilität des Index)

Dieser Zusammenhang gilt streng genommen nur für effizient diversifizierte Portfolios, die so viele Aktien enthalten, daß die Hinzunahme einer weiteren Aktie keinen weiteren Rückgang des Risikos mehr verursachen kann. Trotzdem kann die Formel auch bei kleineren Depots, die die Regel sein dürften, eine gute Näherungslösung ergeben. Der mit ihrer Hilfe ermittelte Wert für die Portfoliovolatilität ist stets als niedrige Schätzung anzusehen, die tatsächliche Volatilität liegt notwendigerweise darüber.

Die Portfolio-Volatilität, die im Portfolio-Selection-Modell von *Markowitz* nur mit sehr vielen Größen, z.B. den Kovarianzen aller Paare von im Depot enthaltenen Aktien, berechnet werden konnte, kann mit Hilfe des Rückgriffs auf einen Index als gemeinsamer Einflußgröße also sehr viel einfacher und bequemer ermittelt werden. Damit stehen uns zwei verschiedene Risikomaße zur Verfügung, die beide sinnvoll sind, aber jeweils etwas anderes messen und deshalb nicht verwechselt werden dürfen: Die Volatilität mißt die Wahrscheinlichkeit, daß eine tatsächliche Aktienrendite (oder Depotrendite) von ihrem Erwartungswert abweicht; der Beta-Faktor mißt die Abhängigkeit des Aktienkurses (bzw. eines Depotwertes) von einem Aktienindex.

Im vorangegangenen Kapitel wurde gezeigt, daß durch eine bewußte Streuung der zur Anlage zur Verfügung stehenden Mittel auf verschiedene Aktien (oder andere Anlageformen) das Gesamtrisiko des Portfolios wesentlich gesenkt werden kann. Diese Risikovernichtung durch Aufnahme zusätzlicher Aktien in ein Depot stößt allerdings bald an eine Grenze, ab der bei weiterer Streuung keine Minderung des Risikos mehr eintritt, sondern ab der nach wie vor ein gewisses „Restrisiko" bestehen bleibt. Diese Beobachtung führt zur Unterscheidung zwischen dem systematischen und dem unsystematischen Risiko: Das unsystematische Risiko der Aktien wird durch die unternehmensindividuellen Einflußgrößen verursacht und läßt sich durch ausreichende Streuung vollständig eliminieren.

Was verbleibt, ist das systematische Risiko, gleichsam das der Anlageform Aktie an sich innewohnende Risiko. Der Beta-Faktor ist das Maß für dieses systematische Risiko. Er mißt, welchem Risiko die Aktie (oder das gesamte Depot) bei Änderungen des Aktienindex unterliegt. Dieses Risiko kann der Anleger nur senken, wenn er ganz bewußt Aktien mit niedrigem Beta-Faktor in sein Depot aufnimmt und damit seine Abhängigkeit von der allgemeinen Marktentwicklung mindert. Dafür nimmt der Anleger aber mittel- bis langfristig eine niedrigere Rendite seines Depots in Kauf, da die Kurse seiner Aktien bei steigendem Indexstand nur unterproportional zunehmen.

In Deutschland reichen etwa 20 verschiedene Aktien aus, das unsystematische Risiko zu 90 % zu eliminieren, so daß praktisch nur noch das Marktrisiko der Aktie verbleibt, also das oben beschriebene effizient diversifizierte Depot vorliegt. An den wesentlich größeren Aktienmärkten im Ausland ist hierfür allerdings die doppelte Anzahl von Aktien notwendig.

Bei allen Vorteilen des der Berechnung von Beta-Faktoren zugrundeliegenden Indexmodells darf nicht außer acht gelassen werden, daß der Zusammenhang zwischen der Indexentwicklung und den Kursänderungen der Einzelaktien nur zu einem geringen Teil auf eine wirklich ursächliche Verknüpfung zurückgeht. Da der Index aus den Kursen der einzelnen Aktien berechnet wird, wäre es ein Zirkelschluß, würde man die Aktienkursentwicklung primär von den Änderungen des Index abhängig sehen. Dann würden die Aktienkurse letztlich sich selbst erklären und nichts wäre gewonnen.

Tatsächlich hängt die Kursentwicklung einer Aktie wesentlich von anderen Faktoren ab, z.B. von der wirtschaftlichen Situation des Unternehmens, den Zinsen, der gesamtwirtschaftlichen Entwicklung etc. Da die beiden letztgenannten Faktoren auch auf alle anderen Aktien mehr oder weniger stark wirken, ist eine gleichgerichtete Bewegung aller Aktien nur allzu verständlich. Die mehr oder weniger enge Korrelation zwischen Einzelkurs und Index ist aber die notwendige statistische Folge, nicht die materielle Ursache dieser gemeinsamen Einflußgrößen.

Der Zahlen sind genug berechnet ...

oder

Wozu das Ganze?

Manfred E. ist erleichtert. „Gut, daß ich all diese Kovarianzen nicht selbst berechnen muß", meint er zu Udo H. „Und daß ich meinen Lotteriegewinn nicht in eine einzige Anlageform stecken soll, weiß ich jetzt auch – Streuen ist angesagt! Trotzdem weiß ich aber noch nicht, was ich genau mit meinem Geld anfangen soll!" „Na ja, da sind noch ein paar Dinge zu beachten", antwortet ihm sein Berater. „Zum Beispiel müßten wir herausfinden, für welchen Zeitraum oder für welchen Zweck Sie Ihr Geld anlegen wollen. Außerdem müssen wir Ihre bisherige Depotstruktur berücksichtigen. Dann sehen wir, welches Gewicht die verschiedenen Anlageformen in Ihrem Depot haben sollten."

„Bisher habe ich nur ein paar tausend Mark auf dem Sparbuch. Und über den Zeitraum, für den ich mein Geld anlegen will, habe ich mir überhaupt noch keine Gedanken gemacht", antwortet Manfred E. „Eigentlich auch nicht über den Zweck, für den ich sparen will. Ich weiß nur, daß ich das Geld im Augenblick nicht brauche und deshalb ‚gut anlegen' will." „Da brauchen wir allerdings noch ein paar Informationen mehr. Je nachdem, wann Sie Ihr Geld voraussichtlich benötigen, sollten Sie eine unterschiedliche Depotstruktur wählen. Sie erinnern sich: je höher die erwartete Rendite, desto größer ist auch das Risiko. Aber im Zeitablauf setzt sich bei den risikoreicheren Anlageformen – besonders bei den Aktien – die höhere Rendite deutlich durch, das Risiko aber verliert an Bedeutung. Ich zeige Ihnen jetzt einmal das Risiko und die Rendite von festverzinslichen Wertpapieren und von Aktien in verschiedenen Zeiträumen."

„Na, da bin ich mal gespannt," denkt sich Manfred E. „Ob die Unterschiede da wirklich so beeindruckend sind?" Sie sind beeindruckend, liebe Leser. Lassen auch Sie sich überraschen, so wie Manfred E. ...

7. Ein Blick zurück: Rendite und Risiko in der Vergangenheit

Risiko und Rendite – das sind die beiden wesentlichen „Dimensionen", mit deren Hilfe die Qualität einer Anlageform beurteilt wird. Das Risiko messen wir mit der Volatilität oder dem Beta-Faktor, die Rendite mit ihrem Erwartungswert, den wir aus der historischen Entwicklung ableiten (oder für die Zukunft schätzen). Um aber eine verantwortliche, vernünftige Anlageentscheidung treffen zu können, muß der Anleger (oder sein Berater) nicht nur in der Lage sein, Rendite oder Risiko selbst zu berechnen, sondern er muß auch eine ungefähre Vorstellung von ihren üblichen oder normalen Größenordnungen haben.

Das hat zwei sehr einfache und sehr einleuchtende Gründe: es ist dem Privatanleger wegen der Vielfalt der Investitionsmöglichkeiten, insbesondere der zahlreichen börsennotierten Aktien, nicht möglich, für alle Werte eine fundierte Analyse vorzunehmen. Er muß also eine Vorauswahl treffen. Darüber hinaus sind die Rendite-Risiko-Strukturen von Aktien und Rentenpapieren von dem Anlagehorizont und den Sparzielen des jeweiligen Investors abhängig, so daß je nach der Dauer des Investments eine andere Depotstruktur empfehlenswert ist.

Wir werden in diesem Kapitel einige Ergebnisse der empirischen Rendite- und Risikomessung für Aktien und für festverzinsliche Wertpapiere vorstellen. Dabei lernen Sie gleich noch ein drittes Risikomaß kennen, das Ausfallrisiko. Es läßt sich vom Anleger nur schwer selber bestimmen, gibt aber einen sehr interessanten Aufschluß über den Zusammenhang zwischen dem Anlagehorizont und dem zu wählenden Anlagemedium. Zunächst aber zu den bereits bekannten Meßkonzepten.

7.1 Die Rendite-Risiko-Struktur von Aktien und Renten seit 1949

In der Zeit von 1949 bis 1992 erbrachten deutsche Aktien eine durchschnittliche Rendite von 12,9 % im Jahr. Diese Rendite setzt sich aus Dividendenerträgen und Kurssteigerungen zusammen. Mit festverzinsli-

chen Wertpapieren konnte ein Anleger demgegenüber im gleichen Zeitraum nur eine durchschnittliche Rendite von 6,1 % pro anno erzielen.
Bei den Aktien ist aber nicht nur die Rendite, sondern erwartungsgemäß
auch das Risiko höher als bei Rentenpapieren: Die Volatilität der Aktien
betrug 30,6 %, die der Renten nur 3,9 %.

Diese Angaben gelten vor Steuern und ohne Berücksichtigung der Geld-
entwertung. Nach Steuern und nach Abzug der Inflation erbrachten Akti-
en „nur noch" eine Rendite von 8,18 %, die Rendite der Festverzinslichen wird sogar negativ: sie sinkt auf –0,09 %. Das bedeutet, daß über
diesen langen Zeitraum hinweg ein Anleger, der seine Mittel ausschließlich in festverzinsliche Wertpapiere investierte und die Zinsen versteuer-
te, trotz der eingenommenen Zinsen keinen realen Vermögenszuwachs
über die eingezahlten Mittel hinaus verbuchen konnte.

Kehren wir wieder zurück zu der nominalen Betrachtung, also vor Steuern und ohne Berücksichtigung der Inflationsrate. 12,9 % versus 6,1 %,
das ist zwar mehr als die doppelte Rendite, aber macht das angesichts
des höheren Risikos der Aktie denn überhaupt so viel aus? Ja, es macht
viel aus, vor allem bei Wiederanlage der Erträge in die gleiche Anlageform, denn der Anleger kommt dann in den Genuß des Zinseszins-Effek-
tes: Im zweiten Jahr wird auch auf die wiederangelegten Erträge des ersten Jahres und nicht nur auf den ursprünglichen Anlagebetrag eine
Rendite erzielt, im dritten Jahr auch auf die Erträge des ersten und zweiten, darüber hinaus eine „Rendite auf die Rendite" der Erträge des ersten
Jahres und so fort.

In der mittleren bis langen Frist gewinnen die Erträge auf reinvestierte
frühere Erträge immer mehr an Bedeutung. Dieser Effekt ist natürlich
um so stärker, je höher die Rendite der Anlageform ist. Die Abbildung 8
stellt die Wertentwicklung einer einmaligen Anlage von 10.000 DM dar,
die in Aktien (mit einer vorsichtig angenommenen Rendite von 8,5 %)
bzw. in festverzinsliche Wertpapiere (mit einer angenommenen Rendite
von 6 %) investiert werden.

Natürlich ist dies nur eine idealisierte Darstellung, und die Wertentwicklung gerade eines Aktiendepots verläuft „im richtigen Leben" unter
Schwankungen. Deshalb ist die empirisch zu messende Rendite von Aktien und festverzinslichen Wertpapieren auch von dem jeweils erfaßten
Zeitraum abhängig: je kürzer der berücksichtigte Zeitraum ist, desto
stärker schwanken die gemessenen Renditen. Bei einjährigen Anlagepe-

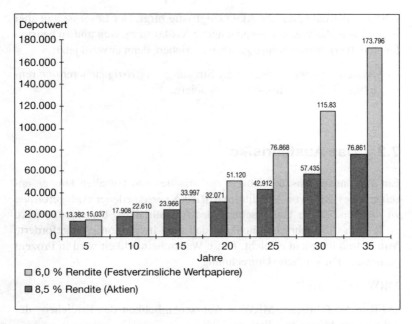

Abbildung 8: Auswirkungen des Zinseszinseffektes auf die Weiterententwicklung einer Geldanlage von 10.000 DM

rioden liegt die Aktienrendite mit einer Wahrscheinlichkeit von 57,7 % über der Rendite festverzinslicher Wertpapiere. Bei zehnjährigem Anlagehorizont ist die Aktie in 77,2 % der Fälle rentabler als festverzinsliche Wertpapiere, bei zwanzigjährigem Anlagehorizont sogar in 83,3 %. Die Wahrscheinlichkeit, mit einem breit gestreuten Aktiendepot eine bessere Rendite zu erzielen als mit Anleihen, nimmt mit der Dauer des Anlagehorziontes zu.

Dreißigjährige Anlagezeiträume, in denen die Rendite festverzinslicher Wertpapiere über der Rendite der Aktien gelegen hat, lassen sich in der deutschen Wirtschaftsgeschichte gar nicht finden. Die höhere Durchschnittsrendite der Anlageform Aktie hat sich immer durchgesetzt. Wer seine Ersparnisse wirklich langfristig anlegen will, z.B. als Altersvorsorge, ist gut beraten, einen hohen Anteil seiner Mittel in Aktien zu investieren.

Dies widerspricht auf den ersten Blick der Aussage, daß die Aktie das risikoreichere Wertpapier ist, und die Mehrzahl der privaten Anleger überschätzt das Risiko, das die Aktie langfristig birgt. Der Leser ist nun aber in der Lage, das von ihm eingegangene Risiko zu messen und zu beurteilen und die richtigen Konsequenzen zu ziehen, denn er weiß jetzt:

➡ Aktien sind bei ausreichender Streuung *langfristig* sicherer *und* rentabler als festverzinsliche Wertpapiere.

7.2   Das Ausfallrisiko

Ein alternativer Ansatz, sich ein realistisches und vor allen Dingen anschauliches Bild von Rendite und Risiko verschiedener Anlageformen zu machen, ist die Untersuchung des Ausfallrisikos. Das Ausfallrisiko AFR mißt die Wahrscheinlichkeit, daß eine Investition eine geforderte Mindestrendite nicht erreicht. Diese Wahrscheinlichkeit wird in Prozent gemessen. Die einfache Umrechnung

$$MRW = 100 - AFR$$

(AFR = Ausfallrisiko, MRW = Wahrscheinlichkeit des Erreichens der geforderten Mindestrendite)

ergibt deshalb umgekehrt die Wahrscheinlichkeit MRW, daß die geforderte Mindestrendite erreicht oder sogar übertroffen wird.

Je höher die geforderte Rendite liegt, desto schwieriger wird es natürlich für die betrachtete Anlageform, sie zu erreichen, und desto höher ist das Ausfallrisiko. Dies ist die logische Konsequenz der Grundregel, daß eine höhere Rendite nur unter Inkaufnahme eines höheren Risikos erreichbar ist. Das Risiko besteht aber genau in der Wahrscheinlichkeit, daß die tatsächliche Rendite von ihrem Erwartungswert abweicht.

Wir wollen im folgenden das Ausfallrisiko für Aktien und festverzinsliche Wertpapiere bei einer geforderten Rendite von 6 Prozent, anschließend bei einer Mindestrendite von 8 Prozent und auch bei (recht anspruchsvollen) 10 Prozent untersuchen.

Die Wahrscheinlichkeit, eine Mindestrendite von 6 % zu verfehlen, beträgt bei der Anlage in Aktien und einem einjährigen Anlagehorizont 45 %, bei der Anlage in festverzinsliche Wertpapiere nur 33 %. Wer bereits zum Zeitpunkt der Anlageentscheidung absehen kann, in einem

Jahr über seine Ersparnisse verfügen zu müssen, fährt mit festverzinslichen Wertpapieren also sicherer.

➟ Festverzinsliche Wertpapiere sind als *kurzfristige* Anlage sicherer als Aktien.

Bei einem fünfjährigen Anlagehorizont beträgt das Risiko, mit einer breit gestreuten Aktienanlage die Mindestrendite von 6 % nicht zu erreichen, nur noch 27 %, bei festverzinslichen Wertpapieren hingegen immer noch 32 %. Auf Fünfjahresfrist ist die Aktie also, gemessen am Ausfallrisiko, bereits sicherer als das festverzinsliche Wertpapier, denn die Mindestrendite wird mit höherer Wahrscheinlichkeit erreicht. Dies gilt erst recht für einen Zwanzigjahreszeitraum. Hier beträgt das Ausfallrisiko der Aktie (bei 6 % Mindestrendite) nur noch 11 %, das Risiko des festverzinslichen Wertpapiers aber immer noch 17 %.

Bei einer etwas anspruchsvolleren Mindestrendite von 8 % steigt natürlich das Ausfallrisiko beider Anlageformen. Allerdings wirkt sich dieses höhere Anspruchsniveau auf die Ausfallrisiken von Aktien und festverzinslichen Wertpapieren sehr unterschiedlich aus. In der einjährigen Anlagefrist beträgt das Risiko, mit der Aktie weniger als 8 % Rendite zu erwirtschaften, 48 % und somit nur unwesentlich mehr als bei 6 % Mindestrendite. Bei der Rentenanlage beträgt das Ausfallrisiko aber 65 % – das Doppelte des Ausfallrisikos bei 6 % Mindestrendite.

Der Grund hierfür ist einfach: die langfristige Durchschnittsrendite der Rentenanlage liegt zwischen 6 % und 7 %. Je höher die geforderte Mindestrendite über dieser Durchschnittsrendite ist, desto größer ist natürlich das Ausfallrisiko. Bei längerer Anlagedauer wird dies noch deutlicher:

Auf zehn Jahre liegt das Risiko, mit der Aktie weniger als 8 % zu erwirtschaften, bei 30 %, bei der Anlage in Anleihen hingegen bei 75 %. Bei einem 20jährigen Anlagehorizont beträgt das Ausfallrisiko der Aktie nur noch 23 %, das des festverzinslichen Wertpapiers aber 83 %. Umgekehrt formuliert: Auf 30 Jahre kann ein Anleger mit einer 82prozentigen Wahrscheinlichkeit 8 % oder mehr Rendite erzielen, wenn er breit gestreut in Aktien investiert. Legt er sein Geld in festverzinslichen Wertpapieren an, so beträgt die Wahrscheinlichkeit einer Mindestrendite von 8 % nur noch sehr geringe 12 %.

7.3   Konsequenzen für die Anlagepolitik

Kein Anleger weiß genau, wann er auf seine Ersparnisse zurückgreifen muß. Jederzeit können unvorhergesehene Ausgaben, z.b. für ein neues Auto, notwendig werden. Wenn das gesamte Geldvermögen in Aktien angelegt ist, diese aber gerade zum Zeitpunkt des Geldbedarfs einen niedrigen Kurswert aufweisen, ist es natürlich besonders mißlich, sie verkaufen zu müssen. Daher ist es für jeden Anleger sinnvoll, einen gewissen Teil seines Vermögens in Anlageformen zu investieren, die keinem oder zumindest keinem hohen Kursrisiko unterliegen.

Das Vermögen sollte also gestreut angelegt werden: nicht nur in Aktien, denn dann ist das Risiko bei kurzfristigem Liquiditätsbedarf zu groß. Und nicht nur in festverzinslichen Wertpapieren, denn dann verzichtet der Anleger unnötigerweise auf die höhere Rendite, die er langfristig bei der Aktienanlage erwarten kann. Wie aber die genaue Aufteilung zwischen Aktien und festverzinslichen Wertpapieren aussehen soll, kann nicht pauschal gesagt werden. Einige Anhaltspunkte für diese Entscheidung lassen sich aber aus der Biographie eines Anlegers ableiten.

Wer gerade seine Ausbildung beendet hat und einen eigenen Haushalt gründet, wird im Normalfall kaum größere eigene Ersparnisse bilden können. Das Einkommen wird zum größten Teil für die notwendigen Anschaffungen ausgegeben, und es wird vor allem kurzfristig für die nächste größere „Investition" gespart. In dieser Situation ist es wenig sinnvoll, einen Schwerpunkt auf die Aktienanlage zu legen. Aber auch langlaufende festverzinsliche Wertpapiere sind nicht optimal, da sie ja einem Zinsänderungsrisiko unterliegen. Kurzläufer, Termingeld oder vielleicht auch ein Notgroschen auf dem Sparbuch sind in dieser Phase zu empfehlen.

Wenn die wichtigsten Anschaffungen getätigt wurden, bleibt am Ende des Monats wieder mehr Geld auf dem Girokonto übrig, und der Anleger kann anfangen, etwas langfristiger zu denken und zu handeln. Nun kann er eine Basis für den künftigen Vermögensaufbau (und seine Altersvorsorge) legen. Zu Anfang bietet sich hier der Abschluß einer Risiko-Lebensversicherung an, sofern Angehörige zu versorgen sind. Der Abschluß einer kapitalbildenden Lebensversicherung hingegen, bei der neben der Absicherung des Risikos auch eine Ansparkomponente existiert, sollte sehr sorgfältig erwogen werden. Häufig erreicht sie nur wegen der Steuerfreiheit der Erträge eine annehmbare Rendite – und das wird bei der gegenwärtigen Steuergesetzgebung erst für den Anleger interessant, der bereits seinen Freibetrag von 6.100 DM jährlich an Kapitalerträgen ausgeschöpft hat (vgl. Kapitel 15).

In einem nächsten Schritt sollte ein Depot festverzinslicher Wertpapiere mit unterschiedlich langen Laufzeiten angelegt werden. Die Laufzeitenstaffelung bewirkt, daß praktisch jedes Jahr ein Teil der Anlage an den Sparer zurückfließt und ihm wieder zur Verfügung steht. Es findet gleichsam eine Diversifikation der Anlage in Anleihen über die Zeit statt mit mehreren Vorteilen:

• Durch den regelmäßigen Rückfluß aufgrund getilgter Anleihen ist das Depot auch bei einem Anlageschwerpunkt in langlaufenden Anleihen sehr liquide; für nicht allzu hohe Ausgaben müssen nicht außerplanmäßig Wertpapiere verkauft werden.

• Steigen die Zinsen, so muß der Anleger zwar einen Kursverlust hinnehmen, kann die Tilgungsbeträge aber eben zu diesen hohen Zinsen wieder anlegen.

• Sinken hingegen die Zinsen, so steigt der Kurswert des Depots und kompensiert damit den nachteiligen Effekt der niedrigen Zinsen auf die Wiederanlage.

Die nächste Stufe des Vermögensaufbaus besteht im Schritt in die Aktie. Wer nicht sofort ein ausreichend gestreutes Aktiendepot bilden kann oder will, wird zunächst vielleicht Aktienfonds erwerben. Aktienfonds weisen im langjährigen Durchschnitt eine Rendite von knapp über 8 % aus und bergen ein aufgrund der breiten Streuung ihres Portefeuilles vertretbares Risiko. Mittelfristig sollte allerdings der Aufbau eines gemischten Aktiendepots angestrebt werden. Es ist kostengünstiger und mit sehr großer Wahrscheinlichkeit auch rentabler als der Durchschnitt der Investmentfonds.

Ob der Anleger sich darüber hinaus auch bei derivativen Instrumenten, z.B. Optionen oder Futures, engagieren sollte, bleibt seinem persönlichen Geschmack überlassen. Hier bestehen zwar hohe Gewinnchancen, aber auch Verlustrisiken. Um wirklich Gewinne zu erzielen, ist ein ziemlich hoher Zeitaufwand erforderlich, was für die bisher erläuterten Anlageformen (einschließlich der Aktienanlage) nicht gilt.

Merke:

➡ Je länger der Anlagehorizont, desto sicherer und rentabler ist die Aktie.

➡ Je kürzer der Anlagehorizont, desto kalkulierbarer ist das festverzinsliche Wertpapier.

Alles Gute kommt von oben ...

oder

Depotgestaltung mit System

„Das ist ja beeindruckend", meint Manfred E. „Daß ein paar Prozent Renditeunterschied auf längere Sicht so viel ausmachen können, hätte ich nicht gedacht. Und an Aktien hätte ich mich auch nie im Leben herangewagt. Die gelten doch als so risikoreich!" „Die Aktie ist auch ein Risikopapier", entgegnet Udo H. „Aber Risiko bedeutet nichts anderes als Abweichung vom Durchschnitt – und die Abweichungen vom Durchschnitt nach oben sind auf Dauer so groß wie die Abweichungen nach unten. Da setzt sich mit großer Wahrscheinlichkeit die höhere Durchschnittsrendite durch. Risiko ist nicht immer negativ, es bedeutet auch Chancen, und die Finanzmarktexperten betonen richtigerweise, die Aktie sei genausogut ein Chancenpapier."

„Ja, aber trotzdem kann ich doch einige Jahre mit Aktien Pech haben", wirft Manfred E. ein. „Von 1960 bis 1980 hat sich der Index kaum bewegt. Wo liegen da meine Gewinnchancen?" „In diesen Jahren war die Aktienrendite nicht sehr hoch", antwortet der Anlageberater. „Deshalb ist es natürlich nicht gleichgültig, welche Aktien man kauft. Jeder Anleger versucht vielmehr, Aktien mit guten Kursaussichten zu kaufen, um eine überdurchschnittliche Rendite zu erwirtschaften. So kann man auch in Jahren mit einer schlechten Durchschnittsrendite der Aktien noch gute Gewinne machen. Auch bei festverzinslichen Wertpapieren muß man eine Auswahl treffen. Aber diese Entscheidungen stehen erst am Ende einer Reihe von Überlegungen. ‚Asset Allocation' nennt man diesen Entscheidungsprozeß."

„Dieser Auswahlprozeß scheint mir eine zentrale Bedeutung zu haben", meint Manfred E. „Stimmt das?" „Ja, vollkommen", bestätigt ihn Udo H., „er ist wirklich besonders wichtig für eine erfolgreiche Geldanlage. Ich erkläre Ihnen zunächst diesen Vorgang im Überblick, bevor wir uns seinen einzelnen Schritten zuwenden."

8. Die Asset Allocation im Überblick

Hinter dem Begriff *Asset Allocation* verbirgt sich nichts anderes als eine ganz bestimmte Abfolge von Entscheidungen zur Auswahl einzelner Anlageobjekte bei der Geldanlage. Der Anleger steht vor der Entscheidung, aus über 600 deutschen Aktien, mehreren tausend ausländischen Aktien und zehntausenden festverzinslichen Wertpapieren einige wenige auszuwählen. Er könnte sie natürlich alle einzeln analysieren und das Depot „von unten" aus den Papieren zusammensetzen, die ihm als die besten erscheinen. Der hierzu notwendige Zeitaufwand wäre allerdings immens, und es bestünde die Gefahr, daß der Überblick verlorenginge.

Einfacher ist die Depotstrukturierung „von oben", bei der zunächst unter großen Gruppen von Anlageobjekten ausgewählt und aufgeteilt wird, um anschließend in der nächstniedrigeren Ebene nur noch aus einem Teil der ursprünglich unübersehbaren Zahl von Alternativen auswählen zu müssen. Die Zahl der zu analysierenden Wertpapiere und der zu treffenden Entscheidungen wird durch die Entscheidungsfolge von oben nach unten wesentlich vermindert und vereinfacht. Und vor allem: die wichtigste Entscheidung über die grundsätzliche Depotstruktur steht am Anfang des Prozesses, und die Gefahr des Sich-Verzettelns durch gelegentliche unsystematische Käufe wird verringert. Der Asset Allocation-Prozeß findet in fünf Stufen statt:

• Wahl der Anlageformen,
• Wahl des Anlagelandes,
• Wahl der Anlagewährung,
• Wahl der Branchen- und Laufzeiten-Struktur und
• Wahl der einzelnen Aktie und Anleihe.

8.1 Die Wahl der Anlageformen

Am Anfang der Anlageentscheidung steht die grundsätzliche Wahl der Anlageformen, in die das Vermögen investiert werden soll. Der Anleger entscheidet sich hier für eine Aufteilung seines Vermögens in Aktien, Anleihen, Termingeld, Immobilien, Gold und andere Anlageformen, aber nicht für eine bestimmte Aktie, eine bestimmte Anleihe oder eine bestimmte Immobilie.

Grundlage dieser Entscheidung ist die erwartete (prognostizierte) Rendite der verschiedenen Anlageformen und das mit dieser erwarteten Rendite verbundene Risiko. Dabei muß stets der persönliche Anlagehorizont des Anlegers berücksichtigt werden. Eine sehr wichtige Nebenbedingung ist die Liquidität der Anlageformen. Wer z.B. sein ganzes Vermögen in eine einzige Immobilie steckt, wird sie im Bedarfsfall vielleicht nur mit großem Wertverlust verkaufen können. Wer aber in mehrere verschiedene Anlageformen investiert, kann stets entscheiden, welche von ihnen er bei plötzlichem Geldbedarf verkaufen will.

Tritt der Student nach bestandenen Examen in das Berufsleben ein, wird er mehr sparen können, vor allem für seine Altersvorsorge und vielleicht auch für ein eigenes Haus. Für die Altersvorsorge empfiehlt sich ein hoher Aktienanteil im Portfolio, denn in der langen Anlagefrist gleichen sich Schwankungen aus, und dem Anleger winkt eine hohe (und, das kann nicht oft genug betont werden, nach aller bisherigen Erfahrung langfristig auch sichere) Rendite. Anders sieht es bei dem Sparziel Eigenheim aus, denn hier beträgt die Anlagefrist meist nur wenige Jahre. Deshalb hängt es sehr stark vom jeweiligen Standort im „Börsenzyklus" ab, ob auch in Aktien investiert wird oder stärker in festverzinsliche Wertpapiere. Das Anlageziel und der Anlagehorizont bestimmen also den relativen Anteil von Aktien und Anleihen am Depot.

Steht das eigene Haus, ist die Familie gegründet und entspannt sich die finanzielle Situation des Anlegers ein wenig, tritt wieder die Altersvorsorge in den Vordergrund, und damit erhöht sich wieder der optimale Aktienanteil des Portfolios. Wenn dann aber der Abschied vom Berufsleben näher rückt, wird der Anleger günstige Börsensituationen ausnutzen, um peu á peu von seinen Aktien zu trennen und die Mittel für die nächsten Jahre in weniger stark im Kurs schwankende Wertpapiere umtauschen.

Die demographischen Entwicklungen (sinkende Geburtenrate, längere Berufsausbildung, längere Lebenserwartung) werden dazu führen, daß in wenigen Jahrzehnten weniger Beitragszahler für mehr Rentner aufzukommen haben. Im umlagefinanzierten gesetzlichen Rentensystem muß dies zu stark steigenden Beiträgen, zu stark sinkenden Renten oder zu einer Kombination dieser beiden Maßnahmen führen. Jedem Anleger kann deshalb nur dringend geraten werden, so früh wie möglich eine zusätzliche, die Rentenversicherung ergänzende Altersvorsorge zu treffen, und zwar nach den Anlageregeln für ein gut strukturiertes Wertpapierdepot.

➠ Das Anlageziel und der Anlagehorizont bestimmen den relativen Anteil von Aktien und Anleihen am Depot.

➠ Ein langfristig orientiertes Depot wird immer einen hohen Aktienanteil – von 50 Prozent und mehr – enthalten, wenn es nach den Regeln der modernen Portfoliotheorie und der Asset Allocation zusammengestellt wurde.

Das Ergebnis des ersten Schrittes der Asset Allocation ist eine gesunde Mischung von Aktien und Anleihen.

8.2   Die Wahl des Anlagelandes

Nach der Entscheidung des Anlegers über die Aufteilung seines Depots (z.B. 40 % in Anleihen und 60 % in Aktien), muß er über das Land entscheiden, in das die Mittel investiert werden. Ab einer gewissen Größe sollte ein Depot nicht mehr nur aus Anleihen und Aktien des Heimatlandes des Anlegers bestehen. Dafür gibt es mehrere Gründe:

Zunächst wird der Kreis der für die Anlage in Frage kommenden Wertpapiere erweitert. Je mehr Anlagemöglichkeiten aber zur Verfügung stehen, desto wirksamer kann das Risiko durch Diversifikation eliminiert werden. International zusammengestellte Aktiendepots bieten daher im Regelfall eine höhere Durchschnittsrendite bei einem geringeren Risiko.

Die Abbildungen 9 und 10 zeigen, wie klein der deutsche Aktienmarkt im internationalen Vergleich ist. Der deutsche Aktienmarkt macht gerade gute drei Prozent der Gesamtkapitalisierung aller Börsen aus. Nur etwa fünf Prozent der Unternehmen an diesen Börsen stammen aus Deutschland. Das macht deutlich, wie stark die zusätzlichen Diversifikationsmöglichkeiten sind, wenn auch ausländische Aktien in die Anlageentscheidung einbezogen werden.

Die Korrelation zwischen den Kursen zweier Aktien ist entscheidend für die Möglichkeit, durch Kombination dieser Aktien das Gesamtrisiko zu mindern. Sie wird vor allem durch die diesen Aktien gemeinsame Einflußfaktoren bestimmt. Aktien aus dem gleichen Land, z.B. deutsche Werte, haben eine ganze Reihe gemeinsamer Einflußgrößen wie: die wirtschaftliche Entwicklung des Landes, die Zinshöhe, alle gesetzlichen und steuerpolitischen Rahmenbedingungen usw. Zwischen einer deut-

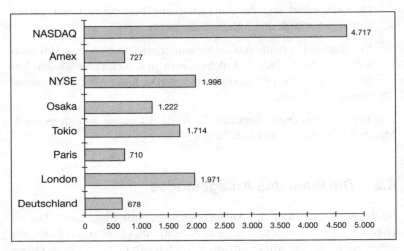

Quelle: F.I.B.V.

Abbildung 9: Börsennotierte inländische Aktien an einigen Börsen (Stand Ende 1996)

schen und einer amerikanischen, französischen oder englischen Aktie sind diese Gemeinsamkeiten natürlich viel geringer.

Eine wesentliche Einflußgröße auf die Aktienkurse ist die Konjunkturentwicklung, also die Schwankungen des wirtschaftlichen Wachstums eines Landes. Das wirtschaftliche Wachstum verläuft aber nicht in allen Ländern völlig parallel, sondern mehr oder weniger zeitlich verschoben, so daß auch hier durch Streuung eine Risikominderung erreicht werden kann. Wo ein Land im Konjunkturzyklus gerade steht und wie die Aussichten für die Kursentwicklung sind, ist Gegenstand der fundamentalen gesamtwirtschaftlichen Analyse.

Auch für Anleihen gilt, daß sich das mit ihnen verbundene Risiko durch Streuung mindern läßt. Es sei aber davor gewarnt, jeden Zinsunterschied zwischen zwei Ländern ausnutzen zu wollen. In der Regel ist ein höherer Nominalzins in einem Land nur die Folge einer höheren Inflationsrate, und der reale Zins in beiden Ländern ist oftmals nahezu identisch. Der Anleger muß dann damit rechnen, daß der Wechselkurs des Landes mit dem höheren Zins und der höheren Inflationsrate zurückgeht und seine höheren Zinseinnahmen wieder „auffrißt". Deshalb muß der Wechsel-

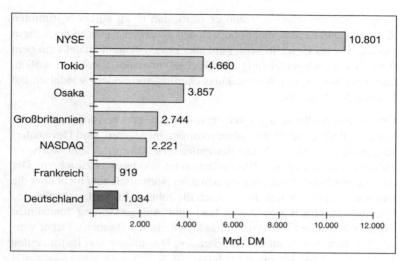

Quelle: Deutsche Börse AG

Abbildung 10: Marktkapitalisierung an wichtigen Börsen (Stand Ende 1996)

kurs bei internationalen Anlagen stets berücksichtigt werden. Dies gehört aber bereits zum nächsten Schritt des Asset Allocation-Prozesses.

8.3   Die Wahl der Anlagewährung

Auch wenn es Sie überrascht: die Wahl der Anlagewährung ist unabhängig von der Wahl des Anlagelandes. Zunächst gibt es natürlich die DM-Auslandsanleihen. Der Anleger erhält zwar einen für das jeweilige Land (d.h. das jeweilige Länderrisiko) angemessenen Zins, doch die Zinszahlungen und die Tilgungsleistungen erfolgen in DM. Somit besteht für den Anleger kein Wechselkursrisiko (wohl aber die anderen Risiken der Anlage in festverzinsliche Wertpapiere, wie das Bonitätsrisiko des Emittenten der Anleihe, das Zinsänderungsrisiko usw.).

Bei Anleihen in ausländischer Währung und bei ausländischen Aktien ist die Trennung von Anlageland und Anlagewährung schwieriger, aber nicht unmöglich. Wer das Wechselkursrisiko ausschalten will, kann für einen bestimmten Zeitraum Kurssicherungsgeschäfte eingehen. Der Besitzer von US-Aktien oder von Dollaranleihen kann z.B. ein Devisentermingeschäft abschließen, wenn er weiß, daß er zu einem bestimmten Zeitpunkt sein Geld braucht und sich den aktuellen Wechselkurs sichern möchte. Dieses Geschäft kostet ihn aber etwas, denn niemand wird dem Anleger ohne Gegenleistung das Wechselkursrisiko abnehmen wollen, und diese Kosten der Wechselkurssicherung vermindern wiederum die Rendite des Anlegers.

Für institutionelle Anleger wie Investmentfonds, Pensionsfonds oder Versicherungen, die große Anlagevolumina investieren, sind Devisentermingeschäfte, aber auch Devisenoptionsgeschäfte eine sehr wertvolle Möglichkeit, sich gegen Wechselkursschwankungen abzusichern. Der durchschnittliche Privatanleger verfügt im Normalfall aber nicht über die Summen, bei denen sich diese Geschäfte lohnen. Er wird vielmehr eine Deckungsgleichheit von Anlageland und Anlagewährung hinnehmen (wenn wir von den DM-Auslandsanleihen einmal absehen). Daher werden wir im weiteren auf die eingehendere Darstellung von Instrumenten zur Wechselkurssicherung verzichten.

Die bisher erläuterten Schritte – Wahl der Anlageform, des Anlagelandes und der Anlagewährung – werden zur *Strategischen Asset Allocation* gerechnet. Es handelt sich um eher grundsätzliche Entscheidungen, die die große Linie der Anlagepolitik vorgeben. Die beiden nächsten Schritte dienen mehr der Feinabstimmung und werden deshalb zur *Taktischen Asset Allocation* zusammengefaßt.

8.4   Die Wahl der Branchen- und Laufzeitenstruktur

Nachdem feststeht, welche Anteile an Aktien oder Anleihen aus welchen Ländern und in welcher Währung in das Depot aufgenommen werden sollen, muß eine Entscheidung über die Auswahl der einzelnen Aktien oder Anleihen getroffen werden. Bevor aber eine Wahl aus über 600 deutschen Aktien oder über 15.000 Anleihen erfolgen kann, sollte zunächst eine Entscheidung über die Branchen der Aktien und die Laufzeit der Anleihen fallen.

Für die *Branchenauswahl* bei Aktien sprechen die gleichen Gründe wie für die internationale Streuung des Aktiendepots. Aktien unterschiedlicher Branchen haben weniger gemeinsame Einflußfaktoren als Aktien der gleichen Branche. Die Aktien von zwei Automobilfirmen werden also eine engere Korrelation aufweisen als z.b. die Aktien eines Automobilherstellers und einer Versicherung. Um eine effiziente Streuung und die damit verbundene Risikominderung zu erreichen, sollten die Aktien also bewußt aus verschiedenen Branchen ausgewählt werden.

Auch die Abhängigkeit der Kursentwicklung vom Konjunkturzyklus differiert von Branche zu Branche. Es gibt ausgesprochen zyklische Aktien, die sehr stark von der Konjunktur abhängen, und von der Konjunktur relativ unabhängige Branchen, die nichtzyklischen Wirtschaftszweige. Manche Branchen nehmen früh im Konjunkturaufschwung auch einen Aufschwung, andere folgen erst mit zeitlicher Verzögerung.

Durch eine gezielte Mischung der Aktien verschiedener Branchen können diese Effekte weitgehend ausgeschaltet werden. Wenn der Anleger sich aber intensiver mit seinen Aktiengeschäften beschäftigen möchte und die hierfür notwendige Zeit aufbringt, kann er die Branchenstruktur parallel zur Entwicklung des Konjunkturzyklus verändern und versuchen, so eine zusätzliche Rendite zu erzielen. Für die verschiedenen Branchen gibt es spezifische Indikatoren wie Auftragseingänge etc., die im Rahmen der fundamentalen Analyse ermittelt und ausgewertet werden.

Festverzinsliche Wertpapiere werden in *Laufzeiten* von wenigen Monaten (Restlaufzeit) bis zu dreißig Jahren angeboten. Je länger nun die Laufzeit einer Anleihe ist, desto stärker reagiert ihr Kurswert auf Zinsänderungen und desto länger dauert es bis zum Rückfluß des investierten Betrages durch Tilgung der Anleihe. Hier bietet sich eine Verteilung des Anlagebetrages auf Anleihen verschiedener Restlaufzeiten an, so daß stets ein Teil des Portfolios kurz vor der Tilgung steht und der Anleger über eine höhere Liquidität verfügen kann als bei einer vollständigen Investition in Anleihen mit sehr langer Restlaufzeit.

Auch der Zinsverlauf folgt in Anlehnung an den Konjunkturzyklus einer gewissen zyklischen Regelmäßigkeit. Es ist daher sinnvoll, die Zinsentwicklung zu verfolgen und bei relativ hohen Zinsen eher in längere Laufzeiten, bei niedrigeren Zinsen eher in Kurzläufer zu investieren.

8.5   Die Wahl der einzelnen Aktie und Anleihe

Da nun auch die Branchen- und Laufzeitenstruktur der Anleihen feststehen, die in das Depot aufgenommen werden sollen, muß nur noch die Entscheidung über die einzelne Aktie oder Anleihe getroffen werden. Diese Entscheidung ist sicherlich sehr wichtig, aber jeder Anleger sollte die folgende Grundregel berücksichtigen: etwa 80 Prozent des Anlageerfolgs entspringt der Strategischen Asset Allocation und nur 20 Prozent der Taktischen Asset Allocation. Es ist also wichtiger, daß man überhaupt Aktien in sein Depot aufnimmt, und nicht ganz so wichtig, welche Aktien man genau kauft. Trotzdem darf kein Anleger die Wahl seiner Aktien völlig dem Zufall überlassen, sondern er muß auch am Ende des Asset Allocation-Prozesses noch eine sorgfältig begründete Entscheidung treffen.

Innerhalb der ausgewählten Branchen gibt es immer gute oder weniger gute, überbewertete oder unterbewertete Aktien, und es gilt, die guten und unterbewerteten zu finden und die anderen zu meiden. Dies wird zwar nie hundertprozentig gelingen, aber einen gewissen Erfolg wird man vielleicht doch erreichen können. Um gute Aktien zu finden, stehen dem Anleger die Methoden der fundamentalen und technischen Aktienanalyse zur Verfügung.

Bei den Anleihen kommt es vor allem darauf an, einen „guten" Emittenten zu finden. Eine hohe Bonität bedeutet, daß Zins- und Tilgungszahlungen sicher erfolgen und daß der Anleger nicht um seine Investition bangen muß. Um die Bonität eines Schuldners zu messen, kann man sich auf die Ergebnisse der Rating-Agenturen stützen, die die größten Emittenten festverzinslicher Wertpapiere regelmäßig bewerten.

Eine andere (aber nicht gerade empfehlenswerte) Anlagestrategie im Bereich festverzinslicher Anlagen wäre der bewußte Kauf von Emissionen geringerer Bonität (Junk-Bonds) mit entsprechend höherer Rendite. Auch hier gilt wieder, daß sich durch bewußte Streuung auf Papiere verschiedener Emittenten das Risiko vermindern läßt. Um aber eine wirklich viel höhere Rendite als mit Anleihen normaler Bonität erzielen zu können, müssen doch beträchtliche Risiken eingegangen werden. Für den Privatanleger mit durchschnittlicher Depotgröße wird es sehr schwierig sein, genügend verschiedene Junk-Bonds zu kaufen und trotzdem noch Mittel für eine Investition in andere Anlageformen übrig zu behalten.

Das große Ganze

oder

Die Wirtschaft, von der wir leben

Manfred E. ist erleichtert. „Ich bin froh, daß es ein solches Verfahren gibt. Ich darf mir gar nicht vorstellen, daß wir alle einzelnen Aktien und Anleihen hätten diskutieren sollen! Das mehrstufige Vorgehen erspart uns viel Arbeit." „Ja, das ist völlig richtig", bestätigt sein Berater. „Und wir werden die so ersparte Zeit auch dringend brauchen, wenn wir die immer noch notwendigen Überlegungen anstellen. Sie werden aber sehen, daß Sie davon profitieren werden – nicht nur in puncto Geldanlage." „Da bin ich aber wirklich gespannt", meint Manfred E., der nun noch neugieriger geworden ist. „Wieso soll ich davon außerhalb meiner Anlagepolitik auch profitieren? Das sehe ich noch nicht ganz."

„Na ja, es ist eigentlich ganz einfach," erläutert Udo H.: „Wenn Sie sich bei der Geldanlage der Hilfe des Asset Allocation-Verfahrens bedienen, lernen Sie zwangsläufig auch sehr viel über unsere Volkswirtschaft und ihre Funktionsweise. Schließlich hängt die Kursentwicklung der Aktien und die Wertentwicklung von Anleihen wesentlich von gesamtwirtschaftlichen Größen ab, über die Sie schon öfter in der Zeitung gelesen haben: Konjunktur, Inflation, Geldmenge, Zinsen, Wechselkurse usw. sind sehr wichtige Themen der Wirtschaftspolitik, über die in einer Demokratie eigentlich jeder Bürger Bescheid wissen sollte."

„Aha, und weil die Beschäftigung mit diesen Themen für einen Anleger bares Geld wert sein kann, lohnt sich die Beschäftigung mit ihnen doppelt", führt Manfred E. den Gedankengang fort. „So ist es", bestätigt der Anlageberater. „Deshalb werden wir uns jetzt zunächst mit der Analyse der gesamtwirtschaftlichen Entwicklung beschäftigen. Dabei wollen wir stets im Auge behalten, was das jeweils für die Börse und damit für den Anleger bedeutet."

„Ist mir recht", meint Manfred E. „Fangen Sie an!"

9. Gesamtwirtschaftliche Einflußfaktoren

Das Ziel allen wirtschaftlichen Handelns ist die Erzeugung von Konsumgütern, die die Menschen zum Leben brauchen. Sind die Grundbedürfnisse: Nahrung, Kleidung und Wohnung befriedigt, kommen neue Bedürfnisse und Wünsche: Information und Unterhaltung, Urlaub und Luxus, besseres Essen, schönere Kleidung, größere Wohnung und anderes.

In einer arbeitsteiligen Marktwirtschaft produziert ein einzelner Güter über das Maß seiner persönlichen Bedürfnisse hinaus und bietet sie – ursprünglich als Tauschgeschäft – als käufliche Produkte auf dem Markt an.

Wenn in einer arbeitsteiligen Wirtschaft (fast) jeder versucht, seine Bedürfnisse immer besser zu befriedigen und sein Einkommen zu erhöhen, führt dies zwangsläufig zu wirtschaftlichem Wachstum. Unter Wirtschaftswachstum versteht man das Phänomen, daß in einer Volkswirtschaft in einem bestimmten Jahr mehr Güter produziert werden und für den Konsum (oder Investitionen) zur Verfügung stehen als im jeweils vorangegangenen Jahr.

Wirtschaftliches Wachstum ist für das Funktionieren, ja den Fortbestand einer großen Volkswirtschaft sehr wichtig, und zwar nicht nur wegen der damit verbundenen Möglichkeit eines höheren Einkommens der Menschen und der damit zusammenhängenden Konsummöglichkeiten. Wirtschaftliches Wachstum ist in der modernen Industriegesellschaft auch wichtig für den Erhalt und die Sicherung der Arbeitsplätze, denn aufgrund des technischen Fortschritts kann die gleiche Gütermenge wie im Vorjahr meist mit weniger Arbeitskräften erzeugt werden. Wirtschaftswachstum ist also in einer arbeitsteiligen Volkswirtschaft mit Produktivitätsfortschritt eine wichtige Voraussetzung für die Erhaltung oder Wiedergewinnung der Vollbeschäftigung, und diese ist auf Dauer unabdingbar für die politische Stabilität eines Landes.

Deshalb wird das wirtschaftliche Wachstum von allen Wirtschaftspolitikern, Unternehmern, Gewerkschaften und Verbänden sehr aufmerksam verfolgt. Nicht nur die Wirtschaftspresse, sondern alle Tageszeitungen berichten regelmäßig über die aktuelle gesamtwirtschaftliche Lage. Die folgenden Ausführungen sollen dem Leser helfen, diese Berichte besser zu verstehen und ihm die wichtigsten Meßgrößen oder Indikatoren erläutern. Natürlich wird auch die Bedeutung der gesamtwirtschaftlichen Lage für die richtige Anlageentscheidung nicht vergessen.

9.1 Das Bruttoinlandsprodukt: Wachstum und Wachstumsschwankungen

Die Summe der in einem bestimmten Land in einem Jahr produzierten Waren und Dienstleistungen ist das Bruttoinlandsprodukt oder BIP. Eine andere bekannte Größe ist das Bruttosozialprodukt oder BSP, das die Gesamtheit der in einem Jahr von den Einwohnern eines Landes produzierten Waren und Dienstleistungen umfaßt. BIP und BSP unterscheiden sich nur in dem Umfang, in dem Einwohner von Nachbarstaaten im Inland arbeiten (ihre Arbeit trägt zum BIP, nicht aber zum BSP bei) oder in dem Einwohner des betrachteten Landes im Ausland Einkommen erzielen (dies trägt zum BSP, nicht aber zum BIP bei). Je größer ein Land ist, desto weniger fallen diese statistischen Abgrenzungen ins Gewicht, so daß zur Beurteilung der Anlagechancen ohne allzu schlechtes Gewissen das BIP des einen Landes mit dem BSP eines anderen Landes verglichen werden kann.

Die in die Berechnung von BIP und BSP eingehenden Güter können natürlich nicht einfach aufaddiert werden. Dies entspräche dem sprichwörtlichen Vergleich von Äpfeln und Birnen. Vielmehr werden alle Güter mit ihren jeweiligen Preisen bewertet und dann die entsprechenden Werte addiert. BIP und BSP werden also in DM oder einer anderen Währungseinheit gemessen.

Wirtschaftswachstum äußert sich in einem Anstieg des Bruttoinlandsproduktes: es werden mehr Güter produziert als im Vorjahr, und das bewirkt bei konstanten Preisen eben einen Anstieg des BIP. Auch steigende Preise können trotz gleichbleibender oder sogar zurückgehender Produktion einen Anstieg des BIP verursachen; deshalb ist zwischen einer nominalen Änderung des BIP (mit Inflation) und einer realen Änderung des BIP (nach Korrektur der nominalen Werte durch eine Berücksichtigung der

Preisniveauänderung) zu unterscheiden. Nur ein realer Anstieg des BIP führt zu einer Vermehrung der Konsummöglichkeiten und damit zu einer Wohlstandssteigerung (wenn man Wohlstand mit Konsum gleichsetzen will).

Meßgröße für das wirtschaftliche Wachstum ist die Wachstumsrate des Bruttoinlandsproduktes gegenüber dem Vorjahr. Diese Rate ist nicht im Zeitablauf konstant oder doch zumindest gleichmäßig, sondern sie unterliegt relativ starken Schwankungen, die ganz offensichtlich in gewissen Zyklen wiederkehren. Diese Zyklen wirtschaftlichen Wachstums sind allgemein als „Konjunkturschwankungen" bekannt.

Ein idealtypischer Konjunkturzyklus verläuft in vier Phasen. Beginnen wir die Darstellung dieser Phasen in einer Situation eines zwar erfreulichen, aber mäßigen wirtschaftlichen Wachstums. Die Unternehmen rechnen mit einer Fortdauer dieses Zustandes und planen daher eine Ausweitung ihrer Produktionsmöglichkeiten. Hierfür müssen sie in neue Maschinen und Produktionsanlagen investieren und neue Arbeitskräfte einstellen. Zur allgemeinen Nachfrage kommt nun die Nachfrage der Unternehmen nach Investitionsgütern hinzu. Dies verbessert die Auftragslage der Investitionsgüterhersteller, die ihrerseits neue Arbeitskräfte einstellen und auch selbst in neue Produktionsanlagen investieren.

Das wirtschaftliche Wachstum wird durch diese zusätzlichen Aufträge und durch das gestiegene Arbeitseinkommen beschleunigt, die Konjunktur zieht an. Dieser Prozeß verstärkt sich von selbst, es kommt also zu einer Kettenreaktion positiver Entwicklungen: mehr Produktion, mehr Einkommen, mehr Beschäftigung. Dies ist das Stadium des *Aufschwungs*.

Früher oder später treten aber auch Faktoren auf, die das wirtschaftliche Wachstum bremsen: die notwendigen Einstellungen können nicht mehr vorgenommen werden, weil die entsprechenden Fachkräfte auf dem Arbeitsmarkt fehlen und die Löhne steigen, die Unternehmen können ihre Produktion nicht unbegrenzt weiter ausdehnen und reagieren auf weitere Nachfragesteigerungen mit Preiserhöhungen, und zusätzliche Investitionen müssen mit Krediten finanziert werden, die nur zu höheren Zinsen zu bekommen sind. Dies ist die Phase der *Hochkonjunktur*, des *Booms* oder, wenn die Situation sich noch weiter zuspitzt, der *Krise*.

Wenn die ersten Unternehmen in dieser Situation ihre Planungen nach unten revidieren und weniger Investitionen vornehmen, weil die Investitionsgüter zu teuer, die Löhne zu hoch und die Kredite unbezahlbar geworden sind, kommt es wiederum zu einem sich selbst verstärkenden Prozeß, aber in umgekehrter Richtung: sinkende Aufträge veranlassen die Unternehmen zu einer Senkung der Investitionen und zu Entlassungen von nicht mehr dringend benötigten Arbeitskräften. Die Folge ist meistens kein absoluter Rückgang der wirtschaftlichen Aktivität, denn in den meisten Konjunkturzyklen geht zwar die Wachstumsrate des BIP zurück, bleibt aber trotzdem positiv. In einem sehr kräftigen *Abschwung* kann aber auch die Wachstumsrate negativ werden.

Wie bereits beim Aufschwung, so werden auch beim Abschwung früher oder später einige Faktoren wirksam, die zu einer Umkehr der Entwicklung führen: die zunehmende Arbeitslosigkeit führt zu geringeren Lohnsteigerungen oder sogar zu stabilen Löhnen, die geringere Investitionstätigkeit bedeutet eine geringere Kreditnachfrage und damit niedrigere Zinsen, und die niedrigere Nachfrage führt zu einer Stabilisierung des Preisniveaus. Den Tiefpunkt des Konjunkturzyklus bezeichnen wir als *Rezession*.

In dieser Situation fassen dann wieder einige Unternehmer Mut. Sie nutzen die niedrigen Löhne, die reichlich verfügbaren Arbeitskräfte und das für Kredite günstige niedrige Zinsniveau und investieren. Das führt dann zu einem erneuten Aufschwung und der nächste Konjunkturzyklus beginnt – im großen und ganzen nach dem gleichen Muster wie der hier beschriebene Zyklus.

Langfristiges wirtschaftliches Wachstum bewirkt, daß jeder Boom auf einem höheren Niveau wirtschaftlicher Aktivität stattfindet als der vorangegangene und daß auch (fast) jede Rezession mit einem höheren Bruttoinlandsprodukt verbunden ist als die vorangegangene.

9.2   Die Rolle des Staates: Konjunktur- und Geldpolitik

Bei der Beschreibung des typischen Konjunkturzyklus haben wir bislang den Staat nicht erwähnt. Konjunkturschwankungen finden mit oder ohne staatliche Einmischung gleichermaßen statt; gleichwohl hat natürlich die

Regierung ein pflichtgemäßes Interesse an der Beeinflussung der Konjunkturschwankungen, vor allem an ihrer Glättung: die hohen Preissteigerungsraten und Zinsen im Boom sind wirtschaftspolitisch ebenso unerwünscht wie die hohe Arbeitslosigkeit in der Rezession. Deshalb versucht der Staat mit geld- und haushaltspolitischen Mitteln, im Wirtschaftswachstum eine gewisse Stetigkeit (im Idealfall einen permanenten moderaten Aufschwung) mit stabilem Preisniveau und hoher Beschäftigung zu erreichen.

Für den Anleger ist aus dem konjunkturpolitischen Instrumentarium besonders die Geldpolitik von Interesse. Sie obliegt der Deutschen Bundesbank, die durch verschiedene Instrumente versucht, eine stetige Entwicklung der Geldmenge zu erreichen und damit der Wirtschaft genau soviel Liquidität zur Verfügung zu stellen, wie sie für das erwartete bzw. erwünschte Wachstum benötigt. Ein Zuviel an Liquidität würde zu Preisniveausteigerungen führen, ein Zuwenig zu Zinssteigerungen und damit zu Wachstumshemmnissen.

Wichtige geldpolitische Instrumente sind die Diskont- und Lombardzinsen, die die Bundesbank festlegt und die auch die Zinsen beeinflussen, die der Anleger für seine festverzinslichen Wertpapiere erhält. Auch zwischen Zinshöhe und Aktienrendite bestehen Zusammenhänge.

Die Zielgröße, die die Bundesbank zu beeinflussen versucht, ist das Wachstum der Geldmenge. Jedes Jahr legt die Bundesbank fest, wie stark der Geldumlauf steigen soll, der der Wirtschaft zur Verfügung steht. Ein zu starkes Wachstum der Geldmenge wirkt tendenziell preissteigernd und heizt die Inflation an. Demgegenüber würde ein zu schwaches Geldmengenwachstum das Wirtschaftswachstum behindern. Unglücklicherweise hat die Bundesbank trotz all ihrer Instrumente nicht die Möglichkeit, die Geldmenge auf den Punkt genau zu steuern. Daher strebt die Bundesbank an, das Geldmengenwachstum zwischen einer oberen und unteren Grenze zu halten; sie veröffentlicht jährlich einen entsprechenden Zielkorridor.

Ein unerwartet starkes Geldmengenwachstum weckt in den Börsianern stets die Befürchtung, die Bundesbank könnte die Leitzinsen (Diskont- und Lombardzinsen) anheben. Dies wiederum führt praktisch spontan zu einer Zinssteigerung.

9.3   Der Zusammenhang zwischen Konjunktur und Kapitalmärkten

Was bedeutet all dies für den Anleger? Er muß bei seinen Anlageentscheidungen vor allem zwei gesamtwirtschaftliche Größen, die für ihn
relevant sind, im Auge behalten: die Konjunktur- und die Zinsentwicklung. Beide hängen eng zusammen, denn die Höhe der Marktzinsen –
„die Rendite" – schwankt mit dem Konjunkturzyklus, und beide haben
ihre jeweils eigene Bedeutung für den Anleger.

Zunächst zur Konjunktur: nicht nur das wirtschaftliche Wachstum
schwankt mehr oder weniger regelmäßig um einen langfristigen Trend,
sondern auch die Entwicklung der Aktienkurse (gemessen durch einen
geeigneten Index) folgt langfristig einem steigenden Trend, um den sie in
einer kürzeren, mehrjährigen Frist schwankt. Der langfristige Wachstum-
strend der Aktienkurse wird verursacht durch den Zuwachs an techni-
schem Know-how, Ertragskraft und Substanzwert bei den Aktiengesellschaften. Es liegt daher der Gedanke nahe, die aktuelle Konjunkturlage als
Hilfsmittel bei der Beurteilung der aktuellen Anlagechancen zu nutzen,
doch dies ist leider nicht so einfach.

Nach aller Erfahrung eilt nämlich die Börse der Entwicklung der Konjunktur voraus. Die Börsenentwicklung kann also recht gut als „Frühindikator" der konjunkturellen Entwicklung dienen, doch umgekehrt wird
es schwieriger. Das Ausmaß des zeitlichen Vorlaufs der Kurse hat sich in
den letzten Jahrzehnten vergrößert. Betrug der zeitliche Vorsprung der
Kurse in den fünfziger Jahren noch drei Monate, so stieg er bis auf 15
Monate in der ersten Hälfte der achtziger Jahre. Seitdem ist die Antizipa-
tion wieder auf etwa ein Jahr zurückgegangen.

9.4   Konjunkturindikatoren

Wegen des zeitlichen Vorlaufs der Kurse vor dem wirtschaftlichen
Wachstum reicht es nicht aus, für die Beurteilung der Anlagesituation die
gesamtwirtschaftliche Wachstumsrate zu beobachten. Sie wird zwar vierteljährlich veröffentlicht und ist in den Wirtschaftsteilen aller Tageszeitungen nachzulesen, aber aus erhebungstechnischen Gründen wird sie

erst mit einer Verzögerung von einigen Monaten bekannt. Statt der Wachstumsrate sind also andere Indikatoren – eben „Frühindikatoren" – heranzuziehen, wenn aus der konjunkturellen Entwicklung auf den aktuellen Status des Börsenzyklus geschlossen werden soll.

Diese Frühindikatoren werden ebenfalls regelmäßig veröffentlicht und von der Presse mit großer Aufmerksamkeit kommentiert. Sie dienen nicht nur zur Beurteilung der Börsenlage, sondern vor allem als Hinweis für die Konjunktur- und Geldpolitik des Staates. Ihre richtige Interpretation und Auswertung entscheidet mit über künftige Arbeitslosigkeit, Inflation usw.

9.4.1 Die Industrieproduktion

Einer der wichtigsten Konjunkturindikatoren ist die Industrieproduktion, die vom Bundesministerium für Wirtschaft jeden Monat ermittelt und bereits vier bis fünf Wochen nach dem Ende des jeweiligen Monats veröffentlicht wird. Das bedeutet, daß beispielsweise am Anfang September die Industrieproduktion für den Monat Juli veröffentlicht wird, Anfang Januar erscheinen die Daten für den November des Vorjahres usw. Die Industrie macht zwar nur ca. 40 % der gesamtwirtschaftlichen Leistung der Bundesrepublik Deutschland aus, doch ihr kommt eine Schlüsselstellung zu: geht es der Industrie gut, haben auch Handel und Dienstleistungsbranchen wenig Schwierigkeiten. Bei einer schwachen Industriekonjunktur hingegen ist auch die Lage in den anderen Wirtschaftsbereichen angespannt. Die Wachstumsrate der Industrieproduktion, die ja geraume Zeit vor der Wachstumsrate des gesamten Bruttoinlandsproduktes vorliegt, kann als eine gute Richtgröße für das gesamtwirtschaftliche Wachstum gelten.

Aber auch die Industrieproduktion ist bereits ein relativ später Indikator. Deshalb wurden eine Reihe weiterer Größen gesucht, die eine schnellere Erfassung und Beurteilung der gesamtwirtschaftlichen Lage ermöglichen.

9.4.2 Der Auftragseingang

Für die Produktionsunternehmen ist der Auftragseingang einer der wichtigsten Frühindikatoren. Er wird vom Bundesministerium für Wirtschaft monatlich berechnet und mit einer Verzögerung von vier bis fünf Wochen veröffentlicht. Die Aufträge, die heute bei einem Unternehmen eingehen, bestimmen die Beschäftigung und Auslastung von morgen und die Erlöse von übermorgen.

Der Auftragseingang im produzierenden Gewerbe, der monatlich vom Statistischen Bundesamt veröffentlicht wird, setzt daher an einer sehr frühen Stelle im Konjunkturzyklus an und ist trotz der unausweichlichen Verzögerung bei Datensammlung und -veröffentlichung sehr gut zur Vorhersage der künftigen wirtschaftlichen Entwicklung geeignet. Bei diesem Frühindikator besteht am ehesten die Gewähr, daß er nicht bereits bei seiner Veröffentlichung veraltet ist.

9.4.3   Der Auftragsbestand

Der Auftragsbestand ist ein Konjunkturfrühindikator von vergleichbarer Aussagekraft. Er wird vierteljährlich vom Münchener Ifo-Institut für Wirtschaftsforschung veröffentlicht und liegt ca. sechs bis acht Wochen nach dem Ende des jeweiligen Quartals vor. Mitte bis Ende Mai verfügt der Anleger also über die Daten des ersten Quartals, Mitte bis Ende November über die Daten des dritten Quartals.

Der Auftragsbestand mißt die Zeit, die ein Unternehmen mit den vorliegenden Aufträgen noch produzieren kann. Je größer der Auftragsbestand, desto besser läuft die Konjunktur. Der durchschnittliche Auftragsbestand der deutschen Wirtschaft reicht für etwa 2,8 Monate, doch es sind natürlich Besonderheiten der einzelnen Branchen zu beachten. Im Investitionsgütergewerbe (Maschinenbau, Automobilbau, Elektrotechnik) reichen die Aufträge z.B. meist für vier Monate, bei den Gebrauchsgütern zwei und bei den Verbrauchsgütern zweieinhalb Monate.

9.4.4   Die Kapazitätsauslastung

Auch die Kapazitätsauslastung der Industrie eignet sich zu einer relativ frühzeitigen und damit aktuellen Beurteilung des Konjunkturzyklus. Sie wird vom Ifo-Institut etwa sechs bis acht Wochen nach Quartalsende veröffentlicht.

Je höher die Kapazitätsauslastung ist, um so mehr Aufträge liegen vor und desto höhere Verkaufserlöse sind zu erwarten. Allerdings ist eine

Produktionssteigerung bei sehr starker Kapazitätsauslastung – über 90 %
– nur zu überproportional hohen zusätzlichen Kosten möglich, so daß die
Gewinne der Unternehmen nicht unbedingt parallel zur Produktion und
zu den Erlösen steigen. Bei niedriger Kapazitätsauslastung müssen die
Fixkosten des Unternehmens, also die von der Produktionsmenge unabhängigen Kosten, auf eine geringere Zahl produzierter Güter verteilt
werden, so daß auch hier eine Gewinnschmälerung eintritt. Für die Unternehmensgewinne ist also eine ausgeglichene, nicht zu hohe Auslastung der Kapazitäten – ca. 85 % gelten als ein langfristig aus dem
Durchschnitt ermittelter grober Richtwert – am günstigsten.

9.4.5 Die Einzelhandelsumsätze

Die Einzelhandelsumsätze sind der wichtigste Frühindikator für den privaten Verbrauch, also für die Beurteilung der Konjunkturlage im Handel,
aber auch in der Konsumgüterindustrie. Sie werden vom Statistischen
Bundesamt monatlich ermittelt und liegen etwa sechs bis acht Wochen
nach dem betreffenden Monat vor. Bei der Interpretation der Einzelhandelsumsätze ist aber zu beachten, daß saisonale und kalendarische Einflüsse, zusätzliche und wechselnde Sonn- oder Feiertage in einem Monat
(Ostern, Pfingsten) eine starke Veränderung der Umsätze im Vergleich
zum Vorjahresmonat verursachen können.

9.4.6 Der Ifo-Geschäftsklima-Index

Neben den „harten" statistischen Daten können auch Ergebnisse aus
Umfragen für die Beurteilung und Prognose der gesamtwirtschaftlichen
Entwicklung herangezogen werden. Es gibt in der Wirtschaft einige Un-
ternehmen, die Prognosen erstellen und veröffentlichen.

Hierzu zählt zunächst der vom Ifo-Institut für Wirtschaftsforschung monatlich erstellte Ifo-Geschäftsklima-Index, der drei bis vier Wochen nach
Ende des untersuchten Monats veröffentlicht wird. Das Ifo-Institut stellt
den Unternehmen stets die beiden gleichen Fragen:

1. Wie bezeichnen Sie Ihre aktuelle geschäftliche Entwicklung? Die
   Antwortmöglichkeiten lauten: „gut", „zufriedenstellend" und „unbe-
   friedigend".

2. Mit welcher Entwicklung der Geschäfte rechnen Sie in den nächsten sechs Monaten? Die Antwortmöglichkeiten lauten „besser", „unverändert" und „schlechter".

Beide Fragen gehen mit dem gleichen Gewicht in den Ifo-Geschäftsklima-Index ein. Sein Neutralwert liegt bei 100: dann haben genauso viele Antwortende eine positive wie eine negative Antwort gegeben; die Zahl der mit »zufriedenstellend« oder »unverändert« Antwortenden geht nicht in den Indexwert ein. Liegt der Ifo-Geschäftsklima-Index über 100,

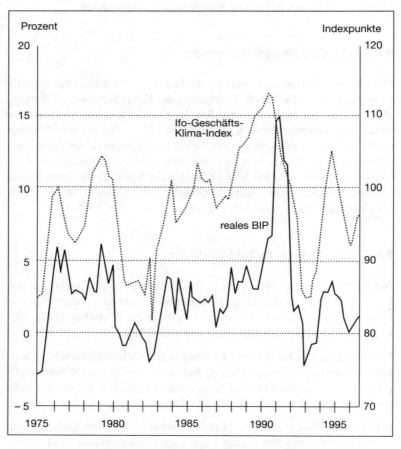

Abbildung 11: Gesamtwirtschaftliche Entwicklung und Ifo-Geschäftsklima-Index

überwiegen die Optimisten, bei Werten unter 100 gibt es mehr Pessimisten.

Der Ifo-Geschäftsklima-Index weist einen sehr hohen Gleichlauf mit der gesamtwirtschaftlichen Entwicklung auf, obwohl er nur auf Meinungen basiert. Es scheint aber tatsächlich gelungen zu sein, der richtigen Gruppe die richtigen Fragen zu stellen und somit einen der schnellsten und gleichzeitig zuverlässigsten Frühindikatoren zu schaffen.

9.4.7 Das BBE-Einzelhandelsklima

Den gleichen methodischen Aufbau wie der Ifo-Geschäftsklima-Index weist der Index des BBE-Einzelhandelsklimas auf, der von der BBE-Unternehmensberatung monatlich mit ca. drei bis vier Wochen Verzögerung veröffentlicht wird. Er spiegelt die Einschätzung der deutschen Einzelhändler zur aktuellen Lage der Branche, des eigenen Unternehmens, zur mittelfristigen Erwartung über Geschäftsverläufe und Investitionsbereitschaft sowie die Ausgabebereitschaft der Verbraucher wider.

9.4.8 Der icon-Konsumklima-Index

Der monatlich im Handelsblatt veröffentlichte icon-Konsumklima-Index gibt die Einschätzung und Erwartung von 2.000 befragten Verbrauchern zur gesamtwirtschaftlichen Lage, zur finanziellen Lage des Haushalts und ihre Bereitschaft zur Anschaffung langlebiger Gebrauchsgüter sowie die Sparneigung der Haushalte wieder.

Sowohl der BBE-Einzelhandelsklima-Index als auch der icon-Konsumklima-Index unterliegen (wie bereits die Einzelhandelsumsätze) teilweise starken saisonalen Schwankungen, was bei ihrer Interpretation berücksichtigt werden muß. Nicht jede kleine Veränderung dieser Indizes deutet bereits eine konjunkturelle Trendwende an.

9.4.9 Der HANDELSBLATT-Frühindikator

Nicht unmittelbar auf statistischen Daten, sondern auf einer Verknüpfung und Kombination mehrerer statistischer Größen beruht der HAN-

DELSBLATT-Frühindikator, der monatlich in der ersten oder zweiten Woche veröffentlicht wird. Natürlich sind die einzelnen Indikatoren, die in ihn eingehen, schon älter, doch der HANDELSBLATT-Frühindikator stellt dafür eine komprimierte Angabe dar und nimmt dem Anleger die Arbeit ab, sich mit verschiedenen Einzelindikatoren auseinanderzusetzen (er sollte allerdings trotzdem wissen, was sich hinter den Größen verbirgt, die in den HANDELSBLATT-Frühindikator eingehen).

In den HANDELSBLATT-Frühindikator gehen die Auftragseingänge im Verarbeitenden Gewerbe (mit einem Gewicht von 20 %) und im Bauhauptgewerbe (10 %) ein sowie die Einzelhandelsumsätze (10 %), der Ifo-Geschäftsklima-Index (30 %) und die Zinsstruktur, d.h. die Differenz zwischen kurz- und langfristigen Zinsen (10 %). Der zeitliche Vorlauf des HANDELSBLATT-Frühindikators vor der Konjunktur beträgt etwa ein Vierteljahr. In der Vergangenheit hat sich der HANDELSBLATT-Frühindikator als recht zuverlässig in der Vorhersage konjunktureller Wendepunkte herausgestellt.

9.4.10 Konjunkturprognosen

Früher als die dargestellten Frühindikatoren machen Konjunkturprognostiker mehr oder weniger fundierte Aussagen über die voraussichtliche gesamtwirtschaftliche Entwicklung in den kommenden Monaten. Die von der Tages- und Wirtschaftspresse am stärksten beachteten Vorhersagen sind die halbjährliche Gemeinschaftsprognose der sechs wirtschaftswissenschaftlichen Forschungsinstitute der „blauen Liste",[8] die jährliche Prognose des Sachverständigenrates zur Begutachtung der gesamtwirtschaftlichen Entwicklung (die „5 Weisen") und die ebenfalls jährliche Prognose des Bundesministeriums für Wirtschaft.

Naturgemäß ist die Prognose des Bundesministeriums für Wirtschaft immer etwas optimistischer als die anderen. Erfahrungsbedingt gilt für alle

---

8 Auf der blauen Liste stehen das Deutsche Institut für Wirtschaftsforschung (DIW, Berlin), das Hamburger Weltwirtschaftliche Archiv (HWWA), das Ifo-Institut für Wirtschaftsforschung (München), das Institut für Weltwirtschaft (Kiel), das Institut für angewandte Wirtschaftsforschung (Halle) und das Rheinisch-Westfälische Institut für Wirtschaftsforschung (RWI, Essen).

Tabelle 24: Quelle und Verfügbarkeit wichtiger Konjunkturindikatoren

Indikator	Institution	Erscheinungs-weise	Verzögerung
Industrie-produktion	Bundes-ministerium für Wirtschaft	monatlich	4 bis 5 Wochen nach Monatsende
Auftragseingang im produzierenden Gewerbe	Bundes-ministerium für Wirtschaft	monatlich	4 bis 5 Wochen nach Monatsende
Auftragsbestand	Ifo-Institut für Wirtschaftsforschung	quartalsweise	6 bis 8 Wochen nach Quartalsende
Kapazitätsaus-lastung der Industrie	Ifo-Institut für Wirtschaftsforschung	quartalsweise	6 bis 8 Wochen nach Quartalsende
Einzelhandels-umsätze	Statistisches Bundesamt	monatlich	6 bis 8 Wochen nach Monatsende
Ifo-Geschäfts-klima-Index	Ifo-Institut für Wirtschafts-forschung	monatlich	3 bis 4 Wochen nach Monatsende
BBE-Einzel-handelsklima Index	BBE-Unter-nehmens-beratung	monatlich	3 bis 4 Wochen nach Monatsende
icon-Konsum-klima-Index	icon-Wirtschafts-forschung	monatlich	3 bis 4 Wochen nach Monatsende
Handelsblatt-Frühindikator	Handelsblatt	monatlich	1 bis 2 Wochen nach Monatsende
Konjunktur-prognosen	• wirtschafts-wissenschaftliche Forschungs-institute, • Sachverständi-genrat zur Begut-achtung der gesamtwirtschaft-lichen Entwick-lung • Bundesministe-rium für Wirt-schaft	jährlich; z.T. halbjährlich	• Forschungs-institute – Ende April und – Ende Oktober • Sachverständigen-rat – Mitte November

Vorhersagen natürlich, daß „Prognosen stets mit Unsicherheit behaftet sind, vor allem, wenn sie sich auf die Zukunft beziehen". Die Erfahrung zeigt, daß die Qualität der Prognosen nicht übermäßig hoch ist – wenn man diese Qualität nicht nach dem betriebenen methodischen Aufwand, sondern nach dem Eintreffen ihrer Vorhersagen bemißt.

In der Regel tendieren alle Vorhersagen dazu, tendenziell eine Fortsetzung der bestehenden Trends vorherzusagen (mit Ausnahme der regierungsamtlichen Prognose, die immer eine Wendung zum Besseren sieht). Wendepunkte in der konjunkturellen Entwicklung werden hingegen meist nicht rechtzeitig erkannt. Trotzdem haben die Konjunkturprognosen auch für den Anleger ihren Wert, denn sie beruhen schließlich auf den Ergebnissen der Arbeit zahlreicher spezialisierter Ökonomen und stellen zumindest einen begründeten Anhaltspunkt für die künftige gesamtwirtschaftliche Entwicklung dar, bieten also eine Orientierungshilfe für die eigene Meinung.

9.5   Die Konsequenzen der Konjunkturdaten für den Privatanleger

Welche Erkenntnisse kann der private Anleger für seine Geldanlage aus den verschiedenen Frühindikatoren oder Konjunkturprognosen ziehen?

Zunächst einmal sei davor gewarnt, sich nur auf einen einzigen der genannten Indikatoren zu stützen. Nur in der Gesamtschau (oder in einer Verdichtung, z.B. im HANDELSBLATT-Frühindikator) ergeben sie ein einigermaßen zuverlässiges Bild der (erwarteten) konjunkturellen Entwicklung. Kommt der Anleger aber nach Berücksichtigung der verschiedenen Indikatoren zu einem eigenen Urteil über die gesamtwirtschaftliche Lage (oder versteht er aufgrund seiner Kenntnisse das Urteil der Experten besser), kann er seine Anlagepolitik darauf einrichten.

Vor allem der Aktienanleger wird den Zusammenhang zwischen Kursentwicklung und Konjunktur berücksichtigen. Er weiß, daß die Börse der wirtschaftlichen Entwicklung vorauseilt. Das bedeutet für ihn, daß er seine Aktienengagements vielleicht schon in der Hochkonjunktur verringert, bevor die ersten Anzeichen der Krise auftreten. Dies wird ihm leicht fallen, da die Kurse zu diesem Zeitpunkt nach aller Erfahrung ohnehin einen Höhepunkt erreicht haben (das absolute Kursmaximum wird man aber wohl nie genau treffen).

Viel wichtiger und lohnender kann aber der rechtzeitige Aufbau neuer Aktienbestände im Tiefstpunkt der Konjunktur (Rezession) sein. Der informierte und mutige Anleger wird schon Aktien kaufen, lange bevor sich erste Anzeichen für den beginnenden Aufschwung einstellen, und die Indikatoren noch keinen Aufwärtstrend anzeigen. Nur so hat der Anleger Aussichten, an einem langanhaltenden Kursaufschwung von Anfang an teilzuhaben (aber auch hier darf er nicht erwarten, stets zu den absoluten Tiefstkursen einzusteigen).

Die Beobachtung der konjunkturellen Entwicklung ist also vor allem für das *Timing* der Aktienanlage bedeutsam. Wer größere Summen in Aktien investieren will, muß gut überlegen, ob er dies sofort tun sollte, oder ob es besser ist, lieber noch einen halben Konjunkturzyklus abzuwarten und bis dahin lieber Zinserträge zu erzielen. Günstigere Einstiegskurse könnten die Belohnung für diese Geduld sein.

Aber auch der Aktienanleger, der nicht unbedingt dem Konjunkturzyklus folgen und seine Depotbestände auf- und abbauen, sondern seine Investments eher in Ruhe reifen lassen möchte, profitiert von seinem Wissen um den Zusammenhang von Konjunktur und Börsenkurse. Er weiß, daß auf jeden Rückgang der Kurse wieder ein Anstieg folgt und wird deshalb nicht bei jeder Baisse sofort nervös. Die langjährigen Renditedaten für breitgestreute Aktienanlagen gelten auch über die „mageren Börsenjahre" hinweg. Wer sich also mit der recht anständigen Durchschnittsrendite der Aktienanlage zufriedengibt und einen langen Anlagehorizont hat, kann die Konjunkturzyklen in aller Gelassenheit „aussitzen".

Und noch eine Anlegergruppe sollte die konjunkturelle Entwicklung beobachten: wer sich nicht auf die Anlage in Aktien seines eigenen Landes beschränken, sondern die Möglichkeiten der internationalen Diversifikation nutzen möchte, sollte natürlich die jeweilige konjunkturelle Situation in den anderen Ländern berücksichtigen. Die entsprechenden gesamtwirtschaftlichen Indikatoren werden im Wirtschaftsteil der Tageszeitungen veröffentlicht, wenn auch nicht so ausführlich wie die Indikatoren des eigenen Landes.

9.6 Die Bedeutung der Zinsen im Anlageentscheidungsprozeß

Neben der konjunkturellen Entwicklung ist die Rendite (auch Umlaufrendite oder Marktzins genannt) die zweite gesamtwirtschaftliche Größe, die der Anleger im Auge behalten sollte. Für die Beurteilung der Anlagechancen im Bereich der Anleihen ist dies völlig offensichtlich: je höher der am Markt für festverzinsliche Anlagen erhältliche Zinssatz ist, desto rentabler ist die Anlage neuer Mittel in festverzinsliche Papiere. Andererseits ist allerdings auch zu beachten, daß ein Zinsanstieg den Kurswert der bereits im Depot des Anlegers befindlichen festverzinslichen Wertpapiere senkt. Wir hatten schon bei der Betrachtung der Duration (vgl. Abschnitt 4.2) gesehen, wie sich eine Zinsänderung auf den Marktwert festverzinslicher Wertpapiere auswirkt und wie die Konsequenzen einer Renditeänderung auf den Kurswert von Anleihen näherungsweise berechnet werden können.

Soll ein bestimmter Betrag in festverzinsliche Papiere investiert werden, ist die aktuelle Rendite von entscheidender Bedeutung für die zu wählende Laufzeit. Bei niedrigen Zinsen wird der Anleger eher kurze Laufzeiten bevorzugen, die zu einem Zeitpunkt ausgezahlt werden, an dem die langfristige Rendite höher ist als im Augenblick. Bei hohen Zinsen hingegen wird der Investor tendenziell längere Laufzeiten wählen, um möglichst lange in den Genuß der hohen Zinszahlungen zu kommen.

Diese Entscheidung über die Laufzeiten der zu erwerbenden Anleihen ist aber bereits ein wichtiger Bestandteil des vierten Schrittes im Asset Allocation-Prozeß; das nächste Kapitel wird sich ausführlich damit befassen. An dieser Stelle sind vielmehr die Prognose der Zinsen und die daraus zu ziehenden Konsequenzen für den Anteil von Aktien bzw. Anleihen im Depot von Interesse.

Der Zins ist aus ökonomischer Sicht nichts anderes als der Preis für die zeitweise Überlassung von Geld (bzw. Kapital) an jemand anderen. Wie jeder Preis bestimmt sich der Zins in der Marktwirtschaft – solange keine staatlichen Reglementierungen vorliegen – nach Kapitalangebot und Kapitalnachfrage. Allerdings ist weder die Nachfrage nach Kapital noch das Angebot von Kapital leicht vorhersehbar; zu viele Einflußgrößen müssen berücksichtigt werden.

9.6.1 Das Kapitalangebot

Das Angebot an Kapital wird primär durch die Ersparnisse der privaten Haushalte oder durch andere Sektoren, wie der Unternehmen oder der öffentliche Haushalte, bestimmt. Die Ersparnisse der Unternehmen sind nichts anderes als die nicht entnommenen Gewinne, die entweder im Unternehmen selbst angelegt oder – zumindest vorübergehend – am Kapitalmarkt investiert werden. Da diese Aufteilung der Unternehmensersparnisse im Zeitablauf sehr stark schwankt, ist eine genaue Prognose schwierig. Die Ersparnisse der öffentlichen Hand haben gegenwärtig angesichts permanenter Budgetdefizite nur theoretische Bedeutung; in den ersten Jahren der Bundesrepublik traten allerdings beträchtliche Haushaltsüberschüsse auf, die nach einer sinnvollen Anlagemöglichkeit suchten.

9.6.2 Die Kapitalnachfrage

Die Nachfrage nach Kapital hängt von der Neigung aller am Wirtschaftsleben Beteiligten ab, Kredit aufzunehmen, also sich zu verschulden. Bei den Unternehmen wird die Nachfrage nach Fremdkapital vor allem von der Rentabilität der damit zu finanzierenden Investitionen bestimmt: nur wenn die Investition mehr Ertrag bringt als sie kostet, wird sie den Gewinn des Unternehmens steigern. In Zeiten florierender Konjunktur mit guten Gewinnaussichten werden auch Kredite zu höheren Zinsen aufgenommen.

Die privaten Haushalte treten ebenfalls als Kreditnehmer in Erscheinung. Hier ist vor allem zwischen den Krediten für den Bau oder Erwerb von Immobilien einerseits und den Konsumentenkrediten andererseits zu unterscheiden. Die Kreditaufnahme für Hausbau oder Wohnungserwerb ist ziemlich stark von der Höhe der Zinsen abhängig, die Aufnahme von Konsumentenkrediten oftmals nicht.

Ein quantitativ sehr bedeutender Kreditnehmer ist der Staat. Seit dem Beginn der neunziger Jahre und auch als Folge der deutschen Wiedervereinigung sind die Haushaltsdefizite von Bund und Ländern beträchtlich gestiegen. Im Gegensatz zu den Unternehmen und den privaten Haushalten sind die öffentlichen Schuldner weitgehend unempfindlich gegenüber der Höhe der Zinsen. Bei hohen Zinsen muß die Neuverschuldung oftmals sogar höher ausfallen als bei niedrigen, damit die Zinsleistungen finanziert werden können.

Insgesamt sind weder Ersparnisse noch Kreditaufnahme – und damit weder Kapitalnachfrage noch Kapitalangebot – zuverlässig prognostizierbar: für den Experten nicht und noch weniger für den Laien. Was bleibt, ist eine Meinung über die künftige Zinsentwicklung, auf die jeder Anleger (und jeder Kreditnehmer) sich bei seinen Entscheidungen stützen kann. Diese Meinung muß nicht unbegründet oder spekulativ sein. Es gibt mehrere Wege, zu einer begründeten Einschätzung der künftigen Zinsentwicklung zu gelangen, ohne alle oben genannten gesamtwirtschaftlichen Größen vorhersagen zu müssen:

9.6.3 Die Umlaufrendite

Der einfachste Weg ist der Vergleich der aktuellen Umlaufrendite mit den langfristigen Durchschnittszinsen. Diese betragen– je nach dem Zeitraum, über den die langfristigen Zinsen ermittelt werden – etwa 7 %. Liegt der aktuelle Marktzins unter diesem Satz, ist zumindest mittelfristig ein Wiederanstieg zu erwarten. Liegt der aktuelle Marktzins jedoch über den langfristigen Durchschnittszinsen, ist über kurz oder lang mit einem Zinsrückgang zu rechnen.

Diese sehr einfache Faustregel erfährt eine erste Verfeinerung, wenn die Entwicklung der Zinsen im Konjunkturzyklus berücksichtigt wird. Der Anleger erhält so ein Gespür dafür, wie lange eine Periode niedriger oder höherer Renditen andauert – oder andauern kann. Im Gegensatz zum institutionellen Anleger, bei dem es oftmals auf die Zinsentwicklung in den nächsten Wochen, Tagen oder sogar Stunden ankommt, kann (und sollte) der Privatanleger mindestens in Monaten, besser sogar in Jahren denken. Auf diese Zeiträume bietet der Vergleich zwischen aktuellem Zins und Durchschnittszins durchaus eine fundierte Möglichkeit der Zinsprognose.

9.6.4 Die Zinsstrukturkurve

Eine etwas anspruchsvollere, aber dafür vielleicht auch genauere Methode zur Prognose der Zinsentwicklung ist die Analyse der Zinsstruktur-

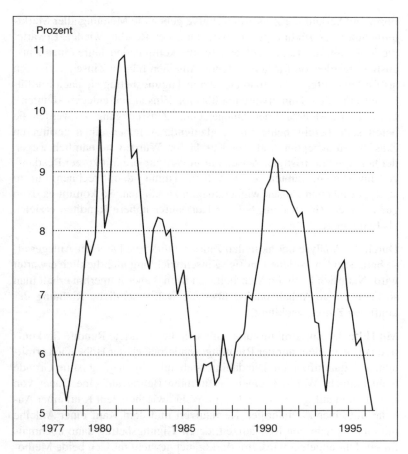

Abbildung 12: Umlaufrendite 1977-1997

kurve. Diese Kurve gibt die Höhe der Zinsen wieder, die der Anleger für
den Erwerb festverzinslicher Wertpapiere mit unterschiedlichen (Rest-)
Laufzeiten erhält. Eine normale Zinsstrukturkurve weist einen steigenden Verlauf auf: je länger die Restlaufzeit ist, desto höher ist die Rendite;
je kürzer die Restlaufzeit, desto weniger Zinsen erhält der Anleger. Liegt
die Rendite über das gesamte Laufzeitspektrum hinweg ungefähr auf der
gleichen Höhe, sprechen wir von einer flachen Zinsstrukturkurve. Eine
dritte Variante ist die inverse Zinsstruktur. Bei ihr sind die Zinsen um so
höher, je kürzer die Restlaufzeit ist.

Form und Verlauf der Zinsstrukturkurve geben die Meinung aller Marktteilnehmer zur zukünftigen Entwicklung der Rendite wieder. Erwartet
die Mehrzahl der Kapitalanbieter für die kommenden Jahre einen Zinsanstieg, werden sie für langlaufende Anleihen höhere Zinsen verlangen
als für kurzlaufende Wertpapiere (deren Tilgungsbetrag sie nach Endfälligkeit ja zu den dann erwarteten höheren Zinsen neu anlegen könnten).
Erwartet die Mehrzahl der Anleger einen Zinsrückgang, so werden sie
bereit sein, bereits heute für langlaufende Anleihen einen geringeren
Zinssatz zu akzeptieren als für Kurzläufer. Würden sie nämlich wegen
der höheren kurzfristigen Zinsen nur in Wertpapiere mit kurzer Restlaufzeit investieren, müßten sie nach deren Tilgung damit rechnen, nur zu
stark gesunkenen Zinsen wiederanlegen zu können. So kommt es dann
zur inversen Zinsstruktur, bei der Kurzläufer höhere Renditen erzielen
als Langläufer.

Durch die Analyse der aktuellen Zinsstrukturkurve kann der Anleger also herausfinden, welche künftige Zinsentwicklung mehrheitlich erwartet
wird. Natürlich kann die Mehrheit sich irren – aber immerhin erhält man
so doch einige Anhaltspunkte über die wahrscheinliche Richtung der
künftigen Zinsentwicklung.

Mit Hilfe der Zinsstrukturkurve läßt sich die erwartete Rendite für künftige Perioden nicht nur der Richtung, sondern auch der Höhe nach ermitteln, also quantifizieren. Die dahinterstehende Überlegung ist im Grunde
recht einfach: Wer z.B. einen bestimmten Betrag auf eine Dauer von
zwei Jahren anlegen möchte, hat die Wahl zwischen dem Kauf einer Anleihe mit einer zweijährigen Restlaufzeit und dem Kauf einer Anleihe
mit einer einjährigen Restlaufzeit, deren Tilgungsbetrag dann nochmals
für ein Jahr angelegt wird. Im Marktgleichgewicht müssen beide Methoden zur gleichen erwarteten Rendite führen, denn sonst würde es sich für
institutionelle Anleger lohnen, auf dem billigeren Weg einen Kredit aufzunehmen und den Kreditbetrag auf die rentablere Weise wieder anzulegen. Die Renditedifferenz abzüglich der Verwaltungskosten wäre der
Gewinn aus dieser Transaktion (es besteht natürlich stets das Risiko, daß
die Wiederanlage in einem Jahr nicht zu den erwarteten, sondern nur zu
schlechteren Konditionen erfolgen kann. Dies würde den Gewinn
schmälern oder ganz aufzehren).

Wenn die zweijährige Anleihe und die zweimalige Anlage für jeweils ein
Jahr nacheinander prinzipiell die gleiche (erwartete) Rendite erbringen,

läßt sich aus der Differenz der Rendite zwischen einer einjährigen und einer zweijährigen Anleihe die Rendite ermitteln, die eine einjährige Rendite in einem Jahr voraussichtlich erzielen wird. Bei einer flachen Zinsstruktur ist dies sehr einfach. Beträgt die Rendite für ein- wie auch zweijährige Anleihen z.b. 6 %, so bedeutet dies, daß „der Markt" erwartet, daß auch in einem Jahr die Rendite für einjährige Anleihen 6 % beträgt.

Bei einer normalen Zinsstruktur (z.b. 4 % für einjährige und 5 % für zweijährige Anleihen) müssen wir die Erkenntnisse der Renditeberechnung bei festverzinslichen Wertpapieren zu Hilfe nehmen. Eine zweijährige Anleihe mit einem Nennwert von 100 DM zu 5 % erbringt nach einem Jahr 5 DM Zinsen. Werden diese wieder zu 5 % angelegt, so werden dem Investor nach zwei Jahren

105 DM x 1,05 = 110,25 DM

zurückgezahlt. Hätte er hingegen eine einjährige Anleihe zu 4 % erworben, so betrüge sein Kapital nach einem Jahr nur 104 DM. Um den gleichen Endwert von 110,25 DM zu erzielen, was im Marktgleichgewicht ja der Fall ist, muß die Wiederanlage nach einem Jahr zu einem höheren Zinssatz erfolgen:

$(110,25 - 104,00) : 104 = 0,0601 = 6,01 \%.$

Die Gegenprobe bestätigt dieses Ergebnis:

104 DM x 1,0601 = 110,25 DM.

Bei einer normalen Zinsstruktur von 4 Prozent für einjährige und 5 Prozent für zweijährige Anleihen erwartet der Markt also eine Rendite von 6 % für einjährige Anleihen in einem Jahr.

Bei einer inversen Zinsstruktur (z.B. 7 % für einjährige und 5,5 % für zweijährige Anleihen) ist die Rechnung ebenso einfach. Mit der zweijährigen Anleihe wächst der Wert eines Investments von 100 DM auf

100 DM x 1,055 x 1,055 = 111,30 DM.

Eine einjährige Anleihe ermöglicht die Wiederanlage von

100 DM x 1,07 = 107 DM.

Um ebenfalls einen Endwert von 111,30 DM zu erzielen, muß die Rendite der zweiten einjährigen Anleihe

$(111,30 \text{ DM} - 107 \text{ DM}) : 107 \text{ DM} = 0,0402 = 4,02 \%$

betragen. Die Gegenprobe bestätigt dieses Ergebnis:

$107 \text{ DM} \times 1,0402 = 111,30 \text{ DM}$

Bei einer inversen Zinsstruktur von 7 Prozent für einjährige und 5,5 Prozent für zweijährige Anleihen erwartet der Markt also eine Rendite von 4,02 % für einjährige Anleihen in einem Jahr.

Die quantifizierte Prognose künftiger Zinssätze läßt sich natürlich ebenso für weiter in der Zukunft liegende Zeiträume vornehmen. Durch die dann etwas ausführlicheren Zinseszinsrechnungen wird dies nur unwesentlich komplizierter. Schwerwiegender ist allerdings der Einwand, daß die Einschätzung der Zukunft ungewisser wird, je weiter entfernt der Betrachtungszeitraum ist. Daher ist die Trefferquote, also die Prognosequalität, um so höher, je kurzfristiger die Zinsprognose ist.

Die Zinsen werden nicht nur von wirtschaftlichen, sondern auch (oder vor allem?) von politischen Faktoren beeinflußt. Das vielleicht beste Beispiel hierfür ist die Zinsentwicklung nach der Wende in der DDR und in der Folge der deutschen Wiedervereinigung. Dieses historische Ereignis hatte nicht nur eine Verschiebung des normalen Konjunkturrhythmus zur Folge, sondern verursachte auch eine bis dahin natürlich völlig unerwartete Zinsänderung, also eine Verschiebung der Zinsstrukturkurve praktisch von heute auf morgen.

Sieht man von solchen schwerwiegenden, aber unvorhersehbaren Einschnitten in das wirtschaftliche Leben ab, verbleibt eine zwar begrenzte, aber bei nicht allzu hohen Ansprüchen an die genaue Zeit des Eintretens und das genaue Treffen der Zinshöhe durchaus akzeptable Prognosemöglichkeit.

Der Anleger hat damit die Möglichkeit, die zukünftige Zinsentwicklung zumindest grob in seine Entscheidungen einfließen zu lassen. Berücksichtigt er auch noch die aktuelle konjunkturelle Lage, so kann er seine Depotstruktur recht gut ausrichten: Er kann die Aufteilung seines Gesamtdepots zwischen Aktien und festverzinslichen Papieren ebenso optimieren wie die Laufzeit der Anleihen. Das letztere ist schon der nächste Schritt im Asset Allocation-Prozeß.

Von allem ein bißchen ...

oder
Auf die Mischung kommt es an

„Ich entscheide mich also zuerst dafür, mein Depot aus einem bestimmten Anteil Aktien und einem bestimmten Anteil Anleihen zusammenzusetzen. Und danach überlege ich, welche Aktien und welche Anleihen das sein sollen?" faßt Manfred E. zusammen. „Ja," bestätigt sein Berater, „aber mit einem wichtigen Zwischenschritt: Wir legen zunächst fest, welches Gewicht die einzelnen Branchen am Aktiendepot einnehmen sollten. Bei Anleihen ist zu entscheiden, welche Laufzeiten die Papiere haben sollten. Aber das ist für den Privatanleger weniger wichtig als die Branchenstruktur auf der Aktienseite. Deshalb werden wir uns jetzt auch auf die Branchenstruktur des Aktiendepots konzentrieren."

„Einverstanden. Aber was bedeutet das konkret? Wie oft muß ich zwischen den Branchen wechseln, um mit Aktien Erfolg zu haben?" will Manfred E. wissen. „Vorsicht! Wenn wir die Branchenstruktur festgelegt haben, werden wir sie nur noch sehr behutsam verändern. Für den Privatanleger lohnt es sich meistens nicht, in großem Umfang Aktien umzuschichten", antwortet der Anlageberater. Manfred E. ist aber noch nicht ganz zufrieden: „Wenn sich die wirtschaftliche Lage der Branchen ändert, muß ich doch reagieren! Sonst hat es gar keinen Sinn, sich mit der Branchenanalyse zu befassen."

„Wir können die Branchengewichtung bei der Wiederanlage von Dividenden, Zinserträgen oder neuen Ersparnissen verändern. Das ermöglicht eine ausreichende Anpassung. Wichtig ist vor allem, daß überhaupt eine Anlage in Aktien und eine bewußte Streuung über verschiedene Branchen hinweg stattfindet."

„Damit wären wir ja wieder mal beim Thema", meint Manfred E.: „Streuen – Streuen – Streuen". Recht hat er!

10. Branchenauswahl am deutschen Aktienmarkt

10.1 Die Branchenstruktur des DAX

Der deutsche Aktienmarkt bietet dem Anleger die Möglichkeit, seine Mittel in die unterschiedlichsten Branchen zu investieren. Die Tabelle 25 gibt die Branchengliederung des DAX wieder, der als wichtigster deutscher Aktienindex gilt und die dreißig größten Aktien enthält. Natürlich gibt es entsprechende Branchengliederungen auch für die umfassenderen Indizes, wie den DAX 100, den C-DAX oder die verschiedenen Indizes der Banken oder Wirtschaftszeitungen, doch diese können hier nicht vollständig wiedergegeben werden.[9]

Bei einer näheren Betrachtung fällt auf, daß der DAX die deutsche Wirtschaftsstruktur nur sehr verzerrt widerspiegelt. Die industriellen Wirtschaftszweige und Unternehmen der Finanzwirtschaft dominieren das Erscheinungsbild; Handwerk und mittelständische Unternehmen fehlen völlig. Aber auch innerhalb einzelner Branchen ist der DAX nicht das exakte Spiegelbild der Wirtschaft. Im Verkehrssektor ist z.B. nur die Lufthansa enthalten, Bahn und Straßengüterverkehrsgewerbe fehlen völlig. Künftige Privatisierungen und Börseneinführungen werden dieses Bild hoffentlich verändern.

Darüber hinaus sind die verschiedenen Branchen in sich auch keineswegs homogen. Die Gruppe der Versorger z.b. enthält auf der einen Seite so unterschiedliche Unternehmen wie die RWE Aktiengesellschaft, ein diversifizierter Konzern, der inzwischen viel mehr produziert als „nur" Strom, und die Deutsche Telekom AG auf der anderen Seite, die bis vor kurzem noch als staatliches Monopolunternehmen agierte und weitgehend auf völlig anderen Geschäftsfeldern aktiv ist als die anderen Versorger. Die Zuordnung zu einzelnen Branchen ist also oftmals willkürlich und war vielleicht historisch einmal richtig.

Der DAX spiegelt nicht die deutsche Wirtschaft wider, aber doch ziemlich gut den deutschen Aktienmarkt. Immerhin stellen die im DAX enthaltenen Unternehmen ja über 80 % sowohl des Grundkapitals der bör-

---

9 Aktuelle und vollständige Auflistungen der in den verschiedenen Indizes enthaltenen Aktien sind bei der Deutschen Börse Frankfurt, zu erfragen.

Tabelle 25: Branchengliederung des DAX (Stand: 31.12.96)

Aktie	Branche	Gewicht in %	Gewicht der Branche in %
BMW	Automobil	2,95	12,36
Daimler-Benz	Automobil	7,62	12,36
Volkswagen	Automobil	3,11	12,36
BASF	Chemie	5,05	19,03
Bayer	Chemie	6,20	19,03
Degussa	Chemie	0,83	19,03
Henkel	Chemie	1,58	19,03
Hoechst	Chemie	5,97	19,03
Schering	Chemie	1,24	19,03
Preussag	Eisen und Stahl	0,79	2,40
Thyssen	Eisen und Stahl	1,19	2,40
SAP	Elektro	3,04	10,88
Siemens	Elektro	5,58	10,88
Karstadt	Konsum	0,61	2,80
Metro	Konsum	1,81	2,80
Bayerische Hypo	Kreditbanken	1,67	13,98
Bayerische Vereinsbank	Kreditbanken	2,09	13,98
Commerzbank	Kreditbanken	2,43	13,98
Deutsche Bank	Kreditbanken	5,05	13,98
Dresdner Bank	Kreditbanken	2,99	13,98
Linde	Maschinenbau	1,10	5,29
MAN	Maschinenbau	0,83	5,29
Mannesmann	Maschinenbau	3,42	5,29
Lufthansa	Verkehr	1,12	1,30
Allianz Holding	Versicherung	9,18	14,01
Münchener Rück	Versicherung	4,58	14,01
Deutsche Telekom	Versorger	4,53	18,05
RWE	Versorger	5,05	18,05
VEBA	Versorger	6,13	18,05
VIAG	Versorger	2,24	18,05

Quelle: Bankhaus Lampe

sennotierten Aktiengesellschaften wie auch der Börsenumsätze von Aktien in Deutschland. Für den Anleger bildet der DAX und seine Branchengliederung also eine durchaus brauchbare Orientierungshilfe zur Findung der Branchenstruktur seines Depots. Das bedeutet aber natürlich nicht, daß er sich nur auf die DAX-Aktien beschränken sollte.

10.2 Der Zusammenhang zwischen den Branchentiteln und dem DAX

Die Unternehmen in den verschiedenen Branchen des DAX weisen mehr oder weniger große Übereinstimmungen auf. Die Abbildungen 13-15 zeigen an drei ausgewählten Beispielen, wie eng die verschiedenen Aktien in ihrem Kursverlauf dem DAX folgen und wie groß die Streuung auch innerhalb der einzelnen Branchen sein kann.

Welche Aktien oder welche Branchen dem allgemeinen Kursverlauf tendenziell eher vor- oder eher nachlaufen, ist in den Abbildungen erkenn-

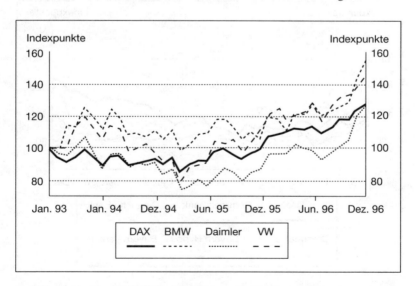

Abbildung 13: Kursverlauf verschiedener Automobilunternehmen und Entwicklung des DAX (Basis: Ende 1993 = 100 Indexpunkte)

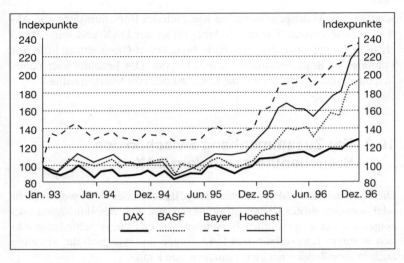

Abbildung 14: Kursverlauf verschiedener Chemieunternehmen und Entwicklung des DAX (Basis: Ende Januar 1993 = 100 Indexpunkte)

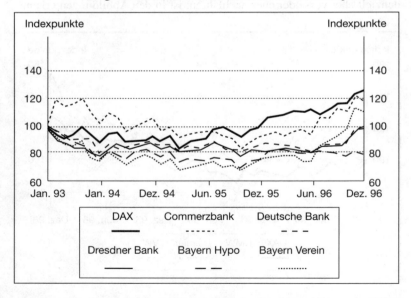

Abbildung 15: Kursverlauf verschiedener Banken und Entwicklung des DAX (Basis: Ende Januar 1993 = 100 Indexpunkte)

bar. Dies kann ein wichtiges Entscheidungskriterium für Anlageentscheidungen sein, wenn der Anleger bereit ist, sein Depot relativ häufig
umzuschichten, aber auch für die Neuanlage von Ersparnissen in Aktien.
Dabei ist aber grundsätzlich zu beachten, daß nicht die Zugehörigkeit zu
einer bestimmten Branche, sondern der wirtschaftliche Erfolg des einzelnen Unternehmens letztlich den Kursverlauf bestimmt. Nur weil die
Unternehmen einer Branche mehr gemeinsame Einflußfaktoren haben
als Unternehmen verschiedener Branchen, stellt sich ein gewisser
Gleichlauf in den Gewinnentwicklungen und damit auch in den Kursen
ein.

10.3 Die Branchenrotation

Bei Umschichtungen innerhalb eines bestehenden Depots hat der private
Anleger natürlich die dabei entstehenden Transaktionskosten zu berücksichtigen (vgl. Kapitel 14). Er sollte es sich also gut überlegen, ob er die
Branchenrotation ausnutzen (von Branche zu Branche wechseln) will in
der Hoffnung, nacheinander die branchenspezifischen Aufschwünge
mitzumachen und somit ein besseres Ergebnis als den DAX-Durch-
schnitt zu erzielen. Daß einzelne Branchen dem Börsenzyklus vor- oder
nacheilen, kann gesamtwirtschaftliche Gründe haben, doch bei der nächsten Hausse oder Baisse kann alles anders sein als bei früheren Börsen-
zyklen. Auch hier gilt das Grundgesetz jeder guten Anlagepolitik: Streu-
en, Streuen, Streuen auf verschiedene Branchen, statt Konzentration auf
eine einzige Branche, an der der aktuelle Aufschwung vielleicht zufällig
und gegen alle historische Erfahrung vorbeigeht.

Für den privaten Anleger kann die Branchenrotation nicht die alleinige
Anlagestrategie sein, er wird bei seinem Depotaufbau die aktuelle Bör-
sensituation berücksichtigen. Bei einer Neuinvestition wird er keine Aktie aus derjenigen Branche wählen, die gerade ihren typischen Aufschwung erlebte und daher auf absehbare Zeit voraussichtlich nur
geringes Kurspotential aufweist, sondern er wird überlegen, welche
Branchen nach den bisherigen Erfahrungen kurz vor einem Aufschwung
stehen und eine Aktie aus diesen Feldern wählen. Die bereits im vorangegangenen Kapitel erläuterten gesamtwirtschaftlichen Größen (vor allem Auftragseingänge) können zu den Börsenkursen als Entscheidungs-

hilfe herangezogen werden. Die fundamentale gesamtwirtschaftliche Analyse wird hierbei also auf die Branchenebene herabgezogen.

Diese Überlegungen und Analysen können dem Anleger helfen, zur richtigen Zeit in Aktien der richtigen Branchen zu investieren. In der langen Anlagefrist – fünfzehn Jahre und mehr – ist aber auch der Beitrag dieses Timingeffektes zum Gesamterfolg der Aktienanlage eher gering.

10.4 Zyklische und nichtzyklische Aktien

Eine andere Gruppenbildung der börsennotierten Aktien stellt die Differenzierung zwischen zyklischen und nichtzyklischen Aktien dar. Zyklische Aktien weisen im Konjunkturverlauf sehr stark schwankende Auftragseingänge und Gewinne auf, während nichtzyklische Aktien durch relativ stetig verlaufende Unternehmensgewinne gekennzeichnet sind. Diese Unterschiede wirken sich natürlich auf die Aktienkurse aus. Zyklische Aktien haben in aller Regel eine höhere Volatilität und auch ein höheres Beta als nichtzyklische Aktien. Interessanterweise stimmen die Branchengliederungen des DAX (oder beliebiger anderer Indizes) nicht mit der Einteilung in zyklische oder nichtzyklische Aktien überein, denn bei beiden Gruppen findet man Aktien aus praktisch allen Branchen.

Zyklische und nichtzyklische Unternehmen zu unterscheiden ist nicht immer einfach. Grundsätzlich sind Unternehmen als zyklisch anzusehen, wenn ihre Ertragsentwicklung bestimmten Zyklen unterliegt, weil z.B. die Einstandspreise für Rohmaterial oder die Verkaufspreise der Produkte stark von unternehmensfremden Faktoren abhängen. Dazu zählt auch die Abhängigkeit von allgemeinen Konjunkturschwankungen. Daher unterliegen die Gewinne und damit auch die Aktienkurse zyklischer Unternehmen häufig starken Schwankungen. Das Urteil, ob eine Aktie mehr oder weniger sensibel auf Konjunkturschwankungen reagiert, ist relativ, denn in einem gewissen Umfang wird das Ergebnis jedes Unternehmens vom allgemeinen Konjunkturverlauf beeinflußt.

Traditionell gehören Stahl-, Chemie- und Rohstoffaktien zu den zyklischen Werten. Deren Ertragslage wird von den stark schwankenden Preisen ihrer Produkte auf den Weltmärkten beeinflußt. Hierher gehören auch Automobil- und Maschinenbauaktien. Die Nachfrage nach Autos und Maschinen ist sehr stark von der Konjunktur abhängig. Die Verkaufspreise von Autos sinken im Gegensatz zu den Preisen für Maschinen fast nie, aber die Nachfrage nach Autos oder bestimmten Autotypen kann sinken, wie das bei den Ölkrisen der 70er Jahre und der Golfkrise von 1990 der Fall war.

Für Banken gilt dasselbe, da deren Ertragslage viel stärker als von den Einnahmen aus dem Kreditgeschäft oder dem Provisionsgeschäft mit Wertpapieren auf der Aktivseite vom Zinsniveau und damit den Kosten der Refinanzierung abhängt. Die stärkere Hinwendung der deutschen Banken zum Investmentbanking hat auch eine stärkere Schwankung der Erträge im Wertpapiergeschäft zur Folge, da in Zeiten steigender Zinsen weniger Wertpapiere verkauft werden und die Anleger lieber in Festgeld investieren, was keine Provisionseinnahmen erzeugt.

Als nichtzyklisch sind die Unternehmen zu betrachten, deren Produkte eine nach Mengen und Preisen konstante Nachfrage haben. Das sind meistens Produkte, die von Konsumenten als Gegenstände des täglichen Bedarfs gekauft werden. Dazu gehören Lebensmittel, Kosmetikprodukte und Haushaltswaren, sofern es sich um Markenartikel mit hohem Bekanntheitsgrad handelt.

Versorger wie z.B. RWE, VIAG, VEW, Bewag usw. zählen auch zu den nichtzyklischen Werten. Sie sehen sich auf der Absatzseite einer ziemlich konstanten, leicht steigenden Nachfrage gegenüber. Die Preise sind durch das staatliche Genehmigungsverfahren im Energiesektor stabil (im Zuge der bevorstehenden Liberalisierung und Deregulierung kann sich dies in den kommenden Jahren ändern). Auf der Beschaffungsseite sind die Versorger abhängig von ebenfalls politisch administrierten Kohlepreisen sowie von den Weltmarktpreisen für Öl und Gas. Die Versorger sind also ein treffendes Beispiel dafür, daß sich die Einschätzung einer Aktie oder einer ganzen Branche durch politische Entwicklungen grundlegend ändern kann.

Wenn ein allgemeiner Wirtschaftsaufschwung erwartet wird, kann es sinnvoll sein, in zyklische Aktien zu investieren, da höhere Verkaufspreise oder Verkaufsmengen bei unveränderter Fixkostenbasis des Unternehmens dessen Ertrag sehr stark erhöhen. Bei langsamer Wirtschaftsentwicklung sollten nichtzyklische Aktien, also Werte mit konstanter Ertragsentwicklung, gekauft werden. Deren Erträge unterliegen geringeren

Schwankungen, die sich aufgrund von Erfahrungswerten besser vorausschätzen lassen.

Auch für zyklische und nichtzyklische Aktien gilt grundsätzlich das gleiche wie für die verschiedenen Branchen des DAX: der private Anleger sollte vor einer regelmäßigen Umschichtung seines Depots zwischen zyklischen und nichtzyklischen Aktien im Verlauf eines Konjunkturzyklus überlegen, ob die zusätzlichen Transaktionskosten durch die zusätzlich zu erwartenden Kurssteigerungen gerechtfertigt sind. In aller Regel wird sich das relativ konservative Festhalten an einer einmal gewählten Depotstruktur als die überlegene Anlagestrategie erweisen.

Was bedeuten die Überlegungen über die Branchenstruktur des Aktiendepots nun für den Privatanleger? Besonders wichtig ist vor allem, daß er sein Depot aus Aktien unterschiedlicher Branchen zusammenstellt. Ob er dabei die Branchenstruktur des DAX exakt nachbildet oder aber nach seiner persönlichen Einschätzung ihrer Zukunft bestimmte Branchen übergewichtet, ist zwar bedeutsam, aber nicht mehr ganz so wichtig wie die grundsätzliche Entscheidung zur Streuung.

Den Dingen auf den Grund gehen ...

oder

Aktien einmal fundamental betrachtet

Manfred E. ist zuversichtlich. „Die Branchengewichtung des Aktiendepots kann also einfach gehalten werden, wenn man nicht allzuoft die Aktien tauschen will. Ich würde mein Depot ungefähr so aufbauen, wie es der DAX-Branchenstruktur entspricht. Aber einige Branchen würde ich doch untergewichten wollen, weil ich diesen Produkten wenig Zukunftsaussichten zutraue." „Das ist vernünftig", bestätigt Udo H. „Nun kommt es darauf an, die richtigen Aktien auszuwählen." „Können wir mein Depot nicht einfach nach den Gewichten der Aktien im jeweiligen Branchenindex zusammenstellen?", fragt Manfred E. „Falsch wäre das nicht," antwortet der Anlageberater, „aber nicht nötig und auch nicht sehr praktisch. Stellen Sie sich vor, Sie wollten den DAX nachbilden und dazu die Gewichtungen der einzelnen Aktien übernehmen. Dann würden Sie bei 100.000 DM Anlagevolumen zum Teil keine 3.000 DM in einzelne Unternehmen investieren".

„Da muß ich mich allerdings auf einige Werte konzentrieren," gibt Manfred E. zu. „Aber dann vermindert sich doch die Risikodiversifikation?" „Das ist kein Problem. Es reicht, in etwa zehn verschiedene Aktien zu investieren." „Wir müssen also jedes Unternehmen analysieren, um zu einer Entscheidung zu gelangen?", will Manfred E. wissen. „Sie könnten auch durch Würfeln zu einer Anlageentscheidung kommen. Fundierter ist es, wenn Sie Produkte und finanzwirtschaftliche Situation des Unternehmens kennen und wissen, ob ein Unternehmen Gewinn erzielt – oder zumindest in absehbarer Zukunft Gewinne erzielen wird."

„Das ist ja prima! Jetzt lerne ich auch noch Betriebswirtschaftslehre," freut sich Manfred E. „Es kann wirklich nichts schaden, wenn Sie ein betriebswirtschaftliche Grundkenntnisse haben – unabhängig von Ihrer Geldanlage", bekräftigt Udo H. „Warten Sie ab, das ist recht spannend." Lassen wir uns gemeinsam mit Manfred E. überraschen!

11. Die fundamentale Aktienanalyse

11.1 Die Grundidee

Die fundamentale Aktienanalyse versucht, aus allen dem Investor oder dem Analysten vorliegenden oder doch zumindest zugänglichen Informationen ein Urteil über die wirtschaftliche Lage des Unternehmens, seine zukünftigen Gewinnaussichten und die mit einer Investition in diese Aktie verbundenen Risiken zu gewinnen. Ziel ist es, „unterbewertete" Aktien zu finden, deren aktueller Börsenkurs unter dem „inneren Wert" liegt, mit der Hoffnung, daß der Börsenkurs der Aktie früher oder später auf den inneren Wert steigt. Umgekehrt können auch „überbewertete" Aktien identifiziert werden, deren Börsenkurs über dem inneren Wert liegt. Da bei diesen Aktien ein Rückgang des Kurses zu erwarten ist, sollte dringend ein Verkauf erwogen werden.

Der innere Wert oder Ertragswert wird definiert als die Summe aller (selbstverständlich diskontierten) zukünftigen Zahlungen oder Cash-flows, die der Aktionär aus der Aktie erwarten kann (Dividendenzahlungen, Bezugsrechtserlöse, u.U. Liquidierungserlöse). Neben den ausgeschütteten Dividenden tragen auch nicht ausgeschüttete, das heißt einbehaltene (thesaurierte) Gewinne zu einer Steigerung des inneren Wertes einer Aktie bei, wenn sie rentabel investiert werden und damit die Basis für spätere Gewinne (und damit Dividendenzahlungen) bilden. Noch wichtiger als die Berechnung der Diskontierung künftiger Unternehmensgewinne ist die möglichst exakte Prognose der künftigen Unternehmensgewinne.

Nach der strengen *These der Effizienz des Kapitalmarktes* ist es allerdings wenig sinnvoll, nach unterbewerteten Aktien zu suchen. Diese These besagt, daß alle verfügbaren Informationen bereits in den aktuellen Kursen der Wertpapiere verarbeitet sind. Kursänderungen können deshalb nur durch neue, noch nicht bekannte Entwicklungen verursacht werden, die bei Bekanntwerden unmittelbar und sofort verarbeitet werden. Wenn dies zutrifft, kann sich der Privatanleger (aber auch der Profi) durch diverse zufallsabhängige Auswahlmechanismen ein genauso gutes Depot zusammenstellen wie mit den ausgefeiltesten Methoden der Aktienanalyse.

Bisher haben weder die Befürworter noch die Gegner der These der Kapitalmarkteffizienz einen überzeugenden Beweis für ihre jeweilige Auffassung erbringen können. Es bleibt also dem Anleger überlassen, ob er sein Depot durch Zufallsmechanismen zusammenstellen (vorausgesetzt, er streut seine Investments auf ausreichend viele Aktien) oder die Methoden der Aktienanalyse anwenden möchte. Damit der Anleger die Lage besser beurteilen kann, sollte er über die notwendigen betriebswirtschaftlichen Grundkenntnisse verfügen, die in den folgenden Abschnitten erläutert werden.

11.2 Der Geschäftsbericht der Aktiengesellschaft

Die grundlegende Informationsquelle über die Aktiengesellschaft ist ihr Geschäftsbericht. Er erscheint jährlich und enthält den Jahresabschluß, also die Bilanz und die Gewinn- und Verlustrechnung (GuV) für das vorangegangene Geschäftsjahr. Ist die Aktiengesellschaft Obergesellschaft eines Konzerns (was zumindest bei den großen Unternehmen die Regel ist), so werden auch die konsolidierte Bilanz und die Gewinn- und Verlustrechnung des gesamten Konzerns veröffentlicht. Im Anhang werden dem Leser weitere Informationen über die Bewertungsansätze, Abschreibungsmethoden etc. gegeben. Ohne diese Zusatzinformationen sind Bilanz und GuV wenig aufschlußreich. Weiterhin enthält der Geschäftsbericht einen Lagebericht, in dem der Vorstand des Unternehmens aus seiner Sicht die Aktionäre über die Entwicklung des Unternehmens unterrichtet. Der Lagebericht bezieht sich auf den Zeitraum seit dem Bilanzstichtag, zu dem die Bilanz erstellt wurde. Er soll aber auch die absehbare Entwicklung im weiteren Verlauf des Geschäftsjahres darstellen. Der Wirtschaftsprüfer teilt in seinem Bericht, der ebenfalls im Geschäftsbericht abgedruckt wird, mit, ob das Rechnungswesen der Unternehmung den gesetzlichen Anforderungen entspricht und der Jahresabschluß ordnungsgemäß erstellt wurde. Mit dem Bestätigungsvermerk des Wirtschaftsprüfers ist allerdings keinerlei Aussage über die Vorteilhaftigkeit einer Investition in die betreffende Aktie verbunden, sondern nur die Information, ob die Buchführung der Gesellschaft ordnungsgemäß ist.

Neben diesen Pflichtinformationen enthält der Geschäftsbericht im Regelfall weitere nach Ansicht des Vorstandes für die Leser des Geschäftsberichtes interessante Angaben, wie z.B. Aussagen über die Geschäftszweige, in denen die Aktiengesellschaft aktiv ist, über die Mitarbeiter und die Aktie, eventuell auch über die Aktionärsstruktur, Forschungsaufwendungen, Anstrengungen im Umweltschutz usw. Mehrjährige Übersichten und Informationen über den Beteiligungsbesitz der Aktiengesellschaft runden den Geschäftsbericht ab.

Obwohl die meisten Geschäftsberichte inzwischen mit einem „Brief an die Aktionäre" beginnen, sind neben den Anteilseignern noch einige andere Gruppen wichtige Adressaten dieser Publikation. Auch Arbeitnehmer, Kunden, Lieferanten, Journalisten, Finanzanalysten und konkurrierende Unternehmen nutzen den Geschäftsbericht als wichtige Informationsquelle. Der Leser sollte sich bei der Lektüre daher immer bewußt sein, daß er im Geschäftsbericht keine vertraulichen Informationen erwarten kann.

11.2.1 Die Bilanz

Die Bilanz ist eine auf einen bestimmten Stichtag bezogene Gegenüberstellung: auf der Aktivseite werden alle Vermögensgegenstände aufgeführt, auf der Passivseite die Herkunft der Mittel, mit denen dieses Vermögen finanziert wurde. Beide Seiten der Bilanz sind per definitionem immer gleich groß, denn jeder Vermögensgegenstand muß – sei es durch Eigenkapital oder durch Fremdkapital – finanziert werden. Wurden z.B. mehr Finanzmittel aufgenommen als unmittelbar für Investitionen benötigt werden, so steigt der Zahlungsmittelbestand des Unternehmens. Da dieser auf der Aktivseite ausgewiesen wird, ist die Bilanz auch in diesem Fall ausgeglichen.

Für die meisten Aktiengesellschaften stimmen Geschäftsjahr und Kalenderjahr überein. Die normale Bilanz wird also zum 31. Dezember aufgemacht und weist die für ein Industrieunternehmen in Tabelle 26 wiedergegebene Gliederung auf. Zur besseren zeitlichen Vergleichbarkeit werden bei Bilanzen (und auch bei der Gewinn- und Verlustrechnung) stets auch die entsprechenden Vorjahreswerte mit angegeben. Die einzelnen *Positionen der Bilanz (Aktiva und Passiva)* sind:

- *Anlagevermögen*: es beinhaltet alle seinem Verwendungszweck nach länger im Vermögen des Unternehmens befindlichen Gegenstände und Rechte. Es wird unterteilt in

Tabelle 26: Gliederung einer Bilanz

Aktiva			Bilanz zum 31.12.1995 (in Mio. DM)	Passiva		
	1995	**1994**			**1995**	**1994**
Anlagevermögen	**18.458**	**16.748**	**Eigenkapital**		**18.031**	**17.055**
Immaterielle Anlage- gegenstände	995	756	Gezeichnetes Kapital		3.527	3.465
Sachanlagen	15.580	14.762	Kapitalrücklage		5.060	4.915
Finanzanlagen	1.923	1.230	Gewinnrücklagen		9.220	8.118
			Konzerngewinn		2.394	1.970
Umlaufvermögen	**25.505**	**25.280**	Unterschied aus Währungsum- rechnung		–2.385	–1.866
Vorräte	9.314	8.333	Anteile anderer Gesellschafter		485	453
Forderungen aus Lieferungen und Leistungen	8.499	8.600				
Übrige Forderungen und sonstige Ver- mögensgegenstände	2.486	2.567	**Rückstellungen**		**13.540**	**13.276**
Flüssige Mittel	5.206	5.780	Rückstellungen für Pensionen und andere Verpflich- tungen		8.748	8.451
			Andere Rückstellungen		4.792	4.825
Rechnungsabgren- zungsposten	**333**	**335**				
			Verbindlichkeiten		**12.135**	**11.796**
			Finanzschulden		6.268	6.276
			Verbindlichkeiten aus Lieferungen und Leistungen		2.419	2.407
			Übrige Verbindlich- keiten		3.448	3.113
			Rechnungsab- grenzungsposten		**320**	**236**
Bilanzsumme	**44.296**	**42.363**	**Bilanzsumme**		**44.296**	**42.363**

- Immaterielle Vermögensgegenstände (z.B. Patente, Lizenzen etc.),
- Sachanlagen (z.B. Grundstücke, Gebäude, Fahrzeuge und Maschinen) und
- Finanzanlagen (dauerhaft im Unternehmensbesitz befindliche Wertpapiere).

Im Anhang werden weitere Informationen zu den einzelnen Positionen und vor allem zu den verwendeten Bewertungs- und Abschreibungsmethoden gegeben.

- *Umlaufvermögen*: hierzu zählen alle Güter, die ihrem Verwendungszweck nach nur vorübergehend im Betrieb sein sollen wie
  - Vorräte (Roh-, Hilfs- und Betriebsstoffe, halbfertige und fertige Produkte etc.),
  - Forderungen, die das Unternehmen aus Lieferungen und Leistungen gegenüber Kunden hat,
  - übrige Forderungen und sonstige Vermögensgegenstände,
  - flüssige Mittel (Wertpapiere, Schecks, Guthaben bei Kreditinstituten, Bargeld.

Auch hier gibt der Anhang weitere Informationen über die Struktur der verschiedenen Positionen und die angewandten Bewertungsmethoden. Bei den übrigen Forderungen werden z.B. die Schuldnerstruktur und die Laufzeitstruktur wiedergegeben.

- *Rechnungsabgrenzungsposten* finden sich sowohl auf der Aktiv- als auch auf der Passivseite einer Bilanz. *Aktive Rechnungsabgrenzungsposten* entstehen, wenn die Unternehmung bereits vor dem Bilanzstichtag Zahlungen leistet, aber erst nach dem Bilanzstichtag die damit erworbenen Leistungen in Anspruch nimmt. Im Monat Dezember für den Monat Januar gezahlte Mieten oder Gehälter zählen z.B. hierzu. *Passive Rechnungsabgrenzungsposten* sind hingegen auszuweisen, wenn das Unternehmen noch im Dezember Leistungen in Anspruch nimmt, diese aber erst im neuen Geschäftsjahr zahlt. Rechnungsabgrenzungsposten dienen somit der bilanztechnischen Klarstellung von Geschäftsvorgängen, bei denen Leistung und Zahlung aus rein organisatorischen Gründen auseinanderfallen, wobei ein Teil im alten, der andere Teil im neuen Geschäftsjahr liegt. Für die Aktienanalyse haben Rechnungsabgrenzungsposten im allgemeinen keine große Bedeutung, zumal sie meist auch von der Größenordnung her zu vernachlässigen sind.

- *Eigenkapital* der Unternehmung: das von den Eigentümern (im Falle der Aktiengesellschaft von den Aktionären) zur Verfügung gestellte Kapital.
  - Das Gezeichnete Kapital entspricht der Zahl der von der Aktiengesellschaft ausgegebenen Aktien, multipliziert mit ihrem Nennwert. Es wird manchmal auch als Grundkapital oder Stammkapital bezeichnet.
  - Die Kapitalrücklage enthält das Agio, das der Unternehmung bei praktisch jeder Aktienemission zufließt, da Aktien ja im Regelfall nicht zum Nennwert, sondern zu einem höheren Kurs emittiert werden. Das Gezeichnete Kapital wie auch die Kapitalrücklage stellen also den Teil des Eigenkapitals der Aktiengesellschaft dar, der von den Aktionären durch den Erwerb junger Aktien aufgebracht wurde.
  - Die Gewinnrücklagen stammen hingegen aus der Nichtausschüttung von Gewinnen, die die Unternehmung in der Vergangenheit erwirtschaftet hat. Sie hätten zur Ausschüttung an die Aktionäre verwandt werden können, doch statt dessen wurden sie in das Unternehmen reinvestiert und dienten damit zur Stärkung seiner Kapitalbasis.
  - Der Bilanzgewinn ist nichts anderes als der Gewinn, der im Geschäftsjahr der Bilanz erzielt wurde. Er wird entweder zur Ausschüttung an die Aktionäre (Dividendenzahlung) verwandt oder in die Gewinnrücklage eingestellt.
  - Anteile anderer Gesellschafter entstehen bei Konzernen, wenn einzelne der Tochterunternehmen neben dem bilanzierenden Konzern noch andere Mütter haben. Das Eigenkapital dieser anderen Mütter geht dann ebenfalls in das Eigenkapital der Konzernbilanz ein, wird aber, da es ja nicht von den Aktionären der Muttergesellschaft aufgebracht wurde, getrennt ausgewiesen.
  - Unterschied aus Währungsumrechnung. Die Verpflichtung zur Währungsumrechnung in der Bilanz und GuV ergibt sich aus dem HGB. Hier fordert der bundesdeutsche Gesetzgeber für eine inländische Gesellschaft ausdrücklich die Aufstellung des Jahresabschlusses in deutscher Sprache und in Deutscher Mark. Somit stellen sich für international tätige Unternehmen Fragen der Währungsumrechnung sowohl bei der Umrechnung von Fremdwährungspositionen in dem einzelnen Unternehmensabschluß als auch bei der Erstellung von Konzernabschlüssen unter der Einbeziehung ausländischer Abschlüsse.

Grundsätzlich werden heute zwei Umrechnungsmethoden – mit allerdings erheblichen Unterschieden für das Ergebnis der Unternehmung – diskutiert: Die Methode der Umrechnung nach dem Zeitbezug sowie die modifizierte Stichtagsmethode.

Wir wollen die Unterschiede dieser Methoden an einem einfachen Beispiel verdeutlichen. Es sei unterstellt, der Dollar habe gegenüber der DM vom Jahresbeginn bis Ende November einen Wechselkurs von 1,50 DM. Im Dezember kommt es an den Devisenmärkten zu einer Neubewertung der amerikanischen Währung: der Dollar fällt am 1. Dezember auf 1,00 DM und bleibt auf diesem Kursniveau bis zum Jahresende.

Wenn wir zusätzlich annehmen, daß unsere Gesellschaft in den USA eine Vermögensposition von 1.000 Dollar hat, dann führt die Bewertung nach dem Jahresdurchschnittskurs zu einem Wertansatz von

$$\frac{(11 \times 1,50) + (1 \times 1,00)}{12} = \frac{17,5}{12} = 1,4583 \text{ DM je Dollar}$$

und damit zu einem Vermögensansatz von 1.458,33 DM. Bei der Stichtagsmethode hingegen würde die Vermögensposition lediglich 1.000 DM (1.000 x 1,00) betragen. Dies würde zu einer völlig anderen Aussage über das Vermögen der Gesellschaft und ihren Gewinn im abgelaufenen Geschäftsjahr führen.

Nach dem Eigenkapital weist die Bilanz als nächste große Position die

- *Rückstellungen* aus. Rückstellungen werden für Verbindlichkeiten gebildet, die entweder grundsätzlich oder aber in ihrer genauen Höhe noch nicht völlig sicher bekannt sind. Ist die Aktiengesellschaft z.B. in einen Prozeß verwickelt, dessen Ausgang ungewiß ist, der aber eine größere Zahlung zur Folge haben würde, wenn die Gesellschaft ihn verlöre, so wird sie für diese eventuelle Zahlung vorsichtshalber eine Rückstellung bilden. Gewinnt die Gesellschaft den Prozeß, so wird die Rückstellung aufgelöst, was den Gewinn entsprechend erhöht. Verliert sie ihn, so wird die Rückstellung aufgelöst und so der zu zahlende Betrag finanziert.
  - Pensionsrückstellungen: sie haben in Deutschland einen besonders hohen Stellenwert. Pensionsrückstellungen entstehen, wenn die

Aktiengesellschaft ihren Mitarbeitern eine betriebliche Altersvorsorge zusagt und die spätere Finanzierung dieser Betriebsrente
nicht durch externe Pensionsfonds oder den Abschluß einer Versicherung sicherstellt, sondern statt dessen die für die betriebliche
Altersvorsorge notwendige Finanzmasse „bei sich selbst", also im
eigenen Unternehmen anlegt. Da ein Teil der Finanzierung dann
weder durch die Aktionäre noch durch externe Fremdkapitalgeber,
sondern quasi durch die Belegschaft mittels ihrer Altersersparnisse
erfolgt, muß dieser Teil in der Bilanz gesondert ausgewiesen werden.

– Andere Rückstellungen: es handelt sich um Rückstellungen für
  Umweltschutzaufwendungen, für noch zu zahlende Steuern, für Risiken und Verpflichtungen aus dem Lieferungs- und Leistungsver-
  kehr (Produkthaftung etc.) und für Verpflichtungen gegenüber den
  Mitarbeitern (Urlaubsansprüche, Jubiläumszahlungen etc.). Auch
  diese Rückstellungen werden im Anhang der Bilanz wieder genauer beschrieben.

Rückstellungen sind bei den Unternehmensleitungen in Deutschland aus
mehreren Gründen sehr beliebt:

• Sie unterliegen nicht wie thesaurierte Gewinne der Körperschaftsteuer. Es ist deshalb für die Aktiengesellschaft interessant, einen Teil
  ihres Gewinnes so lange wie möglich als Rückstellung zu verbuchen
  und diese erst so spät wie möglich gewinnerhöhend aufzulösen. Damit wird die Zahlung der Körperschaftsteuer hinausgeschoben, und
  der Steuerbetrag steht dem Unternehmen noch für eine gewisse Zeit
  zu Investitionszwecken zur Verfügung.

• Durch eine erhöhte oder verminderte Dotierung der Rückstellungen
  kann eine gewisse Glättung des Unternehmensgewinnes im Zeitablauf erreicht werden. Dies ermöglicht einerseits eine kontinuierli-
  chere Dividendenzahlung, andererseits aber auch für eine gewisse
  Zeit das Verstecken von Verlusten durch Auflösung oder geringere
  Dotierung der Rückstellungen.

Aus diesen Gründen widmen die Finanzanalysten den Rückstellungen
oftmals ihre besondere Aufmerksamkeit.

Die nächste Position auf der Passivseite sind die unter

- *Verbindlichkeiten* zusammengefaßten Positionen; sie umfassen das echte Fremdkapital, d.h. die dem Unternehmen zur Verfügung gestellten Kredite.
  - Die Finanzschulden umfassen die von der Gesellschaft emittierten Anleihen, Bankschulden, Verbindlichkeiten aus Leasingverträgen, Wechselverbindlichkeiten etc.
  - Die Verbindlichkeiten aus Lieferungen und Leistungen entsprechen den Forderungen aus Lieferungen und Leistungen, die wir bereits auf der Aktivseite der Bilanz kennengelernt haben.
  - Übrige Verbindlichkeiten: hierunter befinden sich z.b. noch zu zahlende Steuern und Sozialabgaben etc.

Auch hier gibt der Anhang weitere Informationen zu Struktur und Höhe der einzelnen Positionen.

11.2.2 Die Gewinn- und Verlustrechnung

Neben der Bilanz ist die Gewinn- und Verlustrechnung der Aktiengesellschaft eine wichtige Informationsquelle für den Aktionär. Schließlich will er ja nicht nur wissen, wie sein in der Gesellschaft investiertes Vermögen von der Aktiengesellschaft verwandt wird und wer außer ihm noch zur Finanzierung beigetragen hat. Viel interessanter ist es natürlich zu erfahren, ob die Gesellschaft einen Gewinn erzielt hat und vor allem, ob auch in Zukunft mit einem Gewinn gerechnet werden kann. Die nachfolgend wiedergegebene GuV bezieht sich auf das gleiche Unternehmen wie die erläuterte Bilanz. Auch hier seien die Positionen zunächst einmal einzeln erläutert:

- Die *Umsatzerlöse* geben lediglich die Summe der erzielten Umsätze wieder. Wichtige weitere Informationen über die in verschiedenen Arbeitsgebieten oder Geschäftsbereichen erzielten Einnahmen, differenziert nach Umsätzen außerhalb und innerhalb des Konzerns oder nach Regionen, kann der Aktionär dem Anhang entnehmen – zumindest bei einigen deutschen Aktiengesellschaften. Im Zuge des zunehmenden Kapitalwettbewerbs ist aber damit zu rechnen, daß immer mehr Unternehmen eine differenzierte und detaillierte Segmentberichterstattung übernehmen werden. Von den Umsatzerlösen werden die
  - Kosten der umgesetzten Leistungen abgezogen. Dies sind die Herstellungs- bzw. Anschaffungskosten der verkauften Erzeugnisse

und Handelswaren. Hierin sind nicht nur die verbrauchten Rohstoffe und Vorprodukte enthalten, sondern auch die Abschreibungen auf die Maschinen und Produktionsanlagen. Abschreibungen auf Anlagevermögen dienen dem Zweck, die Kosten für langlebige Produktionsanlagen auf die verschiedenen Nutzungsjahre der Produktionsanlagen zu verteilen.

Tabelle 27: Gliederung der GuV

Gewinn- und Verlustrechnung (in Mio. DM)		
	1995	1994
Umsatzerlöse	**44.580**	**43.420**
Kosten der umgesetzten Leistungen	25.613	24.629
Bruttoergebnis vom Umsatz	**18.967**	**18.791**
Vertriebskosten	9.734	9.862
Forschungskosten	3.259	3.177
Allgemeine Verwaltungskosten	1.562	1.615
Sonstige betriebliche Erträge	779	966
Sonstige betriebliche Aufwendungen	1.080	1.865
Operatives Ergebnis	**4.111**	**3.238**
Beteiligungsergebnis	–2	34
Zinsergebnis	11	88
Übrige finanzielle Aufwendungen und Erträge	65	–67
Finanzergebnis	**74**	**55**
Gewinn vor Ertragsteuern (= Ergebnis der gewöhnlichen Geschäfstätigkeit)	**4.185**	**3.293**
Ertragsteuern	1.764	1.281
Jahresüberschuß	**2.421**	**2.012**
Anderen Gesellschaftern zustehender Gewinn/Verlust	27	42
Konzerngewinn	**2.394**	**1.970**

Der Überschuß der Umsatzerlöse über die Kosten der umgesetzten Leistungen ergibt das

- *Bruttoergebnis vom Umsatz.* Dieses stellt allerdings noch lange nicht den Gewinn dar, den die Unternehmung gemacht hat, denn eine ganze Palette weiterer Kosten müssen noch abgezogen werden:
  - Vertriebskosten,
  - Forschungskosten,
  - Allgemeine Verwaltungskosten und
  - sonstige betriebliche Aufwendungen

  mindern den Unternehmensgewinn. Während die Kosten der umgesetzten Leistungen genau einzelnen der verkauften Produkte zugerechnet werden können, sind die zuletzt genannten Kostenpositionen allgemein für die gesamte Tätigkeit des Unternehmens, im Falle der Forschungsaufwendungen sogar für seine Zukunftssicherung notwendig. Vermindert man das Bruttoergebnis vom Umsatz um die genannten Kostenpositionen und zählt die
  - sonstigen betrieblichen Erträge (Erlöse aus Nebengeschäften, Versicherungsentschädigungen, Gewinne aus Anlagenverkäufen etc.)

  wieder hinzu, so erhält man das

- *operative Ergebnis* der Aktiengesellschaft. Im Anhang kann diese Größe wieder nach Geschäftsbereichen und Regionen differenziert wiedergegeben werden, was die Transparenz des Jahresabschlusses natürlich wesentlich erhöht. Auch das operative Ergebnis stellt allerdings noch nicht den tatsächlichen Gewinn der Aktiengesellschaft dar. Zunächst ist es noch um das

- *Finanzergebnis* zu bereinigen. Dieses setzt sich zusammen aus
  - Beteiligungsergebnis (Erträge und Aufwendungen aus Gewinnabführungs- oder Verlustübernahmeverträgen, Gewinne oder Verluste aus dem Verkauf von Beteiligungen, Abschreibungen und Wertberichtigungen auf Beteiligungen etc.),
  - Zinsergebnis (Erträge aus Wertpapieren, Zinsen und ähnliche Erträge, Zinsaufwendungen) und
  - übrige finanzielle Aufwendungen und Erträge (Abschreibungen auf Finanzanlagen und auf Wertpapiere des Umlaufvermögens etc.).

Das um das Finanzergebnis ergänzte operative Ergebnis ergibt den

* *Gewinn vor Ertragsteuern.* Zieht man davon die
  - Ertragsteuern (deutsche Körperschaftsteuer sowie entsprechende Steuern auf Einkommen oder Ertrag bei ausländischen Beteiligungsgesellschaften) ab, so erhält man den
* *Jahresüberschuß* der Aktiengesellschaft. Der Jahresüberschuß ist die im Rechnungswesen ausgewiesene zentrale Gewinngröße des Unternehmens. Vermindert man ihn um
  - andere Gesellschaftern zustehende Gewinne (oder Verluste), so gelangt man schließlich zum
* *Konzerngewinn.*

11.3 Der Cash-flow

Der Gewinn oder Jahresüberschuß eines Konzerns ist für den Aktionär natürlich eine sehr wichtige Kenngröße. Schließlich ist das Erwirtschaften eines möglichst hohen Gewinnes (selbstverständlich unter strikter Einhaltung aller Rahmenbedingungen) das eigentliche Ziel eines börsennotierten Unternehmens, und der Aktionär stellt sein Eigenkapital in der Erwartung eines durch zunehmende Unternehmensgewinne steigenden Aktienkurses zur Verfügung. Der in der GuV ermittelte oder in der Bilanz ausgewiesene Gewinn ist allerdings durch die Höhe der Abschreibungen und der Rückstellungen in gewisser Höhe beeinflußbar. Um diesen bewertungsbedingten Effekt zu eliminieren, wird in der Unternehmensanalyse neben dem Gewinn auch der Cash-flow berücksichtigt. Der Cash-flow stellt den Nettozugang an flüssigen Mitteln dar, den das Unternehmen in einem Geschäftsjahr hatte, und wird aus dem Jahresüberschuß abgeleitet:

Jahresüberschuß
+ Abschreibungen auf die Sachanlagen
+ Veränderungen der langfristigen Rückstellungen
= **Cash-flow**

Der Cash-flow wird einerseits als Kennzahl für die Innenfinanzierungskraft (die Fähigkeit, ohne Ausgabe von Aktien oder Aufnahme von

Schulden für Investitionen oder Ausschüttungen verwendbare Finanzmittel zu beschaffen), andererseits als Indikator für die Ertragskraft eines Unternehmens verstanden.

Beispiel für die Bedeutung und Aussagekraft des Cash-flow:
Für eine Investition in eine erfolgversprechende neue Maschine ist Kapital in Höhe von 10.000 DM erforderlich. Die Maschine hält zehn Jahre, so daß die jährliche Wertminderung (Abschreibung) genau 1.000 DM beträgt. Die Produktionskosten (Löhne und Rohstoffe) betragen 2.000 DM jährlich, die Verkaufserlöse 4.000 DM. Der Jahresüberschuß (Gewinn) dieses Unternehmens beträgt

4.000 DM – 2.000 DM – 1.000 DM = 1.000 DM

(Verkaufserlös – Produktionskosten – Abschreibung = Gewinn)

Der Kassenbestand stieg aber nach dem ersten Geschäftsjahr um 2.000 DM, denn nur die Löhne und Rohstoffkosten führten zu einem Zahlungsmittelabfluß; die Abschreibungen hingegen sind kalkulatorische Kosten, die nicht zu einem Abfluß liquider Mittel führen. Der Cash-flow beträgt also

4.000 DM – 2.000 DM – 1.000 DM + 1.000 DM = 2.000 DM

(Verkaufserlös – Produktionskosten ± Abschreibung = Cash-flow)

Bestünde das gesamte Unternehmen in dem Beispiel nur aus dieser einen Maschine, die nach der angenommenen Lebensdauer von zehn Jahren ersetzt werden müßte, so würde die Summe der Abschreibungen nach diesen zehn Jahren den Kauf einer neuen gleichen Maschine ermöglichen. Das Unternehmen würde somit auf unabsehbare Dauer einen jährlichen Gewinn von 1.000 DM erzielen, bei 10.000 DM eingesetzten Kapitals entspräche dies einer Rendite von immerhin 10 %. In diesem Fall wäre der Cash-flow eine Kennziffer, die den jährlichen Zustrom an flüssigen Mitteln angibt.

Das Unternehmen könnte theoretisch aber auch nur für die Lebensdauer der Maschine geplant sein. In diesem Fall könnte der Kapitalgeber Jahr für Jahr nicht nur den Gewinn von 1.000 DM, sondern den gesamten Cash-flow von 2.000 DM aus dem Unternehmen ziehen. Hier liegt ein Vergleich mit festverzinslichen Wertpapieren nahe: der Gewinn entspricht den Zinsen, die der Kapitalgeber erhält, und die Abschreibungen ermöglichen peu à peu den Rückfluß des investierten Kapitals; sie entsprechen also einer regelmäßigen Tilgung.

Nutzt die Unternehmensleitung einen gesetzlichen Spielraum aus und schreibt die Maschine nicht mit 1.000 DM, sondern mit 1.500 DM ab, so vermindert sich der Gewinn auf

4.000 DM – 2.000 DM – 1.500 DM = 500 DM

So kann allein durch die Wahl der Abschreibungshöhe die Höhe des ausgewiesenen Gewinns beeinflußt werden. Der Cash-flow hingegen bleibt unverändert, er beträgt

4.000 DM – 2.000 DM – 1.500 DM + 1.500 DM = 2.000 DM

In einer späteren Periode wird der ausgewiesene Gewinn stark steigen, denn das Unternehmen hat dann die Maschine vollständig abgeschrieben:

4.000 DM – 2.000 DM = 2.000 DM

In diesem Fall stimmen Gewinn und Cash-flow völlig überein, da weder Abschreibungen noch (in dem Beispiel vernachlässigte) Rückstellungen zu berücksichtigen sind.

Die Cash-flow-Analyse ermöglicht im mehrjährigen Vergleich eine recht gute Einschätzung der Entwicklung der tatsächlichen Ertragskraft eines Unternehmens in der Vergangenheit. Allerdings darf der Cash-flow auf keinen Fall als der eigentliche Gewinn des Unternehmens angesehen werden, denn Abschreibungen und Rückstellungen sind echte Kosten und keine versteckten Gewinnbestandteile. Auch enthüllt die Cash-flow-Analyse nicht alle bewertungsrelevanten Bilanzierungsspielräume der Unternehmensleitung. Unter ihrem tatsächlichen Markwert in der Bilanz angesetzte Vorräte führen z.B. zu einem zu gering ausgewiesenen Gewinn.

Auch zur Gewinnprognose kann der Cash-flow (mit aller gebotenen Vorsicht) genutzt werden. Eine Steigerung des Cash-flow läßt mit einer gewissen Verzögerung einen Anstieg des Gewinns erwarten, und aus einem Rückgang des Cash-flows läßt sich ein künftiger Gewinnrückgang ableiten. Dieser Zusammenhang ist allerdings, dies sei stets bedacht, nicht zwingend, sondern nur ziemlich wahrscheinlich.

11.4 DVFA-Ergebnis und DVFA-Cash-flow

Die Aussagekraft des Gewinns (bzw. des Jahresüberschusses) und des Cash-flows können durch weitere Berechnungen verbessert werden. Ziel dieser Berechnungen ist es, die Jahresabschlüsse verschiedener Unternehmen miteinander und die Abschlüsse eines Unternehmens über mehrere Jahre hinweg zu vergleichen.

Der von der Unternehmung vorgelegte Jahresabschluß ermöglicht diese beiden Vergleiche im Regelfall nicht. Außerordentliche und ungewöhnliche Faktoren beeinflussen das Jahresergebnis ebenso wie Ermessensspielräume, Bilanzierungs- und Bewertungswahlrechte, die jedes Unternehmen – eventuell auch im Zeitablauf – unterschiedlich nutzt. Die Deutsche Vereinigung für Finanzanalyse und Anlageberatung (DVFA) und die Schmalenbach-Gesellschaft Deutsche Gesellschaft für Betriebswirtschaft (SG) haben deshalb eine Kennzahl „Ergebnis nach DVFA/SG" (DVFA-Ergebnis) entwickelt, die den um außerordentliche, aperiodische, ungewöhnliche und dispositionsbedingte Faktoren bereinigten Jahresüberschuß wiedergibt. Ein entsprechendes Schema ermittelt auch den „Cash-flow nach DVFA/SG" (DVFA-Cash-flow).

Die Ermittlung des DVFA-Ergebnisses und des DVFA-Cash-flows ist dem Privatanleger kaum möglich. Selbst Finanzanalysten sind auf zusätzliche Informationen aus den Unternehmen angewiesen, um diese Kennzahlen berechnen zu können. Deshalb werden die DVFA-Ergebnisse in der Regel von den Unternehmen selbst und von den Investmentanalysten in den Banken berechnet. Trotzdem sollen die Sondereinflüsse, um welche der Jahresüberschuß durch die DVFA-Methodik bereinigt wird, an dieser Stelle kurz angesprochen werden, damit der Anleger die DVFA-Ergebnisse richtig einordnen und bewerten kann.

Außergewöhnliche oder *ungewöhnliche Aufwendungen und Erträge* entstehen aus einmaligen, nicht alltäglichen Geschäftsvorgängen, z.B. aus der Aufgabe bestimmter Geschäftsbereiche oder aus Grundstücksverkäufen. Auch Fusionen oder Verschmelzungen von Unternehmen, besonders große Schadensfälle oder Haftungsansprüche gelten als außergewöhnlich oder ungewöhnlich. Wird z.B. durch ein Feuer ein großer Teil der Jahresproduktion zerstört, so sinkt der Gewinn des Unternehmens in dem betreffenden Jahr. Beim DVFA-Ergebnis wird hingegen so getan, als hätte es dieses Feuer nie gegeben. Es wird also nicht der tatsächliche, sondern der hypothetische Gewinn ermittelt, den das Unternehmen unter normalen Umständen erzielt hätte. Dem DVFA-Ergebnis kommt damit eine besondere prognostische Bedeutung zu, denn den Anleger interessiert vor allem, welchen Gewinn das Unternehmen in Zukunft erzielen kann und weniger, welchen (durch Zufälle verzerrten) Gewinn es in der Vergangenheit erwirtschaftet hat.

Daß die Ermittlung des DVFA-Ergebnisses im Einzelfall schwierig sein kann und eine genaue Kenntnis des Unternehmens erfordert, wird aus einem anderen Beispiel deutlich. Die Vernichtung der Jahresproduktion durch ein Hochwasser könnte – analog zu dem oben erwähnten Brandschaden – auf den ersten Blick als außergewöhnliches Ereignis eingeordnet werden. Tritt das Hochwasser aber regelmäßig alle paar Jahre auf, weil der Betrieb direkt an einem ungeschützten Flußufer liegt, so handelt es sich um ein das Unternehmen regelmäßig bedrohendes Schadenereignis, und eine Bereinigung des DVFA-Ergebnisses ist nicht angezeigt (bis das Unternehmen seinen Standort verlagert oder ein Damm gebaut wird).

Dispositionsbedingte Aufwendungen und Erträge resultieren aus der Anwendung von Bilanzierungs- und Bewertungswahlrechten bei der Aufstellung des Jahresabschlusses. Das Unternehmen hat hier z.B. die Möglichkeit, durch Ausnutzung seiner gesetzlich definierten Ermessensspielräume Vorräte oder selbst erstellte Wirtschaftsgüter zu geringen Werten in die Bilanz einzustellen (was den Jahresüberschuß vermindert) oder zu höheren Wertansätzen (was umgekehrt den Jahresüberschuß erhöht).

Das DVFA-Ergebnis und der DVFA-Cash-flow werden nicht nur als Gesamtsumme berechnet, sondern auch auf die einzelne Aktie des Unternehmens bezogen. Das *DVFA-Ergebnis je Aktie* und der *DVFA-Cash-flow je Aktie* sind wichtige Kennzahlen für die fundamentale Analyse und gehen auch in eine Reihe weiterer Kennzahlen ein (vgl. Abschnitt 11.5).

DVFA-Ergebnis und DVFA-Cash-flow werden nicht allein für die Vergangenheit, etwa für das abgelaufene Geschäftsjahr berechnet. Die Finanzanalysten in den Research-Abteilungen der Kreditinstitute versuchen vielmehr, das *zukünftige* DVFA-Ergebnis zu schätzen, und zwar möglichst für mehrere Jahre im voraus. Diese Schätzungen (und ihre evtl. notwendig werdenden Änderungen) werden in der Wirtschaftspresse veröffentlicht und können dem Anleger als wertvolle Hilfestellung bei seinen Entscheidungen dienen.

11.5 Die Kennzahlenanalyse

Mit der Berechnung einzelner Kennzahlen versucht man in der fundamentalen Aktienanalyse, einzelne für die Bewertung einer Aktie wichtige Kriterien auf den Punkt zu bringen. Mit möglichst einer einzigen Kennzahl sollen bestimmte Eigenschaften der Aktie oder des Unternehmens wiedergegeben werden. Die in der Aktienanalyse verwandten Kennzahlen messen vor allem die *Kapitalstruktur*, die *Vermögensstruktur*, die *Liquidität* und natürlich die *Rentabilität* einer Aktiengesellschaft.

11.5.1 Die Eigenkapitalquote

Eine essentielle Kennzahl zur Messung der Kapitalstruktur ist die Eigenkapitalquote, also der Anteil des Eigenkapitals an der gesamten Bilanzsumme:

$$\text{Eigenkapitalquote} = \frac{\text{Gezeichnetes Kapital} + \text{Rücklagen}}{\text{Bilanzsumme}}$$

Das Eigenkapital errechnet sich als Summe des Gezeichneten Kapitals und der Rücklagen des Unternehmens. Es wird von den Aktionären zur Verfügung gestellt und hat Anspruch auf den Gewinn des Unternehmens, vermindert sich andererseits aber auch, wenn das Unternehmen Verluste macht. Wenn das Eigenkapital durch Verluste genau aufgezehrt ist, reicht das Vermögen des Unternehmens (auf der Aktivseite der Bilanz) gerade noch aus, die Schulden des Unternehmens (das Fremdkapital) abzudecken. Je höher die Eigenkapitalquote ist, desto weiter ist das Unternehmen von einem Konkurs wegen Überschuldung entfernt, desto sicherer und unempfindlicher ist es gegenüber kurzfristigen Krisen. Eine niedrige Eigenkapitalquote ist eines der sichersten Anzeichen für ernsthafte wirtschaftliche Schwierigkeiten eines Unternehmens, und das oftmals bereits Jahre vor dem endgültigen Zusammenbruch.

Andererseits sollte die Eigenkapitalquote aber auch nicht zu hoch sein, denn dann sinkt die Rentabilität des Eigenkapitals. Da Fremdkapital in der Regel günstiger zu beschaffen ist als Eigenkapital (das neben der sicheren Verzinsung eine Risikoprämie erhalten muß), kann durch eine gewisse Verschuldung des Unternehmens die Rendite des Eigenkapitals erhöht werden, wenn und solange die Rendite auf das Gesamtkapital höher ist als die Fremdkapitalzinsen. Es ist daher eine der wichtigsten Aufgaben des Finanzchefs einer Aktiengesellschaft, die optimale Kombination aus Eigenkapital- und Fremdkapitalfinanzierung zu finden und zu realisieren.

Die Beurteilung der Eigenkapitalquote eines Unternehmens wird weiterhin durch die Tatsache erschwert, daß die optimale Eigenkapitalquote nicht für alle Unternehmen gleich ist. Ein wichtiger Einflußfaktor ist die Branche, in der das Unternehmen aktiv ist. Während Unternehmen aus dem finanziellen Sektor (Hypothekenbanken, Bausparkassen, Banken

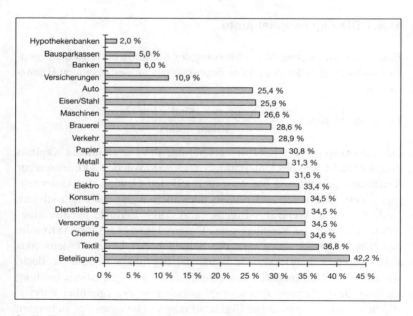

Quelle: Unternehmensdatenbank des Deutschen Aktieninstituts e.V.

Abbildung 16: Eigenkapitalquoten deutscher Aktiengesellschaften nach Branchenzugehörigkeit

und Versicherungen) relativ geringe Eigenkapitalquoten aufweisen, beträgt das Eigenkapital bei Industrieunternehmen im Durchschnitt ein Viertel bis ein Drittel der Bilanzsumme.

Bei der Interpretation dieser Durchschnittszahlen ist aber Vorsicht geboten, denn auch innerhalb einer Branche kann es zu größeren Abweichungen von diesem Durchschnitt kommen, ohne daß dies gleich ein alarmierendes Zeichen sein muß. Hier hat die Entwicklung der Eigenkapitalquote über die Zeit hinweg eine besondere Erklärungskraft. Bei der Unternehmung, deren Bilanz und GuV wir weiter oben in diesem Kapitel dargestellt haben, stieg die Eigenkapitalquote von Ende 1994 bis Ende 1995 von knapp 39 % auf über 40 %.

$$EKQ_{1994} = \frac{3.465 + 4.915 + 8.118}{42.363} = \frac{16.498}{42.363} = 38{,}94\,\%$$

$$EKQ_{1995} = \frac{3.527 + 5.060 + 9.220}{44.296} = \frac{17.807}{44.296} = 40{,}20\,\%$$

Für ein Unternehmen aus dem Beteiligungssektor (vgl. Abbildung 16) wäre dies als eine Bewegung zum Durchschnitt hin, also als eine Verbesserung der Bilanzstruktur zu interpretieren. Gehört das Unternehmen allerdings einer anderen Branche an (was zutrifft), so ist bereits die Eigenkapitalquote des Jahres 1994 überdurchschnittlich hoch, und die weitere Erhöhung im Jahr 1995 entfernt das Unternehmen noch weiter vom Durchschnitt.

Allein aus der zeitlichen Entwicklung der Eigenkapitalquote läßt sich also ableiten, daß die hier als Beispiel genannte Aktiengesellschaft sehr solide finanziert ist und einen ansehnlichen Gewinn macht, aber offensichtlich Probleme hat, die immensen Eigenmittel wieder sinnvoll, also rentabel wie die alten Investitionen, zu reinvestieren. Sonst hätte es in entsprechendem Umfang zusätzliches Fremdkapital aufgenommen und die Eigenkapitalquote wäre gleich geblieben oder sogar zurückgegangen. Die Rückzahlung eines Teils des Eigenkapitals an die Aktionäre wäre in dieser Situation keine schlechte Lösung.

11.5.2 Die Anlagenintensität

Die Kapitalstruktur bezieht sich auf die Passivseite der Bilanz, die Vermögensstruktur hingegen auf die Aktivseite. Eine wichtige Kennzahl für
die Vermögensstruktur ist die Anlagenintensität, bei der das Anlagevermögen in Relation zur Bilanzsumme gesetzt wird:

$$\text{Anlagenintensität} = \frac{\text{Anlagevermögen}}{\text{Bilanzsumme}}$$

In unserem Beispielunternehmen betrug die Anlagenintensität am Ende
des Jahres 1995 annähernd 41,7 %, während sie ein Jahr zuvor noch bei
39,5 % lag.

$$\text{Anlagenintensität}_{1994} = \frac{15.748}{42.363} = 39,53\ \%$$

$$\text{Anlagenintensität}_{1995} = \frac{18.458}{44.296} = 41,67\ \%$$

In jeder Branche gibt es eine mehr oder weniger typische oder optimale
Aufteilung des Vermögens in Anlagevermögen (Maschinen, Fabrikanla-
gen etc.) und Umlaufvermögen (Vorräte an Roh-, Hilfs- und Betriebs-
stoffen, Halbfertigprodukte, Handelswaren, liquide Mittel etc.). Ein
überdurchschnittlich hohes Umlaufvermögen im Bereich der Vorprodukte läßt z.B. auf ein schlechtes Lagermanagement, zu hohe Bestände an
Fertigprodukten lassen auf Absatzschwierigkeiten schließen. Zu geringe
Bestände des Umlaufvermögens können z.B. durch eine Kapitalknapp-
heit des Unternehmens veranlaßt sein. Dann besteht die Gefahr, daß
nicht kontinuierlich produziert werden kann, weil stets das eine oder andere Vorprodukt fehlt.

11.5.3 Der Anlagendeckungsgrad

Sowohl die Aktiv- als auch die Passivseite der Bilanz werden bei der
Analyse der Kapital-Vermögens-Struktur angesprochen. Die Kennzahl
Anlagendeckungsgrad 1 setzt das Eigenkapital in Beziehung zum Anla-
gevermögen:

$$\text{Anlagendeckungsgrad 1} = \frac{\text{Eigenkapital}}{\text{Anlagevermögen}}$$

Beim *Anlagendeckungsgrad 2* wird zusätzlich zum Eigenkapital das langfristige Fremdkapital herangezogen:

$$\text{Anlagendeckungsgrad 2} = \frac{\text{Eigenkapital} + \text{langfristiges Fremdkapital}}{\text{Anlagevermögen}}$$

Was verbindet das Anlagevermögen mit der Kapitalstruktur des Unternehmens? Mit der Berechnung des Anlagendeckungsgrades soll ermittelt werden, ob das langfristig gebundene Kapital – also das Anlagevermögen – auch langfristig finanziert ist. Im Gegensatz zu den Gütern des Umlaufvermögens kann das in Maschinen etc. gebundene Anlagevermögen nicht kurzfristig liquidiert werden. Eine solche erzwungene Liquidation von Anlagevermögen könnte darüber hinaus auch die Produktionsfähigkeit des Unternehmens – und damit seine Existenz – gefährden. Deshalb soll das Anlagevermögen auch nicht kurzfristig finanziert werden, sondern nach Möglichkeit langfristig. Der Anlagendeckungsgrad 1 sollte nach einer Faustregel mindestens 100 % (diese Faustregel ist auch als goldene Bilanzregel bekannt), der Anlagendeckungsgrad 2 mindestens 130 % betragen.

$$\text{Anlagendeckungsgrad 1}_{1994} = \frac{17.055}{16.748} = 101{,}83 \%$$

$$\text{Anlagendeckungsgrad 1}_{1995} = \frac{18.031}{18.458} = 97{,}69 \%$$

Im Jahr 1994 erfüllte unser Beispielunternehmen die erste Bedingung noch, im Jahr 1995 wurde die 100 %-Grenze hingegen nach einem ersten Eindruck knapp verfehlt. Zieht man vom Anlagevermögen allerdings die Finanzanlagen ab (die im Zweifel als Wertpapiervermögen ohne Schwierigkeiten liquidiert werden könnten) so erhöht sich der Anlagendeckungsgrad 1 auf knapp über 109 %:

$$\text{Anlagendeckungsgrad 1}_{1995} = \frac{18.031}{18.458 - 1.923} = 109{,}05 \%$$

Es besteht also keine unmittelbare Gefahr für das Unternehmen, zumal bei einer Aktiengesellschaft dieser Größenordnung die Wahrscheinlichkeit, daß alle kurzfristigen Finanzierungen gleichzeitig nicht mehr verlängert werden, äußerst gering ist.

Die Berechnung des Anlagendeckungsgrades 2 ist etwas schwieriger, da die langfristigen Verbindlichkeiten nicht unmittelbar aus der Bilanz abgelesen werden können. Hierzu zählen neben den Rückstellungen für Pensionen die Finanzschulden, die eine bestimmte Mindestrestlaufzeit haben.

$$\text{Anlagendeckungsgrad 2} = \frac{\text{Eigenkapital} + \text{langfristiges Fremdkapital}}{\text{Anlagevermögen}} =$$

$$\frac{\begin{array}{c}\text{Eigenkapital} + \text{Pensionsrückstellungen} + \text{Finanzschulden} \\ \text{mit einer Restlaufzeit von mindestens 4 Jahren}\end{array}}{\text{Anlagevermögen}}$$

Eigenkapital und Pensionsrückstellungen entnehmen wir der Bilanz. Aus deren Anhang geht hervor, wie hoch die Finanzschulden mit einer Restlaufzeit von mehr als einem Jahr sind. Mit diesen Angaben können wir nun den Anlagendeckungsgrad 2 berechnen:

$$\text{Anlagendeckungsgrad 2}_{1994} = \frac{17.055 + 8.451 + 6.276}{16.748} = 189,77\,\%$$

$$\text{Anlagendeckungsgrad 2}_{1995} = \frac{18.031 + 8.748 + 6.268}{18.458} = 179,04\,\%$$

In beiden Jahren wird die geforderte Zielgröße von 130 % für den Anlagendeckungsgrad 2 bei weitem überschritten. Allerdings geht auch hier – wie schon beim Anlagendeckungsgrad 1 – der Wert von 1994 auf 1995 zurück. Fazit: Es besteht wegen der knappen Zielverfehlung beim Anlagendeckungsgrad 1 noch kein unmittelbarer Grund zur Besorgnis, sondern das Unternehmen kann unter Berücksichtigung aller Kennzahlen durchaus als solide finanziert gelten. Gleichwohl sollte die Entwicklung der Anlagendeckung aber auch in Zukunft aufmerksam verfolgt werden. Vielleicht handelt es sich ja nur um einen Ausreißer, vielleicht aber auch um einen länger andauernden Trend. An diesem Beispiel werden zwei wichtige Grundregeln der fundamentalen Aktienanalyse besonders deutlich:

1. Es ist immer die Gesamtheit aller Kennzahlen zu sehen, niemals darf nur eine einzige Kennzahl den Ausschlag über die Einschätzung einer Aktie oder eines Unternehmens geben.

2. Die Entwicklung der Kennzahlen ist im Zeitablauf zu sehen, niemals zu einem bestimmten isolierten Zeitpunkt. Die Verbesserung oder

Verschlechterung der Kennzahlen im Laufe der Zeit sagt oftmals mehr aus als der Vergleich mit den Kennzahlen anderer Unternehmen (die manchmal eben nicht vergleichbar sind).

11.5.4 Liquiditätskennzahlen

Die Analyse der Kapital-Vermögens-Struktur leitet bereits über zur Analyse der Liquiditätssituation des Unternehmens. Die fundamentale Unternehmensanalyse unterscheidet drei verschiedene Liquiditätsgrade, die durch zunehmende Einbeziehung mehr oder weniger liquider Mittel und ihre Gegenüberstellung mit den kurzfristigen Verbindlichkeiten gekennzeichnet sind. Ziel dieser Analyse ist die Erkenntnis, ob das Unternehmen über die erforderlichen flüssigen Mittel verfügt, um die in naher Zukunft zu erfüllenden Zahlungsverpflichtungen zu leisten. Neben der Überschuldung wäre eine solche Illiquidität eine Konkursursache – und wer kauft schon Aktien eines Unternehmens, dem in naher Zukunft der Konkurs wegen Zahlungsunfähigkeit droht?

$$\text{Liquidität 1. Grades} = \frac{\text{Kasse} + \text{Bankguthaben} + \text{Wechsel}}{\text{kurzfristige Verbindlichkeiten}}$$

$$\text{Liquidität 2. Grades} = \frac{\begin{array}{c}\text{Kasse} + \text{Bankguthaben} + \text{Wechsel} + \\ \text{Debitoren} + \text{Wertpapiere} + \text{gängige Waren}\end{array}}{\text{kurzfristige Verbindlichkeiten}}$$

$$\text{Liquidität 3. Grades} = \frac{\begin{array}{c}\text{Kasse} + \text{Bankguthaben} + \text{Wechsel} + \\ \text{Debitoren} + \text{Wertpapiere} + \text{gängige Waren} \\ + \text{nichtgängige Waren} + \text{Roh- und} \\ \text{Betriebsstoffe}\end{array}}{\text{kurzfristige Verbindlichkeiten}}$$

Unser Beispielunternehmen weist durchaus akzeptable Liquiditätskennziffern auf. Bei ihrer Berechnung ist man aber über die Bilanz hinaus wieder auf die Analyse des Anhanges angewiesen, da nur dort die erforderliche Aufteilung der Verbindlichkeiten nach ihrer Restlaufzeit ausgewiesen ist. In der nachfolgenden Berechnung haben wir die flüssigen Mittel aus der Bilanz (5.206 Mio. DM) übernommen. Nach den Angaben des Anhangs umfassen sie Wertpapiere und Schuldscheine in Höhe von 2.863 Mio. DM sowie Schecks, Kassenbestand und Guthaben bei Kreditinstituten in Höhe von 2.343 Mio. DM (darin sind zwar schon die Wertpapiere enthalten, die eigentlich zur Liquidität 2. Grades gehören, aber wenn das Unternehmen keine detaillierteren Angaben macht, muß die Finanzanalyse sich eben mit zweitbesten Lösungen abfinden). Bei den Verbindlichkeiten sind aus dem Bereich Finanzschulden 3.459 Mio. DM innerhalb eines Jahres fällig, die gesamten Verbindlichkeiten aus Lieferungen und Leistungen (was die Übernahme ihres Bilanzwertes von 2.419 Mio. DM erlaubt) und von den übrigen Verbindlichkeiten 3.301 Mio. DM.

$$\text{Liquidität}\atop{1.\ \text{Grades}_{1995}} = \frac{5.206}{3.459 + 2.419 + 3.301} = \frac{5.206}{9.179} = 56,72\,\%$$

Die in die Berechnung der Liquidität 1. Grades eingehenden sehr flüssigen Mittel reichen aus, über 56 % der kurzfristigen Verbindlichkeiten zu begleichen. Für die Liquidität 2. Grades werden zusätzlich Angaben über die Debitoren (Forderungen aus Lieferungen und Leistungen: laut Anhang 8.370 Mio. DM innerhalb eines Jahres fällig) und gängige Waren (laut Anhang sind in den Vorräten 7.746 Mio. DM an Erzeugnissen und Handelswaren enthalten) benötigt:

$$\text{Liquidität}\atop{2.\ \text{Grades}_{1995}} = \frac{5.206 + 8.370 + 7.746}{9.179} = \frac{21.322}{9.179} = 232,29\,\%$$

Für die Liquidität 3. Grades werden nun noch die Roh-, Hilfs- und Betriebsstoffe hinzugezählt:

$$\text{Liquidität}\atop{3.\ \text{Grades}_{1995}} = \frac{21.322 + 1.550}{9.179} = \frac{22.872}{9.179} = 249,18\,\%$$

Beide Kennzahlen liegen um ein Mehrfaches über der magischen 100 Prozent-Grenze und bestätigen somit die Solidität des Unternehmens. Eine zu hohe Liquidität ist allerdings auch nicht ganz unproblematisch, denn ein zu hoher Bestand an liquiden, meist nicht verzinslichen Mitteln senkt natürlich die Rentabilität des Unternehmens.

Wir haben hier eine weitere Besonderheit der fundamentalen Aktienanalyse kennengelernt: Oftmals fehlen in den Publikationen die für die Berechnung einer Kennzahl benötigten Informationen, oder die Zuordnung oder Aufteilung der berichteten Daten ist nicht eindeutig. So war hier z.B. die

Trennung der Wertpapiere von den Schuldscheinen (oder Wechseln) nicht möglich. Auch die zeitliche Abgrenzung (Fristigkeiten von weniger als einem Jahr versus Fristigkeiten von mehr als einem Jahr) muß von der externen Analyse akzeptiert werden. Aussagen über andere Zeiträume, z.B. die nächsten drei Monate, lassen sich damit natürlich nicht machen. Die dem Anleger zugängliche Bilanz bezieht sich aber auf einen Bilanzstichtag, der bereits einige Monate alt ist. Deshalb würden sehr kurzfristige Analysen auf dieser Informationsbasis ohnehin wenig sinnvoll sein.

11.5.5 Die Gesamtkapitalrentabilität

Die Analyse der Kapital- und Vermögensstruktur eines Unternehmens und seiner Liquiditätslage liefert dem (potentiellen) Aktionär wichtige Entscheidungshilfen, ob er die Aktie dieses Unternehmens kaufen, halten oder verkaufen soll. Viel bedeutsamer für diese Entscheidung sind aber die Kennzahlen, die die Rentabilität der Aktiengesellschaft widerspiegeln. Nur die Aktie einer rentablen Unternehmung, die einen dem Kapitaleinsatz angemessenen Gewinn erzielt, ist auf Dauer ein gutes Investment.

Bei der Analyse der Rentabilität wird der Gewinn des Unternehmens in Beziehung zum Gesamtkapital, zum Eigenkapital und zum Umsatz gesetzt. Alle drei Kennzahlen können interessante Ergebnisse liefern. Bei der Gesamtkapitalrentabilität werden natürlich neben dem Gewinn (als der Entlohnung des Eigenkapitals) auch die gezahlten Zinsen (als dem Einkommen des Fremdkapitals) berücksichtigt:

$$\text{Gesamtkapitalrentabilität} = \frac{\text{Gewinn} + \text{Zinsen}}{\text{Gesamtkapital}}$$

Diese Kennzahl gibt an, wie rentabel das Gesamtkapital der Unternehmung eingesetzt wurde. Die Gesamtkapitalrentabilität sollte höher als der Zinsfuß sein, der für das Fremdkapital gezahlt wird. Andernfalls hat das Unternehmen Fremdkapital aufgenommen, obwohl es offensichtlich keine Investitionsmöglichkeiten gibt (oder gab), die über die Fremdkapitalkosten hinaus einen Gewinn für das Unternehmen erzielen.

Das in der Unternehmung eingesetzte Gesamtkapital entspricht der Bilanzsumme. Als Gewinn wird der in der GuV ausgewiesene, um anderen

Gesellschaftern zustehende Gewinne bereinigte Jahresüberschuß (also der Konzerngewinn) übernommen, die Zinsen werden wieder im Anhang der Bilanz mitgeteilt:

$$\text{Gesamtkapitalrentabilität} = \frac{2.394 + 583}{44.296} = \frac{2.977}{44.296} = 6,72\,\%$$

Die Gesamtkapitalrendite beträgt für unser Beispielunternehmen 6,72 % und liegt damit – wie gefordert – über dem Zinsfuß des Fremdkapitals, der mit Hilfe der Zinsen und der in der Bilanz ausgewiesenen Verbindlichkeiten errechnet werden kann:

$$\text{Fremdkapitalkosten} = \frac{583}{12.135} = 4,80\,\%$$

11.5.6 Die Eigenkapitalrentabilität

Bei der Eigenkapitalrentabilität werden nur Gewinn und Eigenkapital in Relation zueinander gesetzt. Sie gibt an, wie rentabel das von den Aktionären durch Erwerb neu emittierter Aktien oder Verzicht auf Ausschüttung zur Verfügung gestellte Eigenkapital von der Unternehmensleitung eingesetzt wurde:

$$\text{Eigenkapitalrentabilität} = \frac{\text{Gewinn}}{\text{Eigenkapital}}$$

Die Eigenkapitalrentabilität sollte höher als die Gesamtkapitalrentabilität liegen, da das Eigenkapital primär das Risiko des Unternehmens trägt. Für diese Risikoübernahme verdient das Eigenkapital gegenüber den sichereren Zinsen für das Fremdkapital eine Risikoprämie. Hierin liegt übrigens der finanztheoretische Grund für die langfristig höhere Rendite von Aktien gegenüber festverzinslichen Wertpapieren.

$$\text{Eigenkapitalrentabilität} = \frac{2.394}{18.301} = 13,08\,\%$$

Mit einer Eigenkapitalrentabilität von 13,08 % erfüllt das Unternehmen auch diese Anforderung.

11.5.7 Die Umsatzrentabilität

Die Umsatzrentabilität wird durch das Verhältnis des Umsatzes zum Gewinn ermittelt:

$$\text{Umsatzrentabilität} = \frac{\text{Gewinn}}{\text{Umsatz}}$$

Für die Höhe der Umsatzrentabilität gibt es keine allgemeinverbindliche Anforderung wie für die Gesamt- oder Eigenkapitalrentabilität. Vielmehr ist die Umsatzrendite – wie auch die Eigenkapitalquote – in hohem Maße von der Branche abhängig, in der das Unternehmen tätig ist. Hier beträgt sie 5,37 %:

$$\text{Umsatzrentabilität} = \frac{2.394}{44.580} = 5,37\,\%$$

Ihre volle Aussagekraft erhält die Umsatzrentabilität im zeitlichen Vergleich (ist die Umsatzrentabilität des Unternehmens in den letzten Jahren gestiegen oder gesunken?) und im Vergleich mit anderen Unternehmen der gleichen Branche (weist das Unternehmen eine höhere oder geringere Umsatzrentabilität aus als seine engsten Konkurrenten?). Bei letzterem Vergleich ist allerdings höchste Sorgfalt erforderlich, damit wirklich gleichartige und damit vergleichbare Unternehmen untersucht werden.

11.5.8 Die Dividendenrendite

Die besten Kennzahlen eines Unternehmens sind für den Aktionär allerdings wenig hilfreich, wenn der Börsenkurs des Unternehmens zu hoch ist. Jeder Anleger sucht nach Aktien, die unterbewertet sind, also in absehbarer Zukunft eine Kurssteigerung auf den richtigen Wert erwarten lassen. Eine weitere, sehr wichtige Gruppe von Kennzahlen berücksichtigt deshalb explizit den Kurs der Aktie des Unternehmens an der Börse.

Die Dividendenrendite haben wir schon bei der Renditeermittlung in Abschnitt 3.2.1 kennengelernt (Dividendenrendite = Dividende : Börsenkurs x 100).

Die Dividende ist zwar nur ein Teil der Rendite einer Aktie, so daß die Dividendenrendite allein zur Beurteilung der Vorteilhaftigkeit einer Aktienanlage nicht ausreicht. Die Dividendenrendite ist aber unter Umständen recht nützlich, um das Rückschlagspotential des Aktienkurses abzuschätzen. Beträgt die Dividendenrendite z.B. 5 % (was bei einigen Aktien mit traditionell hohen Dividenden durchaus möglich sein kann), so kann der Kurs selbst bei einem allgemeinen Crash nicht allzu tief sinken. Dann würde die Dividendenrendite über die Verzinsung festverzinslicher Wertpapiere steigen. Sofern das Unternehmen als solide und damit die Höhe der Dividende als grundsätzlich sicher gelten kann, stellt sie eine Art Sicherheitsnetz oder doppelten Boden für den Kurs dar.

Beispiel:
Der Aktienkurs betrage 100 DM, die als sicher erwartete Dividende 5,00 DM. Daraus folgt eine Dividendenrendite von 5 %. Sinkt der Aktienkurs auf 80,00 DM, so steigt die Dividendenrendite auf 6,25 %. Wenn nun die aktuelle Marktrendite für Bundesanleihen 6 % beträgt, so ist es für jeden Anleger lohnend, festverzinsliche Papiere zu verkaufen und für ihren Erlös Aktien zu erwerben. Nimmt man weiter an, daß durch den Kursrutsch der Aktien die Marktrendite von 6 % nicht verändert wird, so kann man das maximale Rückschlagspotential für den Aktienkurs berechnen. Es ist dann ausgeschöpft, wenn der Aktienkurs so weit gesunken ist, daß die Dividendenrendite ebenfalls 6 % beträgt: 5 DM : 0,06 = 83,33 DM. Solange sich die Einschätzung der Aktie und die Sicherheit der Dividendenzahlung nicht verschlechtern, beträgt der relativ zuverlässige Mindestkurs der Aktie also 83,33 DM.

Allerdings sollte der Anleger sich bei einer hohen Dividendenrendite stets fragen, warum sie so hoch ist. Ging die Vorjahresdividende in die Kalkulation ein, weil die nächste Dividende noch nicht angekündigt wurde, so besteht die Gefahr, daß die hohe rechnerische Dividendenrendite durch einen Kursrückgang verursacht wurde. Lag die Ursache für diesen Kursrückgang in einer verschlechterten Gewinnsituation des Unternehmens, so wird sehr wahrscheinlich auch die nächste Dividende geringer ausfallen, und die hohe Dividendenrendite geht auf ein normales Maß zurück. Damit bestätigt sich die Grundregel, daß niemals eine einzige Kennziffer den Ausschlag für eine Anlageentscheidung geben sollte.

11.5.9 Das Kurs-Gewinn-Verhältnis

Für die Einschätzung einer Aktie ist das Kurs-Gewinn-Verhältnis (KGV)[10] allerdings noch wesentlich bedeutsamer als die Dividendenrendite. Man ermittelt es sehr einfach, indem man den aktuellen Aktienkurs durch den Gewinn je Aktie teilt:

$$\text{Kurs-Gewinn-Verhältnis} = \frac{\text{Kurs}}{\text{Gewinn je Aktie}}$$

Wegen der besseren Vergleichbarkeit im Zeitablauf, aber auch zwischen verschiedenen Unternehmen verwenden die Finanzanalysten statt des im Jahresabschluß ausgewiesenen Gewinnes im Regelfall das bereits erläuterte DVFA-Ergebnis je Aktie:

$$\text{Kurs-Gewinn-Verhältnis} = \frac{\text{Kurs}}{\text{DVFA-Ergebnis je Aktie}}$$

Das KGV gibt an, mit dem Wievielfachen seines Jahresgewinns ein Unternehmen an der Börse bewertet wird. Es kann also auch als Gewinnmultiplikator angesehen werden. Der Gewinn pro Aktie enthält neben der ausgeschütteten Dividende auch die nicht ausgeschütteten (einbehaltenen oder thesaurierten) Gewinnanteile des Unternehmens. Da die einbehaltenen Gewinne die Basis für zukünftige Gewinn- und damit Dividendensteigerungen sind, ist ihre Berücksichtigung bei der Aktienanalyse sinnvoller, als nur die Dividende im Auge zu haben.

Die Kurs-Gewinn-Verhältnisse verschiedener Unternehmen sind in der Regel nicht identisch, doch haben Unternehmen der gleichen Branche oft ungefähr gleiche Kurs-Gewinn-Verhältnisse. Sind das Branchen-KGV und das DVFA-Ergebnis je Aktie bekannt, so kann man einen hypothetischen Wert der Aktie berechnen:

$$\text{Kurs}_{hyp} = \text{KGV}_{Branche} \times \text{DVFA-Ergebnis je Aktie}$$

Liegt der tatsächliche Börsenkurs einer Aktie unter dem hypothetischen Wert, so könnte die Aktie unterbewertet sein und damit eine interessante Anlagemöglichkeit darstellen, denn es ist möglich, daß der Börsenkurs sich in absehbarer Zeit dem inneren Wert der Aktie nähert.

---

10 Das KGV hat in der Fachliteratur manchmal auch die Bezeichnung Price-Earnings-Ratio (PER).

Tabelle 28: Kurs-Gewinn-Verhältnisse und Dividendenrenditen der im DAX enthaltenen Aktien (Stand 31.12.1996)

Aktie	KGV	Dividenden- rendite ohne Steuergutschrift	Dividenden- rendite mit Steuergutschrift
Allianz Holding	30,8	0,6	0,8
BASF	13,6	2,4	3,4
Bayer	14,3	2,4	3,4
Bayerische Hypo	16,1	3,1	4,4
Bayerische Vereinsbank	17,6	2,5	3,5
BMW	17,9	1,3	1,8
Commerzbank	9,3	3,5	4,9
Daimler-Benz	19,3	0,6	0,8
Degussa	16,4	1,8	1,8
Deutsche Bank	14,4	2,5	3,6
Deutsche Telekom	13,2	1,8	2,6
Dresdner Bank	12,8	3,4	4,8
Henkel	18,0	1,5	2,1
Hoechst	20,2	1,9	2,8
Karstadt	38,5	2,5	3,6
Linde	20,7	1,7	2,4
Lufthansa	12,0	2,4	3,4
MAN	12,6	3,2	4,3
Mannesmann	20,8	1,2	1,7
Metro	10,8	3,2	4,6
Münchener Rück	29,6	0,4	0,6
Preussag	13,9	3,4	4,2
RWE	19,5	2,5	3,5
SAP	25,3	0,8	1,2
Schering	19,1	1,5	2,2
Siemens	13,7	2,1	3,0
Thyssen	11,1	2,9	4,2
VEBA	15,1	2,1	3,0
VIAG	15,3	2,0	2,8
Volkswagen	10,7	1,3	1,8
DAX	**16,4**	**1,8**	**2,6**

Quelle: Bankhaus Lampe; eigene Berechnungen

Eine Änderung des Kurs-Gewinn-Verhältnisses ist aber nicht immer auf eine Kursänderung an der Börse zurückzuführen. Auch eine Änderung des Gewinnes (oder der Gewinnschätzung) kann das KGV verändern. Der Anleger ist deshalb gut beraten, nicht nur auf das KGV und den Börsenkurs zu achten, sondern auch die wirtschaftliche Entwicklung des Unternehmens zu verfolgen. Das KGV ersetzt die eingangs beschriebene Bilanzanalyse nicht, sondern es ergänzt sie.

Empirische Untersuchungen in den USA und Deutschland haben ergeben, daß Aktien mit einem niedrigen Kurs-Gewinn-Verhältnis in den darauffolgenden Jahren im Durchschnitt eine bessere Kursentwicklung aufweisen als Aktien mit einem hohen KGV. Es scheint also, als bewege sich das KGV einer Aktie auf das Markt-KGV zu. Gleiches gilt übrigens für die Dividendenrendite: Aktien mit einer hohen Dividendenrendite verzeichnen oftmals stärkere Kurssteigerungen als Aktien mit niedrigeren Dividendenrenditen.

Die empirischen Erfahrungen lassen sich natürlich auch in kennzahlengestützte Anlagestrategien umsetzen. So kann der Anleger z.B. zu jedem Jahresanfang in die zehn Aktien mit dem niedrigsten KGV und die fünf Aktien mit der höchsten Dividendenrendite investieren. Bei dieser Vorgehensweise wird allerdings die Grundregel der Asset Allocation verletzt, denn die Streuung des Aktiendepots über die verschiedenen Branchen wäre recht ungleichmäßig und der Diversifikationseffekt deshalb geringer, als er bei der gleichen Zahl von Aktien sein könnte.

Wenn der Anleger sich dessen bewußt ist und das damit verbundene höhere Schwankungsrisiko in Kauf nimmt, ist gegen eine solche Methode der Aktienauswahl nichts einzuwenden. Will der Anleger hingegen das Risiko seines Aktiendepots begrenzen, so wird er besser zunächst die bereits beschriebene Branchendiversifikation vornehmen. Innerhalb der jeweiligen Branche kann er dann seine Auswahl natürlich immer noch nach der Dividendenrendite oder dem KGV treffen. Sein Gesamtrisiko läßt sich durch dieses disziplinierte Vorgehen wahrscheinlich deutlich senken.

Wie der Markt denkt ...

oder
Die technische Seite der Aktie

„Was man aus einer Bilanz alles herauslesen kann, hätte ich niemals gedacht!" freut sich Manfred E. „Ja," bestätigt ihn sein Anlageberater, „der Jahresabschluß ist sehr informativ. Aber er hat leider einen Nachteil. Wenn der Anleger den Geschäftsbericht liest, ist er immer einige Monate alt. Für kurzfristige Entscheidungen ist es dann zu spät." „Heißt das, daß er völlig wertlos ist?", fragt Manfred E. „Nein, so schlimm ist es nicht", antwortet Udo H. ihm. „Es ist durchaus sinnvoll, den Jahresabschluß eines Unternehmens zu untersuchen. Bei großen Aktiengesellschaften treten nicht innerhalb weniger Monate so gravierende Änderungen auf, daß eine Bilanz oder eine Gewinn- und Verlustrechnung vollkommen überholt wäre. Aber es ist auch sinnvoll, sich mit der technischen Seite der Aktie zu befassen."

„Mit der technischen Seite meinen Sie aber sicher nicht die Produktionstechnik der Unternehmen," hofft Manfred E., „denn damit kenne ich mich wirklich nicht aus" „Keine Sorge", beruhigt der Berater. „Sie sollen sich natürlich nicht mit der Produktionstechnik einzelner Unternehmen befassen. Das meinte ich nicht, als ich von der technischen Seite der Aktie sprach."

„Was haben Sie dann mit der ‚technischen Seite' gemeint?" fragt Manfred E. „Die technische Aktienanalyse untersucht die Entwicklung des Kurses und der Umsätze der Aktie und versucht, daraus Rückschlüsse für die weitere Kursentwicklung zu gewinnen", erläutert Udo H. „Das ist hilfreich für die Prognose, ob ein Kurs in den nächsten Tagen eher steigen oder fallen wird."

„Und das soll funktionieren?", wundert sich Manfred E. „Was haben die vergangenen Kurse mit der künftigen Wertentwicklung einer Aktie zu tun!" „Da gibt es schon Zusammenhänge. Ich erkläre Ihnen das jetzt mal," setzt Udo H. zu einem weiteren Vortrag an.

12. Die technische Aktienanalyse

12.1 Die Annahmen

Die technische Analyse geht auf den Amerikaner *Charles H. Dow* zurück, der die wirtschaftliche Entwicklung durch Aktienindizes veranschaulichen wollte. Dow erkannte an dem von ihm und von *Edward C. Jones* im Jahre 1884 entwickelten Aktienmarktbarometer Dow Jones Index wiederkehrende Kursbewegungen. Damit war die technische Analyse geboren. Jeder Ansatz der technischen Analyse basiert auf drei Grundannahmen:

- In den Kursen sind alle Informationen enthalten.
- Die Kurse bewegen sich in Trends.
- Die Geschichte wiederholt sich.

Der Techniker geht bei seiner Analyse davon aus, daß alle fundamentalen (ökonomische, politische u.a.) Faktoren, die die Kurse beeinflussen können, sich schon in den aktuellen Kursen ausgewirkt haben. Die grafischen Darstellungen (Charts) der Kurse beeinflussen den Markt nicht, sie geben nur die Marktentwicklung wieder. Nach der Argumentation der Techniker werden bei der technischen Analyse indirekt auch die fundamentalen Daten berücksichtigt. Wenn alles, was den Preis ausmacht, schon im Kurs enthalten ist, so ist es schlüssig, nur die Kurse zu analysieren. Während die fundamentale Analyse die Gründe für die Kursentwicklung untersucht, stellt die technische Analyse die Kursentwicklung selbst in den Mittelpunkt ihrer Betrachtungen.

12.2 Die Grundregeln

Die technische Analyse läßt sich grob in die Chartanalyse und die Kennzahlenanalyse teilen. Das Ziel der *Chartanalyse* ist es, die Trendverläufe von Kursen möglichst frühzeitig zu erkennen und aus typischen Erscheinungsbildern der Kursentwicklung Kauf- oder Verkaufssignale abzuleiten. Bei der Kennzahlenanalyse werden aus den Kursen bestimmte Indikatoren ermittelt, die Aufschluß über die Zuverlässigkeit oder Stärke des Trends und damit die wahrscheinliche zukünftige Kursentwicklung geben sollen. Die Chart- oder Trendanalyse steht in der Regel am Anfang der technischen Analyse. Nachdem die grundlegende Tendenz ermittelt wurde, versucht der Techniker anschließend, seine Ergebnisse mit Hilfe der Indikatoren zu bestätigen und zu ergänzen.

Die Trends, mit denen sich Kurse entwickeln, werden nach ihrer Dauer in Primär-, Sekundär- und Tertiärtrends unterschieden. Bei der technischen Analyse geht man zunächst von dem Primärtrend, dem langfristigen Trend oder Haupttrend, aus. Innerhalb dieses Trends etablieren sich im Normalfall weitere mittelfristige Trends (oder Sekundärtrends), die ihrerseits wiederum durch kurzfristige Trends (Tertiärtrends) überlagert werden. Langfristige Trends dauern oft mehrere Jahre, mittelfristige in der Regel mehrere Monate, kurzfristige hingegen oft nur wenige Tage oder Wochen. Es gelten die Grundregeln:

- Ein langfristiger Trend ist stabiler als ein mittel- bzw. kurzfristiger Trend.
- Ein mittelfristiger Trend ist stabiler ist als ein kurzfristiger Trend.
- Die Wahrscheinlichkeit, daß ein Trend sich fortsetzt, ist größer als die Wahrscheinlichkeit, daß er sich ändert.

Die technische Analyse kann nur sinnvoll auf die Wertpapiermärkte angewandt werden, die verschiedene Mindestbedingungen erfüllen:

- Es muß ein effizienter und rechtlich einwandfreier Handel und eine zuverlässige Abwicklung gewährleistet sein.
- Es sollte eine Beschränkung auf Papiere erfolgen, bei denen eine ausreichende Liquidität für den jederzeitigen Ein- und Ausstieg gegeben ist.

12.3 Die Darstellung von Kursverläufen

Bei der Darstellung der Kursverläufe in Charts werden die tatsächlichen Kurse in der Regel um Dividenden und Kapitalmaßnahmen (wie z.B. Kapitalerhöhungen, Nennwertsenkungen etc.) bereinigt, um die Kursverläufe einwandfrei interpretieren zu können. Ein Verzicht auf diese Adjustierung würde zwar den tatsächlichen Kursverlauf wiedergeben, nicht aber den Wertverlauf einer Vermögensanlage.

Ein Chart setzt sich aus einer Zeit- und einer Kursachse zusammen. Auf der waagerechten Achse wird die Zeit abgetragen. Die gewählten Einheiten können Tage, Wochen, Monate oder aber auch Jahre sein. Auf der senkrechten Achse wird der Kurs des entsprechenden Wertpapiers bzw. der Indexstand notiert. Die Kursentwicklung kann linear oder logarithmisch dargestellt werden. Bei einer linearen Darstellung der Kurse ist der optische Abstand zwischen zwei gleich weit voneinander entfernten Werten gleich groß. Die Kurswerte 20 DM und 40 DM sind genauso weit voneinander entfernt wie 100 DM und 120 DM. Die prozentuale Veränderung zwischen den beiden Größen wird aber in dieser Darstellungsform nicht berücksichtigt. In der Praxis aber ist gerade diese prozentuale Veränderung die entscheidende Größe, da den Anleger die Rendite, gemessen als die relative Veränderung des Wertes der Aktie, interessiert und weniger die absolute Veränderung eines Kurses.

Logarithmische Kursdarstellungen tragen diesen Gedanken Rechnung. Sie verwenden einen Maßstab, an dem gleich große prozentuale Ver-

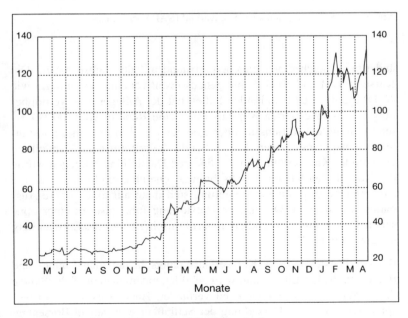

Abbildung 17: Linearer Kursverlauf (SAP Vorzüge)

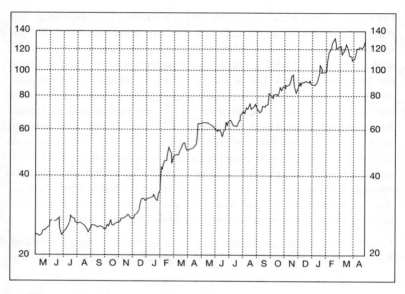

Abbildung 18: Logarithmischer Kursverlauf (SAP Vorzüge)

änderungen auch einen gleichen Abstand auf der Achse haben. Die Kurse 20 DM und 40 DM sind genauso weit voneinander entfernt wie 40 DM und 80 DM; in beiden Fällen hat der Anleger eine Verdoppelung seines investierten Kapitals (also eine Rendite von 100 %) erreicht. Steigt ein Aktienkurs über eine gewisse Zeit mit einer konstanten Wachstumsrate, so ergibt sich bei der logarithmischen Darstellung ein gerader Kursverlauf. Bei der linearen Darstellung hingegen würde der Kurs in den letzten Zeitabschnitten scheinbar explodieren, da die stets gleiche prozentuale Steigerung sich dann auf eine höhere Ausgangsbasis bezieht. Die lineare Darstellung führt also zu einer optischen Täuschung, während ein logarithmischer Chart die Entwicklung unverzerrt darstellt.

Bei der Darstellung des Kursverlaufs unterscheidet man Linien- und Balkencharts. Ein Linienchart wird gebildet, indem man die Schlußkurse der einzelnen Titel je Zeiteinheit verbindet. Handelt es sich also beispielsweise um eine Darstellung der Schlußkurse an jedem Börsentag, dann werden einfach die entsprechenden Punkte zum Ende eines jeden

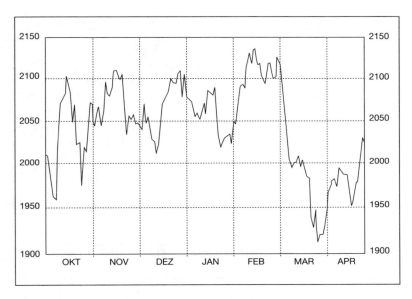

Abbildung 19: Linienchart (DAX)

Börsentags aufgetragen und mit dem entsprechenden Wert des Vortags zu einer Kurve verbunden. Der Vorteil von Liniencharts gegenüber anderen Darstellungsformen liegt vor allem in der einfachen Handhabung sowie der leicht zu lesenden Darstellungsweise.

Balkencharts entstehen ebenfalls aus einer Aneinanderreihung von Tagesinformationen. Im Gegensatz zu der Liniendarstellung – mit einem einzigen Punkt pro Börsentag – ist die Darstellung in Balkenform etwas komplexer, denn für jeden Börsentag werden drei Informationen festgehalten: der jeweilige Höchstkurs, Tiefstkurs und Schlußkurs. Beim Balkenchart wird für jeden Tag auf der Zeitachse ein senkrechter Strich (Balken) zwischen dem Höchst- und dem Tiefstkurs gezogen. An diesem Balken wird rechts ein kleiner Strich angehängt, der den Schlußkurs dieses Handelstages darstellt. Balkencharts haben gegenüber der Liniendarstellung den entscheidenden Vorteil, daß sie auch Schwankungen innerhalb eines Beobachtungszeitraums zum Ausdruck bringen können und somit Zusatzinformationen liefern.

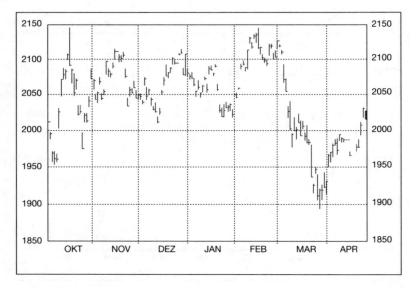

Abbildung 20: Balkenchart (DAX)

Deutlich wird dies in den beiden Darstellungen zum DAX-Verlauf:
Während die Liniendarstellung suggeriert, daß sich der DAX während
der Korrekturphase im März stets oberhalb der 1.900 Punkte-Marke auf-
hielt, zeigt die feinere Balkendarstellung, daß der DAX im Tagesverlauf
sogar einmal unter diese psychologisch wichtige Marke gerutscht war.
Das tatsächliche Tief dieser Börsenphase lag also unter der Marke von
1.900 Punkten – eine Information, die aus einem reinen Linienchart
nicht zu ersehen wäre. Dies sind allerdings Feinheiten und für einen mit-
tel- bis langfristig orientierten Privatanleger von eher geringer Bedeutung. Unter Beachtung des Analyseaufwands reicht es für den konserva-
tiv orientierten Anleger im Regelfall aus, bei der Analyse auf die
Liniendarstellung zurückzugreifen.

12.4 Die Trendanalyse

Die Kurse einzelner Aktien bewegen sich in zyklischen Schwankungen, die durch sich abwechselnde Aufwärts-, Seitwärts- und/oder Abwärtsbewegungen gekennzeichnet sind. Der Aufwärtstrend wird durch aufeinanderfolgende Hoch- und Tiefpunkte charakterisiert, bei denen jeder Hochpunkt über dem vorangegangenen Hochpunkt und jeder Tiefpunkt über dem vorangegangenen Tiefpunkt liegt. Entsprechend umgekehrt verhält es sich beim Abwärtstrend: er besteht aus einer Serie aufeinanderfolgender Hoch- und Tiefpunkte, bei denen jeder neue Hoch- bzw. Tiefpunkt unter dem jeweils vorangegangenen Hoch- bzw. Tiefpunkt liegt. Hoch- und Tiefpunkte, die horizontal verlaufen, beschreiben einen Seitwärtstrend.

Um einen Trend korrekt zu identifizieren bzw. eine Verlangsamung oder eine Umkehr rechtzeitig zu erkennen, benutzt man in der technischen Analyse Trendlinien. Eine Aufwärtstrendlinie ist eine Gerade, die nach rechts steigend alle *Tiefpunkte* der Kursbewegung miteinander verbindet. Eine Abwärtstrendlinie ist eine Gerade, die nach rechts fallend alle

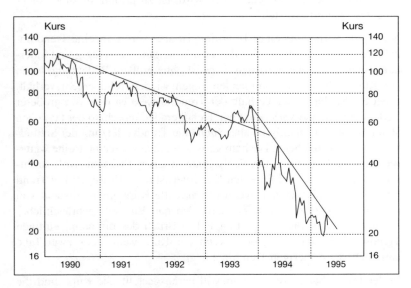

Abbildung 21: Abwärtstrend (Metallgesellschaft)

Hochpunkte der Kursbewegung miteinander verbindet. Eine Gerade wird mathematisch schon durch die Verbindung zweier beliebiger Punkte erzeugt. Für eine gesicherte Aussage über einen Kurstrend sollten allerdings mindestens drei Punkte auf der Linie liegen. Je öfter der Trend durch Tief- bzw. Hochpunkte, die auf ihm liegen, bestätigt wurde, desto sicherer ist die Aussage über ihn.

Solange der Aktienkurs sich im Trend bewegt (intakt ist), besteht chartanalytisch kein Grund zu der Vermutung, daß die Richtung der Kursbewegung sich ändern könnte. Durchbricht jedoch der Kurs die Trendlinie, kommt es also zu einem Bruch des Trends, dann verändert sich die charttechnische Einschätzung der Aktie. Fällt der Kurs bei steigendem Trend unter die Trendlinie, ist dies ein Verkaufssignal, steigt er über die Abwärtstrendlinie, ist dies ein Kaufsignal.

Die Grundregel der technischen Analyse lautet: „The Trend is your friend". Solange der Aktienkurs tendenziell steigt, ist es nach der technischen Analyse sinnvoll, auf einen auch weiterhin steigenden Trend zu setzen. Solange ein Aktienkurs tendenziell zurückgeht, ist es sinnvoll, von einem weiterhin sinkenden Trend auszugehen. Erst wenn die Trendlinie vom Aktienkurs durchbrochen wird, ist zu prüfen, ob eine Änderung des Trends bevorsteht.

Nicht jede Verletzung einer Trendlinie ist aber sofort als eine Trendumkehr zu werten. Oftmals wird die Trendlinie nur geringfügig und innerhalb eines Tages durchbrochen. Dies ist ohne größere Bedeutung, wenn der Kurs sich in den kommenden Tagen wieder trendgerecht verhält. Liegt ein Schlußkurs außerhalb der Trendlinie, so ist dies von größerer Bedeutung als eine Verletzung der Trendgeraden innerhalb der täglichen Handelszeit. Sehr häufig ist aber auch eine Trendverletzung der Schlußkurse nicht ausreichend. Deshalb verwendet man noch eine Reihe weiterer Kurs- und Zeitfilter, um Fehlsignale möglichst wirkungsvoll auszuschließen. Ein Beispiel für einen Kursfilter ist die 3 %-Regel: Ein Trend gilt erst dann als verletzt, wenn der aktuelle Kurs einen Abstand von mehr als 3 % zu der alten Trendgeraden hat. Ein sehr gebräuchlicher Zeitfilter ist z.B. die 2-Tage-Regel: Ein Bruch des bis dahin gültigen Trends ist erst dann gegeben, wenn der Kurs wenigstens zwei Tage außerhalb der bisherigen Trendlinie liegt.

In der Praxis hat es sich als sinnvoll herausgestellt, die Kurs- und die Zeitfilter miteinander zu kombinieren. Ein Aufwärtstrend gilt danach erst dann als gebrochen, wenn der aktuelle Kurs an zwei Tagen und um 3 % unterhalb der Trendlinie liegt. Umgekehrt ist ein Abwärtstrend erst dann gebrochen, wenn der aktuelle Kurs an zwei Tagen und um 3 % oberhalb der bis dahin gültigen Trendlinie liegt.

Häufig vollziehen sich die Auf- und Abwärtsbewegungen innerhalb eines bestehenden Trends in gleichen prozentualen Auf- und Abschwüngen. Ob eine derartige Bewegung vorliegt, läßt sich durch die Konstruktion eines Trendkanals erkennen, indem man die Trendlinie parallel verschiebt. Auch hier gilt wieder: je öfter der Trendkanal getestet wird, desto sicherer ist der Trend.

Kurzfristig und sehr spekulativ orientierte Anleger können einen Trendkanal für Käufe und Verkäufe zwischen den beiden Extremen nutzen. Die Aktie wird an der unteren Trendlinie gekauft und bei Erreichen der oberen Trendkanallinie wieder verkauft. Bevor eine solche Strategie jedoch eingesetzt wird, müssen zunächst die Höhe der möglichen Kursbewegung ermittelt und hiervon die entstehenden Transaktionskosten subtrahiert werden. Erst bei einer befriedigenden Gewinnspanne sollte eine solche Anlagestrategie ernsthaft ins Auge gefaßt werden.

12.5 Die technische Analyse der Umsätze

Neben der Trendanalyse (und verschiedenen weiteren Indikatoren) ist das Umsatzvolumen eine der maßgeblichen Größen, um die Stärke einer Kursbewegung zu interpretieren. Eine alte Börsenregel lautet: „Volume goes with the Trend". Das Volumen, also die Zahl der während einer bestimmten Periode gehandelten Aktien weist im Zeitablauf von Titel zu Titel große Unterschiede auf. Standardwerte wie Allianz oder Siemens haben börsentäglich an allen deutschen Wertpapierbörsen große Umsätze, während von zahlreichen Nebenwerten manchmal nur wenige Aktien gehandelt werden. Deshalb ist das absolute Volumen von wesentlich geringerer Bedeutung als die Veränderung des Handelsvolumens im Zeitablauf. Das Volumen wird als Säule am unteren Rand des Linien- oder Balkencharts dargestellt.

Ein charttechnisches Signal ist besonders aussagekräftig, wenn es durch hohe Umsätze bestätigt wird. Also: Hohe Umsätze bei Aufwärtsbewe-

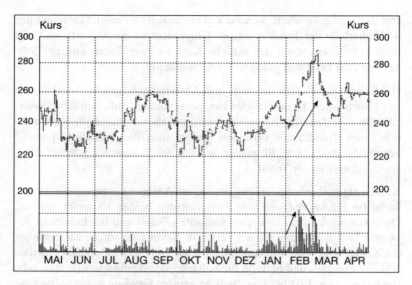

Abbildung 22: Kurs- und Umsatzchart (PWA)

gungen der Kurse signalisieren weitere Kurssteigerungen; hohe Umsätze bei Abwärtsbewegungen weitere Kursrückgänge. Wenn ein Wert bei sehr hohen Umsätzen ansteigt, dann gibt es viele kaufwillige Investoren. Einige Marktteilnehmer konnten wahrscheinlich noch nicht die gewünschte Aktienzahl kaufen. Diese Anleger werden aber zu einem großen Teil in den kommenden Tagen ihr Kaufinteresse aufrechthalten und so den Kurs weiter nach oben ziehen. Die Aufwärtsbewegung wird also von einer breiten Anlegerschicht getragen.

Steigt der Kurs hingegen bei geringem Umsatz, so standen einem kleineren Kaufauftrag keine Verkaufsorder gegenüber, der Auftrag konnte also nur zu höheren Kursen abgewickelt werden. In diesem Fall hat der Kursanstieg wahrscheinlich einmaligen Charakter. Zu dem gestiegenen Kurs werden sicherlich weitere Aktionäre ihre Aktien verkaufen wollen, was einen erneuten Rückgang der Kurse verursachen wird.

Die Umsätze dienen oft auch als Frühwarnsignal eines bevorstehenden Trendwechsels. Nimmt das Umsatzvolumen bei steigenden Kursen ständig ab, so sind dies erste Anzeichen einer bevorstehenden Korrektur. Am Beispiel der PWA-Aktie lassen sich die Zusammenhänge zwischen Umsatz- und Kursentwicklung verdeutlichen. Im Februar zogen die Kurse bei anziehenden Umsätzen deutlich an. Als dann in den letzten Februartagen die Umsatztätigkeit schwächer wurde, die Kurse aber noch weiter stiegen, war dies schon ein Zeichen dafür, daß der Kursanstieg zu Ende gehen sollte.

12.6 Widerstands- und Unterstützungslinien

Oft enden Kursbewegungen auf einem Kursniveau, an dem sie bereits in früheren Zyklen zum Stillstand gekommen sind oder ihre Richtung wechselten. Diese Kursniveaus werden in der technischen Analyse als Widerstand und Unterstützung bezeichnet. Ein Widerstand liegt vor, wenn der Kurs nach mehreren Aufwärtsbewegungen ein bestimmtes Kursniveau nicht überwinden kann. Eine Unterstützung ist das Niveau, das der Kurs bei mehreren Abwärtsbewegungen nicht unterschreitet. Wenn kein exakter Widerstands- oder Unterstützungskurs festzustellen

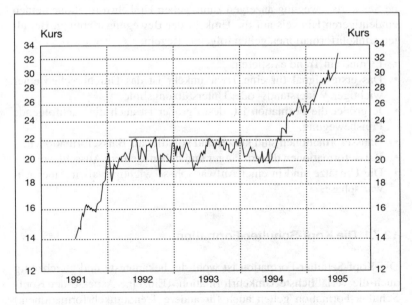

Abbildung 23: Widerstand und Unterstützung (Coca Cola)

ist, sondern die Auf- oder Abwärtsbewegungen stets in einem bestimmten Kursbereich enden, spricht die technische Analyse von Widerstands- bzw. Unterstützungszonen.

Bevor das Wertpapier nicht den Widerstand überwunden hat, sollte es nicht gekauft und vor dem Durchbruch einer Unterstützungslinie entsprechend nicht verkauft werden. Wird nämlich ein Widerstand durchbrochen, so wird dies als positives Kaufsignal gesehen. Für Unterstützungen gilt dies umgekehrt: wird die Unterstützungslinie oder -zone durchbrochen, sind weitere Kursrückgänge wahrscheinlich.

12.7 Trendumkehrformationen

Die Beendigung und Umkehr eines Trends kündigt sich oftmals durch typische Kursmuster (Formationen) an, die auch Umkehrformationen oder Trendwendeformationen genannt werden. Im Gegensatz zu einem einfachen Trendbruch, der auch eine Verlangsamung des Trends oder eine Seitwärtsbewegung anzeigen kann, geben Umkehrformationen einen eindeutigeren Hinweis auf die Umkehr der Bewegungsrichtung. Bei allen Umkehrformationen gelten folgende Regeln:

- Es muß ein Trend existieren.
- Das erste Signal für eine Trendumkehr ist das Durchbrechen einer wichtigen Widerstands- oder Unterstützungslinie.
- Je größer die Formation ist, desto größer ist auch die nachfolgende Preisbewegung.
- Hausseformationen sind kürzer und volatiler als Baisseformationen.
- Baisseformationen dauern länger und haben kleinere Ausschläge.
- Die Umsätze sind in einer Aufwärtsphase wichtiger als in einer Abwärtsphase.

12.7.1 Die Kopf-Schulter-Formation

Die Kopf-Schulter-Formation ist wohl die bekannteste und gleichzeitig auch die verläßlichste Umkehrformation. (Einzelne Aspekte der Kopf-Schulter-Formation gelten auch für andere Trendumkehrformationen.) Sie besteht aus einem Scheitelpunkt, um den sich zwei niedrigere Schei-

tel rechts und links gebildet haben. Die Tiefpunkte zwischen den Schei-
teln und dem Kopf werden durch die Nackenlinie miteinander verbunden.

Kopf-Schulter-Formationen können natürlich auch in der umgekehrten
Form, also spiegelbildlich, auftreten. Dies kündigt die Wende von einem
Abwärts- zu einem Aufwärtstrend an. Die bedeutendste Abweichung
zwischen den beiden Chartbildern besteht darin, daß sowohl bei der Bo-
denbildung als auch beim Durchbruch durch die Nackenlinie hohe Umsätze nötig sind, um den Markt von einer Baisse- in eine Haussephase zu
drücken.

12.7.2 Die M- und W-Formation

Weitere bekannte Trendumkehrfunktionen sind die M- bzw. die W-Formationen, die auch Doppelspitzen- oder Doppelbodenformationen genannt
werden. Dieser Formationstyp ist dadurch gekennzeichnet, daß er zwei

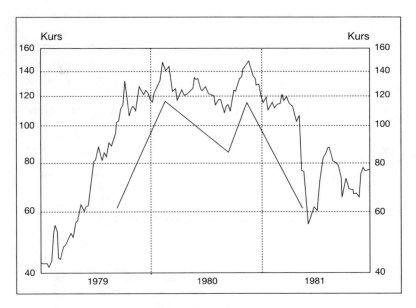

Abbildung 24: M-Formation (Elf Aquitaine)

Hoch- bzw. zwei Tiefpunkte auf der gleichen Höhe ausbildet. Dadurch entsteht ein Kursbild, das die Form eines M bzw. eines W beschreibt. Die M-Formation zeigt die Umkehr von einem Aufwärts- in einen Abwärtstrend an, während die W-Formation entsprechend die Umkehr von einem Abwärts- in einen Aufwärtstrend beschreibt. Die M- oder W-Formationen dauern in der Regel mehrere Monate. Der Abstand zwischen den beiden Spitzen oder den beiden Tiefpunkten beträgt mindestens einen Monat.

12.7.3 Die Untertasse

Eine eher seltenere, jedoch besonders zuverlässige Umkehrformation vom Abwärts- zum Aufwärtstrend stellt die Untertasse dar. Bei dieser Formation handelt es sich meist um eine Trendumkehr, die zeitlich nicht sehr schnell erfolgt und von einer gleichmäßigen Umsatzentwicklung begleitet wird. Als Bodenformation beginnt die Untertasse mit fallenden Kursen, deren Fall immer flacher wird, bis sich die Kurse am Boden für eine längere Zeit fast vollständig seitwärts bewegen. Dann beginnen die

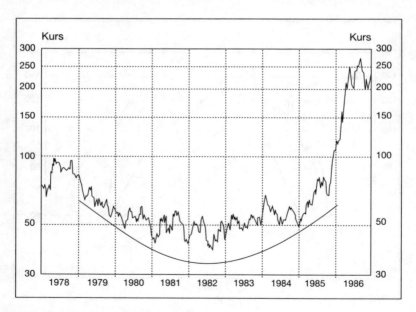

Abbildung 25: Untertassenformation (Michelin)

Kurse wieder langsam zu steigen, wobei der Anstieg im Laufe der Zeit an Dynamik gewinnt. Das Volumen nimmt in der Bewegung vom Hoch- zum Tiefpunkt stetig ab, um dann in der Gegenbewegung wiederum kontinuierlich anzusteigen. Es kommt vor, daß im Scheitelpunkt ein plötzlicher Umsatzanstieg zu verzeichnen ist. Dies ist ein erstes Indiz für ein wiedererwachendes Interesse an der Aktie.

Wie bei den anderen Trendumkehrformationen gibt es auch eine umgekehrte Untertasse, also der Übergang vom Aufwärts- zum Abwärtstrend. Der Verlauf der Kurse ist spiegelbildlich zur normalen Untertasse, die Umsätze stellen sich gleich dar wie bei der normalen Untertasse.

12.8 Trendbestätigungsformationen

12.8.1 Konsolidierungsformationen

Neben Trendumkehrformationen gibt es auch trendbestätigende Formationen. Diese Formationstypen bezeichnet man auch als Konsolidierungsformationen, da sie lediglich die Atempause eines Trends anzeigen. Identifiziert man in einem bestehenden Trend eine dieser Formationen, so kann man relativ sicher sein, daß sich an dem bisherigen Trendverhalten nicht viel ändern wird.

12.8.2 „Löcher" im Kursverlauf

Zu den Grundlagen der technischen Analyse zählt weiterhin die Analyse von Löchern im Kursbild. Löcher oder Gaps entstehen im Kursverlauf, wenn der niedrigste Kurs eines Tages über dem Höchstkurs des Vortages liegt oder wenn der Höchstkurs eines Tages unter dem Tiefkurs des Vortages liegt. Im Balkenchart sind Gaps deutlich zu erkennen; das Linienchart versagt hier.

Die Gaps gelten als die klarsten Signale der technischen Analyse. Löcher treten nur dann auf, wenn der Markt eine besondere Dynamik aufweist. Die Anleger müssen also extrem optimistisch oder äußerst pessimistisch gestimmt sein, wenn sie z.B. das Papier unter dem Tiefkurs des Vortages verkaufen. In der technischen Analyse werden vier Arten von Löchern unterschieden, die alle auf die gleiche Art und Weise entstehen, jedoch unterschiedliche Bedeutungen aufweisen und zu verschiedenen Zeitpunkten in einem Trend auftreten:

- Das Durchbruchloch (breakaway gap) entsteht beim Ausbruch über eine Widerstandszone, unter eine Unterstützungszone oder bei einer Seitwärtsbewegung. Nach einem Durchbruchloch setzt sich der bestehende Trend fast immer fort.

- Das Fortsetzungsloch (runaway gap) entsteht häufig bei einem sehr steilen Trend. Fortsetzungslöcher treten meist in Konsolidierungsphasen auf und sind in der Regel trendbestätigend, weil sie weiterhin ein starkes Kauf- oder Verkaufsinteresse signalisieren.

- Das Erschöpfungsloch (exhaustion gap) entsteht häufig am Ende eines Trends. Im Gegensatz zu den anderen Löchern ist es nur daran zu erkennen, daß es dann auftritt, wenn der vorangehende Trend schon sehr lange angedauert hat, oder wenn sich dieser Trend in jüngster Zeit deutlich beschleunigt hat. Diese Erschöpfungslöcher werden meist schon nach wenigen Tagen geschlossen, weil auf die vorangegangenen, eher panischen Kursbewegungen sehr oft ebenfalls kräftige Gegenbewegungen folgen.

- Einfache Löcher (simple gaps) treten in Konsolidierungsphasen des Marktes auf. Sie haben im Normalfall keine Signalfunktion, weisen jedoch darauf hin, daß eine Vielzahl von Anlegern über die weitere Entwicklung der Kurse verunsichert ist.

12.9 Technische Indikatoren

Neben der klassischen Trendanalyse oder Chartanalyse gibt es in der technischen Analyse einen zweiten großen Bereich: die Indikatoren. Die Analyse der Indikatoren tritt stets als Ergänzung, nicht als Ersatz neben die traditionelle Trendanalyse. Eine Reihe von Indikatoren kann nur bedingt zur Trendbestimmung dienen. Sie werden daher im wesentlichen innerhalb eines bestehenden Trends zur Bestimmung günstiger Ein- und Ausstiegszeitpunkte benutzt. Andere Indikatoren hingegen lassen durchaus eine Erwartung für das kommende Trendverhalten formulieren, ohne jedoch, für sich allein betrachtet, eine konkrete Handlungsalternative aufzeigen zu können.

12.9.1 Die Advance-Decline-Linie

Ein erster Indikator ist die Advance-Decline-Linie (ADL). Zur Berechnung wird täglich die Zahl der im Kurs gestiegenen und der gefallenen Aktien ermittelt. Die Zahl der unveränderten Papiere bleibt bei der Berechnung der ADL unberücksichtigt. An jedem Tag wird die Differenz zwischen den Aktien mit Kurssteigerung und den Aktien mit Kursrückgang auf den ADL-Wert des Vortages addiert. Steigt die ADL, so steigen mehr Kurse, als Kurse fallen; sinkt die ADL, so fallen mehr Kurse, als Kurse steigen. Aus dieser Definition der ADL wird deutlich, daß sie nicht auf ein einzelnes Wertpapier, sondern nur auf einen Gesamtmarkt oder zumindest eine Mehrzahl von Aktien, z.b. in einem Index oder einem Marktsegment, angewendet werden kann.

Bei der Advance-Decline-Linie haben alle berücksichtigten Werte das gleiche Gewicht. In den meisten Aktienindizes sind die Titel nach dem Grundkapital gewichtet. Diese Grundkapitalgewichtung kann dazu führen, daß die Kursbewegung einiger weniger hochgewichteter Aktien den Index in eine bestimmte Richtung bewegt, obwohl die Mehrheit der im Index enthaltenen Titel entgegengesetzte Kursverläufe aufweist.

Dies läßt sich gut am Beispiel des Deutschen Aktienindex DAX verdeutlichen: Steigen z.b. die Kurse für Allianz, Deutsche Bank, Siemens und Daimler deutlich, dann wird sich wahrscheinlich der Indexstand erhöhen und sich damit der Aufwärtstrend fortsetzen. Unterstellt man jedoch, daß von den verbleibenden 26 im Index enthaltenen Aktien 15 unverändert und 11 leicht niedriger notieren werden, dann ist die Aussage einer aufwärtsgerichteten Börse offenbar nur bedingt richtig, da sich die Kurssteigerungen auf einige wenige Papiere konzentrieren. Hier greift nun die Advance-Decline-Linie, die einen Aufschluß über die Breite der Marktentwicklung gibt und Auskunft darüber liefert, ob die Aufwärtsentwicklung von der Breite des Marktes getrieben wird oder nicht. Letzteres könnte ein erstes Schwächezeichen für die weitere Kursentwicklung sein. Die Advance-Decline-Linie bezieht ihre Aussage somit aus etwaig auftretenden Divergenzen zum Indexverlauf. Werden steigende oder fallende Indexbewegungen in einem gewählten Zeitraum durch den Indikator nicht bestätigt, kann dies auf eine bevorstehende Veränderung der Kursrichtung des betrachteten Marktes hinweisen. Der Vorteil der Advance-Decline-Linie liegt darin, daß sie oftmals früher reagiert als der Aktienmarkt, also eine Art Frühindikatorfunktion für die künftige Aktienmarktentwicklung hat. Dem steht der Nachteil entgegen, daß es in der Vergangenheit öfters sehr lange Perioden mit einer Divergenz zwischen der Advance-Decline-Linie und dem Index gegeben hat, ohne daß der Markt zu einer Trendumkehr ansetzte.

12.9.2 Stimmungsindikatoren

Die Stimmungsindikatoren (Sentiment-Indikatoren) sind zur Analyse des Kursverlaufs vor allem deshalb wichtig, weil die Stimmung der Marktteilnehmer entscheidend die Kursentwicklung der Börse beeinflußt. Einer der zuverlässigsten Stimmungsindikatoren ist die *Put-Call-Ratio*, das Verhältnis der Puts (Verkaufsoptionen) zu den Calls (Kaufoptionen) an der jeweiligen Terminbörse. Es wird durch einfache Division der beiden Größen ermittelt. Käufer von Puts erwarten fallende Kurse, Käufer von Calls haben hingegen die entgegengesetzte Erwartungshaltung. Je pessimistischer die Stimmung am Markt ist, desto größer wird also die Put-Call-Ratio werden, da viele Investoren mit einer weiteren Kursabschwächung rechnen.

Dieser Indikator basiert auf der Theorie der Contrary Opinion. Dieses Konzept besagt, daß eine große Mehrheit der Marktteilnehmer zum Ende eines Trends die falsche Seite wählt. Es läßt sich empirisch bestätigen, daß die Mehrheit der Anleger an den oberen bzw. unteren Trendwendepunkten meist falsch liegt. In der Kursspitze werden mehr Calls gekauft (zu viel Optimismus), am Tiefpunkt werden mehr Puts gekauft (zu viel Pessimismus). So lange ein Trend anhält, liegen die Anleger richtig; erst an den Trendwendepunkten liegen sie falsch. Damit dient das Put-Call-Ratio auch als Kontraindikator. Ein extrem hoher Indikatorwert signalisiert das Erreichen eines Markttiefstands, eine extrem tiefe Put-Call-Ratio das eines Markthöchststands.

Ein weiterer Stimmungsindikator ist die Zahl der *optimistisch gestimmten Börsendienste*. Regelmäßig wird aus der Gesamtzahl der Befragten der Anteil der Optimisten veröffentlicht, also ein Wert, der zwischen 0 und 100 Prozent schwanken kann. Dabei gilt ein Prozentsatz von über 75 als Warnsignal für ein bevorstehendes Auslaufen eines Aufwärtstrends, ein Wert von unter 25 Prozent als Signal für das baldige Ende eines Abwärtstrends.

12.9.3 Der gleitende Durchschnitt

Der gleitende Durchschnitt (Moving Average) ist einer der gebräuchlichsten technischen Indikatoren. Ein gleitender Durchschnitt ist nichts anderes als ein arithmetischer Mittelwert aus einer bestimmten Anzahl historischer Kurse des gleichen Wertpapiers. Bei der Verwendung z.B. eines 200-Tage-Durchschnitts werden die Schlußkurse der letzten 199 Tage sowie der aktuelle Kurs addiert und durch 200 geteilt. Im weiteren Verlauf wird der jeweils letzte Schlußkurs der Zeitreihe hinzuaddiert und der jeweils älteste Kurs eliminiert, so daß man eine fortlaufende Zeitreihe der Durchschnittswerte einer Kurskurve erhält. Der gleitende Durchschnitt wird täglich neu ermittelt und fortlaufend gezeichnet. Er ist konstruktionsbedingt stets trendfolgend, d.h. er enthält eine Aussage über den Trend, allerdings erst nachträglich. Aus dem Verhältnis des gleitenden Durchschnitts zum aktuellen Kurs lassen sich Rückschlüsse auf die weitere Entwicklung ziehen.

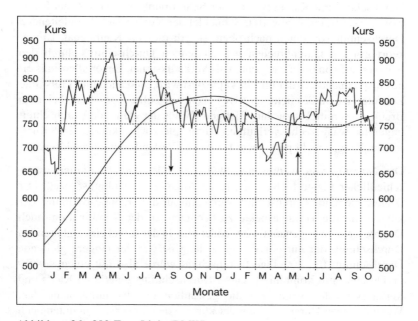

Abbildung 26: 200-Tage-Linie (BMW)

Die Länge des gleitenden Durchschnitt ergibt sich aus dem Anlagehorizont des Anlegers und aus dem betrachteten Anlageobjekt. Aufgrund der Zeitverzögerung, mit der ein gleitender Durchschnitt die primäre Kursbewegung nachzeichnet, wählt man für den mittel- bis langfristig orientierten Anleger längere gleitende Durchschnitte, da diese innerhalb eines bestehenden Trends in kurzfristigen Konsolidierungsphasen nicht geschnitten werden und somit keine unnötig häufigen Kauf- oder Verkaufssignale auslösen. Kurzfristige gleitende Durchschnitte, die dem Kursverlauf wesentlich schneller folgen, führen zu häufigen Transaktionen und damit zu relativ hohen Transaktionskosten. Am gebräuchlichsten sind für den Privatanleger Glättungslinien von 50, 100 oder 200 Tagen.

Die Ermittlung von Kauf- und Verkaufssignalen ergibt sich aus der Lage des gleitenden Durchschnitts zur Kurskurve. Da in einem Aufwärtstrend der gleitende Durchschnitt kleiner ist als der aktuelle Kurs, verläuft der gleitende Durchschnitt unter der Kurskurve. Dagegen ist der Indikatorwert in einem Abwärtstrend größer als der Kurs und verläuft oberhalb der Kurskurve. Tritt nun eine Trendwende ein, so schneidet der gleitende Durchschnitt die Kurskurve. Dieser Schnittpunkt wird i.d.R. als Kauf- bzw. Verkaufssignal gewertet. Schneidet der Kursverlauf den gleitenden Durchschnitt von unten nach oben, so gilt dies als Kaufsignal. Umgekehrt gilt ein Durchbrechen des gleitenden Durchschnitts durch den Kursverlauf von oben nach unten als Verkaufssignal. Bevor allerdings eine entsprechende Order im Markt plaziert wird, sind auch hier Preis- und Zeitfilter zu berücksichtigen. Des weiteren sollte vor allem bei dem Bruch eines mittel- bzw. langfristigen Trends der gleitende Durchschnitt ungefähr waagerecht verlaufen, damit plötzliche kurzfristige Kursschwankungen nicht permanent Kauf- und Verkaufssignale auslösen.

Die Nutzung von wenigstens zwei gleitenden Durchschnitten unterschiedlicher Länge bietet Vorteile im Anlageentscheidungsprozeß. Der längere gleitende Durchschnitt wäre dann für die Trendbestimmung, der kürzere für die Timingaspekte zu benutzen. In der Kombination, auch Double Crossover genannt, verwendet man in der Regel einen gleitenden Durchschnitt, der nur ein Viertel so lang ist wie der längere gleitende Durchschnitt. Ein 200-Tage-Durchschnitt würde also mit einem 50-Tage-Durchschnitt kombiniert. Diese Durchschnitte generieren Kauf- und Verkaufssignale, wenn sich die gewählten Durchschnitte schneiden. Wenn bei zwei Durchschnitten der kürzere den längeren von unten nach oben schneidet (Gold Cross), ist dies als Kaufsignal zu interpretieren.

Umgekehrt gilt: Schneidet der kürzere Durchschnitt den längeren von oben nach unten (Dead Cross), ist dies ein Verkaufssignal.

12.9.4 Oszillatoren

Oszillatoren geben die Schwankungen eines Wertes um einen Mittelwert an. Die Oszillatoren liefern vor allem zu in sich seitwärts bewegenden Märkten eine gute Aussage, wohingegen sie zu Beginn eines stärkeren Aufwärts- oder Abwärtstrends zu Fehlsignalen führen können. Zu den wichtigsten Oszillatoren gehören:

- Momentum,
- Relative Stärke Index (RSI) und
- Stochastik-Indikator.

Das *Momentum* ist einer der bekanntesten Oszillatoren. Es ist ein Maß für die innere Vitalität einer Kursbewegung und wird ermittelt, indem man kontinuierlich die relative Kursdifferenz des zugrundeliegenden Papiers für ein konstantes Zeitintervall feststellt. Bei einem Ein-Jahres-Momentum wird also täglich der aktuelle Kurs mit dem entsprechenden Wert vor einem Jahr verglichen. Für die kürzerfristige Aktienanalyse verwendet man am besten einen Momentumwert von 20 Tagen. In der Rentenanalyse wird das 9-Tages-Momentum am stärksten beachtet, in der Devisenanalyse kommt am häufigsten ein 5-Tages-Momentum zum Einsatz. Für den mittel- bis langfristig orientierten Investor hingegen liefert ein über 6 Monate geglättetes 10-Tages-Momentum die besten Analyseergebnisse, wie sich durch empirische Tests herausstellte.

Der einfachste Weg, das Momentum zu interpretieren, besteht darin, den Mittelpunktswert (Nullinie) als Signalgeber zu definieren. Kaufsignale sind dann gegeben, wenn das Momentum über die Nullinie ansteigt, Verkaufssignale, wenn es unter die Linie fällt. Während einer Korrekturphase in der Hausse fällt der Oszillator, kehrt jedoch vor der Nullinie um. Bei einem Markt, der nach unten tendiert (Baisse-Markt), fungiert die Nullinie wie ein Widerstand. Der Bereich der Nullinie repräsentiert somit in einem Aufwärtstrend eine Kaufzone mit niedrigem Risiko, in einem Abwärtstrend entsprechend eine Verkaufszone. Ist der Berechnungszeitraum für das Momentum längerfristig angelegt, bleibt das Signal nach dem Überqueren der Nullinie häufig über Wochen und Monate intakt.

Neben der Richtungsbestimmung gibt das Momentum aber auch Aufschluß über die Vitalität der Kursbewegung. Steigen die Kurse relativ dynamisch, vergrößert sich die Differenz zwischen dem aktuellen Kurs und dem Vergleichswert der Vergangenheit rasch. Der Verlauf des Momentums zeigt dann eine höhere Steigung als zuvor. Solange diese anhält, ist von einer Fortsetzung der gegebenen Trenddynamik auszugehen. Nähert sich die Hausse aber ihrem Ende, werden üblicherweise die relativen Kurszuwächse wieder geringer. Obwohl nun der Kurs der Aktie unverändert steigt, flacht sich das Momentum ab.

Eine weitere Möglichkeit zum Einsatz des Momentums ist die Nutzung als Überkauft-Überverkauft-Indikator. Zu diesem Zweck werden die historischen Hoch- und Tiefpunkte des Momentums mit Parallelen zur Nullinie miteinander verbunden. Ein Überschreiten der Hochlinie gilt als Verkaufssignal, ein Unterschreiten der Tieflinie wird als Kaufsignal gewertet. Diese Strategie ist jedoch nur anwendbar, wenn die Aktie eine relativ konstante Volatilität aufweist.

Der von *J. Welles Wilder Jr.* entwickelte *Relative Stärke Index* (RSI) ist ebenfalls ein häufig verwendeter Oszillator, der die Dynamik der Kursbewegung eines Papieres mißt. Normalerweise wird der RSI für eine Zeitperiode von 14 Tagen berechnet. Je kürzer die Berechnungsperiode ist, desto sensitiver ist der Indikator. Deshalb hat sich für den mittelfristigen Anleger, der an weniger Signalen interessiert ist, eine Frequenz von 28 Tagen als optimal herausgestellt.

Aufgrund der Berechnungssystematik ergibt sich für den RSI eine Bandbreite von 0 bis 100. Da der Oszillator keine einzelnen Kurse, sondern eine Zeitreihe aus geglätteten Veränderungen darstellt, lassen sich innerhalb dieser Bandbreite gewisse Reaktionsmuster feststellen, die weitgehend titelunabhängig Gültigkeit haben. Dazu wird der 100-Punkte-Bereich in drei Zonen unterteilt:

- überkaufte Zone: Bereich oberhalb von 70 Punkten;
- überverkaufte Zone: Bereich unterhalb von 30 Punkten;
- neutrale Zone: der Bereich zwischen der überkauften und der überverkauften Zone.

Ein Unterschreiten der 30-Punkte-Linie liefert ein Kaufsignal, ein Überschreiten der 70-Punkte-Marke ein Verkaufssignal.

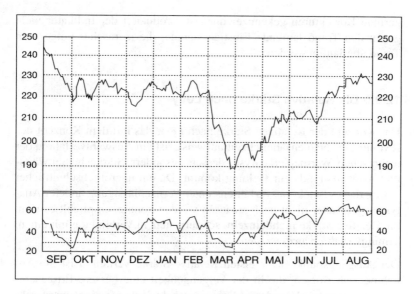

Abbildung 27: Relativer Stärke Index und C DAX (Maschinenbau)

Der *Stochastik-Indikator* versucht, frühzeitig Veränderungen im Kursverhalten anzuzeigen. Dies geschieht aufgrund der Erkenntnis, daß sich die Schlußkurse in einem Aufwärtstrend tendenziell am oberen Rand der Kursspanne bewegen, in einem Abwärtstrend am unteren Ende. Dieser Indikator zeigt, wo der letzte Schlußkurs im Vergleich zu der Bandbreite der Kurse innerhalb der untersuchten Periode liegt. Aufgrund der Berechnungsmethode kann sich der Stochastik-Indikator zwischen 0 und 100 bewegen, wobei die 30- und 70-Punkte-Marke wie beim RSI zu interpretieren sind.

Bei der Konstruktion des Stochastik-Indikators werden zwei Linien erzeugt: die %K-Linie, die das tatsächliche Verhältnis zwischen Schlußkurs und der Handelsspanne in der zugrundeliegenden Periode ausdrückt, und die %D-Linie, eine Glättung der %K-Linie, die aber wichtiger ist und bessere Signale liefert als die %K-Linie.

Der Stochastik-Indikator erzielt seine besten Ergebnisse in liquiden Märkten mit breiten Handelsspannen. Starke Auf- oder Abwärtstrends schränken seine Aussagefähigkeit ein. In einem starken Trend, der durch geringe Korrekturen gekennzeichnet ist, produziert der Indikator viele gegen den Trend laufende Einstiegssignale, die in rascher Folge vom Trend überlaufen werden.

12.9.5 Die Relative Stärke nach Levy

Das Konzept der Relativen Stärke nach *Levy*, das mit dem Konzept des RSI nur eine Namensähnlichkeit aufweist, ist ein Auswahlverfahren der technischen Wertpapieranalyse, dessen besondere Stärke in Seitwärts- und Aufwärtstrends zur Geltung kommt. Da ein überdurchschnittlicher Erfolg dieses Selektionsverfahrens unter Vernachlässigung anderer Analyseansätze aber nicht nachgewiesen werden konnte, empfiehlt es sich, die Relative Stärke nicht einzeln, sondern stets in Verbindung mit einem Timingverfahren anzuwenden.

Der Ausgangspunkt der meisten Relative-Stärke-Verfahren ist die Annahme, daß Börsen, die in der Vergangenheit eine bessere Ertragsentwicklung hatten als andere Märkte, auch in Zukunft eine überdurchschnittliche Kursentwicklung aufweisen werden. Da dies empirisch nicht nachgewiesen werden konnte, versuchte Levy einen Ansatzpunkt zu finden, um dieses Kriterium praxisgerecht anwenden zu können. So war es Levys Idee, eine Zeitreihe zu ermitteln, die als Vergleichsmaßstab für verschiedene Märkte und Titel geeignet ist.

Die Relative Stärke nach Levy wird ermittelt, in dem man den aktuellen Wochenschlußkurs durch den Durchschnitt der vergangenen 27 Wochenschlußkurse dividiert. Bei dieser Vorgehensweise reagiert die eigene Kennziffer nur auf die Kursbewegungen des zugrundeliegenden Marktes. Schwächen, die bei Vergleichen mit übergeordneten Indizes auftreten (z.B. aufgrund unterschiedlicher Indexkonzeptionen) werden somit vermieden. Hat man für jeden Markt den entsprechenden Wert ermittelt, dann werden die Märkte entsprechend der Rangfolge ihrer Relativen Stärke geordnet. Die Börse mit dem höchsten Wert bekommt die Platzziffer 1, die Börse mit dem zweitbesten Wert auf der Basis der Wochenanalyse bekommt den Rang 2 usw. So entsteht praktisch eine „Börsenliga"-Tabelle.

Die Relative Stärke nach Levy ist vor allem für einen mittel- bis langfristigen Anlagehorizont geeignet. Der durchschnittliche Transaktionszeitraum überschreitet normalerweise die sechsmonatige Spekulationsfrist. Ein prozyklisch handelnder Anleger investiert nur in Märkten, die in der Tabelle vorne liegen. Somit findet eine Kapitalakkumulation in relativ starken Börsen statt. Ähnlich einer Stopp-Loss-Marke werden die Anlagen in den Märkten, die in der Rangliste zurückfallen, reduziert.

12.10 Die technische Analyse und der Privatanleger

Bei aller Beliebtheit, der die technische Analyse sich erfreut, soll an dieser Stelle doch eine Warnung ausgesprochen werden. Für den langfristig orientierten Anleger sind fundamentale Faktoren viel wichtiger als Ergebnisse der technischen Analyse. Letztlich bestimmt der Gewinn und die Solidität eines Unternehmens den Kurs seiner Aktie, und mittelfristig lassen sich die Kurse durch einzel- und gesamtwirtschaftliche Daten recht gut erklären. Die technische Analyse kann dem Privatanleger eine Hilfestellung im kurzfristigen Bereich geben, indem sie zur Bestimmung des optimalen Kauf- oder Verkaufszeitpunktes für eine bestimmte Aktie herangezogen wird. Die grundsätzliche Entscheidung für oder gegen den Kauf einer bestimmten Aktie sollte hingegen nach fundamentalen Kriterien getroffen werden.

Für den institutionellen Investor gilt diese Einschränkung nicht. Da diese oftmals geringere Transaktionskosten für den Kauf oder Verkauf von Wertpapieren zu zahlen haben und schneller reagieren, können unter Umständen bereits kleinere Kursschwankungen mit Hilfe der technischen Analyse erkannt und gewinnbringend genutzt werden. Der Privatanleger sollte im eigenen Interesse nicht versuchen, auf diesem Feld mit professionellen Investoren zu konkurrieren.

Vom Sinn des Schubladendenkens ...

oder
Nicht jeder hält, was er verspricht

„Jetzt haben Sie mir viel über die Aktienanalyse erzählt," sinniert Manfred E. „Gibt es denn auch vergleichbare Methoden für festverzinsliche Wertpapiere? Wenn ich mein Vermögen auf Rentenpapiere und Aktien verteile, muß ich doch nicht nur Aktien analysieren!" „Auch festverzinsliche Wertpapiere sollten sorgfältig ausgesucht werden," bestätigt Udo H. seinem Kunden. „Aber die meisten Instrumente kennen Sie schon: Sie können den fairen Wert einer Anleihe berechnen und mit Hilfe der Duration das Risiko einer Kursänderung abschätzen. Viele Methoden der Aktienanalyse können auch auf festverzinsliche Wertpapiere angewandt werden. Wenn ein Unternehmen Anleihen ausgibt, kann seine Bilanz und seine Gewinn- und Verlustrechnung wie bei der fundamentalen Aktienanalyse untersucht werden."

„Natürlich, das ist logisch!", sieht Manfred E. „Auch die technische Analyse kann sinnvoll sein", fährt Udo H. fort. „Sie können die Marktrendite ebenso einer Chartanalyse unterziehen wie einen Aktienkurs." „Das ist ja toll!" Manfred E. ist jetzt noch überzeugter. „Aber gibt es doch auch Methoden, die stärker auf Anleihen zugeschnitten sind?" „Ja," bestätigt Udo H. „Häufig werden Rating-Verfahren zur Bonitätsbewertung eines Schuldners benutzt. Mit einer einzigen Kenngröße erfährt man alles, was man zur Zahlungsfähigkeit und Zahlungswilligkeit eines Schuldners wissen muß. Ein Rating kann auch für Schuldner vergeben werden, bei denen traditionelle Methoden der Bilanzanalyse nicht anwendbar sind, z.B. bei staatlichen Kreditnehmern. Oder wie würden Sie die Kreditwürdigkeit einer ausländischen Regierung überprüfen?"

„Im Zweifel würde ich ihr gar keinen Kredit geben," meint Manfred E. „Aber mit diesem Rating ... Da hat man Schubladen, in die man die Anleihen einsortieren kann. Ist das aber auch zuverlässig? Wie funktioniert das Ganze überhaupt?" Auch hier bleibt Udo H. wieder keine Erklärung schuldig ...

13. Das Rating bei festverzinslichen Wertpapieren

Das größte Risiko bei festverzinslichen Wertpapieren ist – neben einer Änderung der Marktrendite – die Unfähigkeit (oder Unwilligkeit) des Schuldners, Zinsen und Tilgung zu den vereinbarten Zeitpunkten und in der vereinbarten Höhe zu zahlen. Für den einzelnen Anleger ist es oftmals unmöglich, dieses Risiko für jeden möglichen Emittenten einer Anleihe korrekt abzuschätzen und in eine fundierte Anlageentscheidung umzusetzen. Glücklicherweise gibt es allerdings verschiedene Institutionen, die dem Anleger diese mühsame Arbeit abnehmen und für Wertpapieremittenten sogenannte Ratings erstellen. Die erste Ratingagentur wurde von *John Moody* gegründet, der bereits seit 1909 mit seiner Firma „Moody's Investor Service, Inc." Eisenbahnschuldverschreibungen und Kommunalanleihen, später auch andere festverzinsliche Wertpapiere bewertete. Neben Moody's (MDY) ist Standard & Poor's (S&P) die wichtigste Ratingagentur; daneben gibt es aber noch eine Vielzahl weiterer Unternehmen in diesem Markt.

Ziel des Ratings ist es, dem Anleger mit einer einzigen Größe zu signalisieren, wie die Bonität eines Emittenten oder einer Emission ist, oder umgekehrt, wie hoch das Risiko des Investments in eine bestimmte Wertpapieremission oder in die Wertpapiere eines bestimmten Emittenten ist. Bewertet werden sowohl Emittenten aller Art (Staaten, supranationale Organisationen, öffentlich-rechtliche Organisationen, Banken, Versicherungen, Industrieunternehmen etc.) als auch Emissionen (Anleihen, Schuldverschreibungen, Vorzugsaktien, Commercial Papers, Geldmarkt- und Investmentfonds etc.). Dabei gilt die Grundregel, daß eine Emission nie besser bewertet werden kann als der Emittent, der dieses betreffende Wertpapier ausgibt, sie kann aber schlechter bewertet werden, wenn die speziellen Konditionen genau dieser Emission für den Anleger ungünstig sind. Weiterhin kann das Rating für einen speziellen Emittenten niemals besser sein als das Rating seines Heimatlandes, denn die Politik der betreffenden Regierung hat entscheidenden Einfluß auf die Fähigkeit der einzelnen Schuldner zur Erfüllung ihrer Verpflichtungen.

Jedes Rating stellt letztlich nicht mehr als eine (begründete) Meinung über die Bonität eines Emittenten oder einer Emission dar. Es ist damit notwendigerweise immer subjektiv. Die Bewertung gibt die Ansicht der Rating-agentur über die Wahrscheinlichkeit eines Zahlungsausfalls wieder und keine sicheren Prognosen. Ratings sind daher nicht als eine konkrete Anlageempfehlung zu verstehen. Ein Unternehmen mit einem schlechten Rating kann durchaus für den Anleger attraktive Anleihen emittieren, wenn die versprochene Rendite das höhere Risiko kompensiert. Letztlich muß jeder Anleger für sich selbst entscheiden, bei welchem Risiko er welche Rendite verlangt: Das Rating teilt ihm die Höhe des Risikos mit; über seine Renditeforderung muß der Anleger selbst entscheiden. Je nach Risikofreudigkeit werden unterschiedliche Charaktere auch zu unterschiedlichen Ergebnissen kommen: Während der eine nur in Anleihen mit dem besten Rating investiert, geht der andere für eine zusätzliche Rendite von einem oder zwei Prozentpunkten ohne Bedenken sehr hohe Risiken ein.

Ratingagenturen vergeben Symbole – bestimmte Buchstabenkombinationen – zur Kennzeichnung der verschiedenen Risikoklassen. Unternehmen oder andere Emittenten mit der gleichen Einstufung in Risikoklassen weisen in etwa die gleiche Wahrscheinlichkeit auf, in Zukunft zahlungsunfähig zu werden. Die Risikoklassen der beiden wichtigsten Ratingagenturen Moody's und Standard & Poor's entsprechen einander weitgehend – wenn nicht in der formalen Bezeichnung, so doch in der Beschreibung der einzelnen Risikostufen.

Die Ratingstufen von AAA/Aaa bis A/A gelten als Investmentklassen, die Ratingstufen ab BBB/Baa als Spekulationsklassen. Je schlechter ein Rating ist, desto größer werden die qualitativen Unterschiede zwischen den einzelnen Stufen: der Schritt von AAA nach AA ist weniger schwerwiegend als der Schritt von CC auf C.

Neben den in Tabelle 29 dargestellten Ratings für langfristige Anlagen vergeben sowohl Moody's als auch Standard & Poor's Ratings für kurzfristige Investments. Ihre Beschreibungen stimmen weitgehend mit den langfristigen Klassifizierungen überein, haben aber teilweise andere Bezeichnungen. Vor allem ist die Klassifizierung im kurzfristigen Bereich nicht so feinstufig wie im langfristigen (vgl. Tabelle 30).

Für den Anleger, der einen Teil seiner Mittel in ein festverzinsliches Wertpapier investieren will, ist ein solches Rating sehr hilfreich. Es erlaubt ihm eine sehr einfache Abschätzung seines Risikos und den Vergleich zwischen den Marktrenditen verschiedener Anleihen der gleichen

Tabelle 29: Ratingstufen

S & P Investment-klassen	Moody's Investment-klassen	Bezeich-nung	Beschreibung
AAA	Aaa	gilt-edged	Die Fähigkeit, Zinsen und Kapitalrückzahlung zu leisten, ist außergewöhnlich hoch. Das Kapital ist ungefährdet.
AA+ AA AA-	Aa1 Aa2 Aa3	high-grade bonds	Die Fähigkeit, Zinsen und Kapitalrückzahlung zu leisten, ist sehr ausgeprägt. Die Finanzkraft ist nur wenig schwächer als bei AAA/Aaa-Papieren.
A+ A A-	A1 A2 A3	upper medium grade	Die Fähigkeit zur Bedienung der Anleihe ist sehr stark. Ein verändertes wirtschaftliches Umfeld und veränderte Rahmenbedingungen können allerdings Anleihen dieser Qualität leichter angreifbar machen.
BBB+ BBB BBB-	Baa1 Baa2 Baa3	Schuldtitel mittlerer Qualität	Obwohl die Voraussetzungen zur Zins- und Kapitalrückzahlung ausreichend gut sind, können eine ungünstige Wirtschaftsentwicklung oder ein verändertes Umfeld die Fähigkeit des Unternehmens, die Schulden zurückzuzahlen beeinträchtigen.
BB+ BB BB-	Ba1 Ba2 Ba3	spekulative Emission	Die Anleihe ist den nachteiligen Risiken nachteiliger Geschäfts-, Finanz- oder Wirtschaftsentwicklungen ausgesetzt. Die Fähigkeit einer fristgerechten Zins- und Kapitalrückzahlulng kann daher unzulänglich sein.
B+ B B-	B1 B2 B3		Zur Zeit sind die Voraussetzungen für eine Zins- und Kapitalrückzahlung noch ausreichend, doch die Sicherheit des Schuldendienstes ist gering.
CCC+ CCC CCC-	Caa	ausgesprochen spekulative Anlage	Die Zins- und Kapitalrückzahlungen sind von den Umständen abhängig und können bei nachteiligen Entwicklungen der Geschäfts-, Finanz- und Wirtschaftsbedingungen kaum aufrechterhalten werden.
CC	Ca	hoch-spekulative Anlagen	Zins- und Kapitalrückzahlungen sind ungewiß oder bereits ausstehend. Die Inhaber dieser Papiere sind anderen Gläubigern gegenüber bei einem Konkurs oftmals schlechter gestellt.
C CI	C		Der Schuldner steht kurz vor der Zahlungsunfähigkeit oder ist bereits insolvent. Oder: Das Konkursverfahren ist bereits eingeleitet, doch die Zinszahlungen werden weiter geleistet.
D	D		Der Schuldner befindet sich in Zahlungsverzug oder hat Konkurs angemeldet.

Quelle: Schweizerische Bankgesellschaft (Hrsg.), Das Rating verzinslicher Anlagen. Teil 1, S. 9 f., 1996

Tabelle 30: Ratingstufen für kurz- und langfristige Investments

S & P – kurzfristig –	S & P – langfristig –	Moody's – langfristig –	Moody's – kurzfristig –
A-1+	AAA	Aaa	Prime-1
A-1+	AA+ AA AA–	Aa1 Aa2 Aa3	Prime-1
A-1 A-2	A+ A A–	A1 A2 A3	Prime-1 Prime-2
A-2 A-3	BBB+ BBB BBB–	Baa1 Baa2 Baa3	Prime-2 Prime-3
B	BB+ BB BB–	Ba1 Ba2 Ba3	Prime-3
C	B+ B B–	B1 B2 B3	Not Prime
C	CCC+ CCC CCC–	Caa	Not Prime
C	CC	Ca	Not Prime
C	C CI	C	Not Prime
D	D		

Quelle: Schweizerische Bankgesellschaft (Hrsg.), Das Rating verzinslicher Anlagen. Teil 1,
       S. 13, 1996

Risikoklasse. Wenn er schon ein bestimmtes Risiko einzugehen bereit ist, will er schließlich die zum jeweiligen Risiko höchstmögliche Rendite erzielen. Wer kein Risiko eingehen will, wählt eben Anleihen, die mit einem sehr guten Rating bewertet sind.

Welches aktuelle Rating ein bestimmter Emittent oder eine bestimmte Anleihe hat, erfährt der Anleger von seinem Anlageberater. Nicht mit einem Rating versehene Wertpapiere sind entweder über jeden Zweifel erhaben oder aber so „exotisch", daß der Privatanleger ohnehin von ihrem Kauf Abstand nehmen sollte.

Die Abbildung 28 stellt die Wahrscheinlichkeit dar, mit der Anleihen der Ratingstufen AAA bis BBB nach einem Jahr oder innerhalb von zehn Jahren, nachdem das Rating vergeben wurde, notleidend werden. Bei einem Rating von BBB ist das Risiko innerhalb von zehn Jahren etwa doppelt so hoch wie bei einem Rating von AAA (oder Triple-A, wie diese höchste Bonitätsstufe oftmals auch genannt wird).

Die Beachtung des jeweiligen Ratings einer Anleihe ist also schon zum Zeitpunkt der Anlageentscheidung sehr empfehlenswert. Aber auch danach sollte der Anleger die Ratings seiner Anleihen und ihrer Emittenten beobachten. Verschlechtert sich die wirtschaftliche Situation eines Emit-

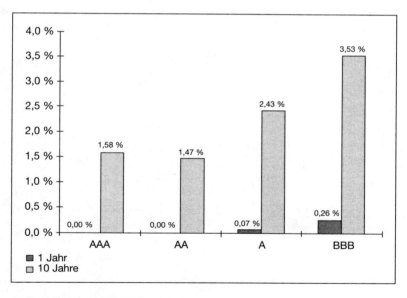

Quelle: Schweizerische Bankgesellschaft

Abbildung 28: Wahrscheinlichkeit eines Zahlungsverzugs in Abhängigkeit vom Rating und vom Anlagezeitraum nach dem Rating

tenten, kann sein Rating herabgesetzt werden, was sich natürlich sofort nachteilig auf die Kurse seiner Emissionen auswirken wird. Für den Anleger, der die Papiere bis zur Endfälligkeit hält, ändert sich an der ursprünglich erwarteten Rendite natürlich nichts (wenn Zinszahlungen und Tilgung planmäßig erfolgen). Trotzdem sollte er das Alarmsignal registrieren und die Anleihe rechtzeitig verkaufen, wenn er noch weitere Herabstufungen im Rating und daraus folgende Kursverluste befürchtet.

Alles hat seinen Preis ...

oder

Vom richtigen Umgang mit „Gebühren"

„Eine Frage habe ich jetzt aber doch noch", wendet Manfred E. sich an seinen Anlageberater. „Ich habe gehört, daß bei Wertpapierkäufen recht hohe Kosten in Rechnung gestellt werden. Gerade bei den Aktien kommt da wohl ein ansehnlicher Betrag zusammen. Muß das denn wirklich sein?"

„Nun ja, da bitte ich Sie schon um Ihr Verständnis", entgegnet sein Berater. „Wir sind als Bank auch ein Wirtschaftsunternehmen und stellen für unsere Leistungen Preise in Rechnung. Immerhin müssen wir ja auch die Kosten decken, die uns für die Anlageberatung und die Ausführung der Aufträge unserer Kunden entstehen. Und da wir schließlich eine Aktiengesellschaft sind, wollen natürlich auch unsere Aktionäre, daß wir über die reine Deckung der Kosten hinaus einen Gewinn erzielen."

„Das klingt logisch", muß Manfred E. zugeben, ist aber noch nicht ganz überzeugt: „Aber müssen deshalb die Gebühren gleich so hoch sein? Und, wie gesagt, gerade für Aktien soll dies ja ganz besonders gelten!"

„Da muß ich Ihnen widersprechen", meint Udo H. „Ich erkläre Ihnen jetzt mal etwas genauer, welche Preise wir für unsere verschiedenen Leistungen berechnen. Außerdem liegt es zu einem großen Teil an Ihnen und Ihrem Anlageverhalten, welche Kosten Ihnen bei der Geldanlage entstehen."

„Mit der Art und Weise, wie ich mein Geld anlege, kann ich also die Gebühren für die Bank beeinflussen? Und das soll nicht zu Lasten der Rendite gehen, die ich erzielen kann? Das wäre ja schon fast zu schön, um wahr zu sein!", beruhigt sich Manfred E. „Da bin ich aber mal wieder gespannt, was Sie mir dazu zu erzählen haben."

14. Die Kosten einer Anlage

Kaum ein Thema prägt die Diskussion um die zu geringe Zahl der Aktionäre in Deutschland so stark wie die Bankgebühren. Dabei handelt es sich allerdings nicht um Gebühren im engeren Sinne, sondern um normale Preise für normale Dienstleistungen. Genau wie ein Kunde beim Bäcker für seine Brötchen bezahlt, so bezahlt er als Anleger bei der Bank für die Beratung, den Kauf oder Verkauf von Wertpapieren und für ihre Verwahrung und Verwaltung einen Preis. Diese Leistungen und Preise unterliegen ebenso dem Wettbewerb, und jeder Anleger kann die Bank wählen, die ihm die besten Leistungen zum günstigsten Preis bietet.

Um diese Entscheidung sachgerecht treffen zu können, muß der Anleger die Grundstruktur der Preise für Bankdienstleistungen kennen und auch sein persönliches Anlageverhalten berücksichtigen. Beides zusammen ermöglicht ihm die Wahl der für ihn und seine Bedürfnisse richtigen Bank.

Die Preise (Gebühren) werden von den Banken für den Kauf und Verkauf von Wertpapieren erhoben (Transaktionskosten) und für die Verwahrung und Verwaltung der Wertpapiere im Depot (Depotgebühren). Allerdings unterliegen nicht alle Anlageformen gleichermaßen den Bankgebühren. Für Sparbücher und Sparbriefe wird im Regelfall keine Gebühr erhoben, doch dafür ist die Verzinsung dieser Anlageformen auch entsprechend niedriger. Die Gebühren für die Anschaffung oder den Verkauf von Aktien setzen sich im Regelfall wie folgt zusammen:

Bankprovision:	1 % des Kurswertes
Makler-Courtage:	0,04 % des Kurswertes bei DAX-Aktien bzw.
	0,08 % des Kurswertes bei Nicht-DAX-Aktien
Spesen, Porto:	4,- bis 5,- DM

Die meisten Banken erheben darüber hinaus eine Mindestgebühr, die je nach Institut zwischen 10 und 50 DM beträgt. Für den preisbewußten Anleger bedeutet dies, daß jeder einzelne Auftrag mindestens das Hundertfache der Mindestgebühr betragen sollte, denn bei einem geringeren Wert würden die Transaktionskosten überproportional ansteigen.

Bei einer Mindestgebühr von 30 DM und einem Kurswert der gekauften DAX-Aktien von 3.500 DM beträgt die Gebührenabrechnung der Bank:

Provision: 3.500 x 1 %   =   35,00 DM
Makler-Courtage: 3.500 x 0,04 %   =   1,40 DM
Spesen: 5,00 DM
Gesamtkosten: 41,40 DM

Bei der gleichen Mindestgebühr von 30 DM, aber einem Kurswert der gekauften DAX-Aktien von nur 2.000 DM beträgt die Gebührenabrechnung der Bank:

Mindest-Provision: 2.000 x 1 %   =   30,00 DM
Makler-Courtage: 2.000 x 0,04 %   =   0,80 DM
Spesen: 5,00 DM
Gesamtkosten: 35,80 DM

Beträgt der Kurswert der gekauften DAX-Aktien nur 1.000 DM, so schlagen die Mindestgebühren noch stärker zu Buche:

Mindest-Provision: 1.000 x 1 %   =   30,00 DM
Makler-Courtage: 1.000 x 0,04 %   =   0,40 DM
Spesen: 5,00 DM
Gesamtkosten: 35,40 DM

Bei 3.500 DM Kurswert (und jedem anderen Kurswert über 3.000 DM) betragen die insgesamt zu zahlenden Gebühren 1,18 %, bei einem Anlagevolumen von 2.000 DM hingegen 1,79 %. Werden für lediglich 1.000 DM Aktien erworben, so sind die Gebühren mit 3,54 % bereits sehr hoch. Für den Anleger folgt daraus, daß jeder einzelne Aktienkauf und Aktienverkauf die Grenze überschreiten sollte, ab der die Mindestgebühr nicht mehr erhoben, sondern die normale Provision von einem Prozent des Kurswertes einbehalten wird. Natürlich kann auch ein geringerer Betrag in eine einzelne Aktie investiert werden, wenn ein sehr starker Kursanstieg erwartet wird und aus irgendeinem Grund nicht mehr investiert werden soll, aber das liegt ganz in der Entscheidung des Anlegers.

Sowohl beim Kauf als auch beim Verkauf einer Aktie fallen Transaktionskosten an. Daher sind die oben ermittelten Werte zu verdoppeln, um den Kursanstieg zu ermitteln, ab dem der Aktienkauf sich als Gewinn erweist. Das bedeutet, daß mit einer Aktie während der Haltedauer ein Kursgewinn von 2 x 1,18 % = 2,36 % erzielt werden muß, damit der Anleger seine Transaktionskosten wieder hereinholt und einen echten Gewinn erzielt. Genaugenommen muß der Kursgewinn sogar noch etwas höher sein, denn die Gebühren beim Verkauf errechnen sich ja nach dem (hoffentlich) höheren Kurs und fallen damit auch etwas höher aus als die Kosten beim Kauf. Dieser Effekt ist aber in der täglichen Praxis des Privatanlegers unbedeutend. Geht man von einer Mindeststeigerung von 2,5 % aus, wird man sich stets auf der sicheren Seite der Kalkulation befinden.

Auch für den Kauf festverzinslicher Wertpapiere werden Transaktionskosten nach dem oben beschriebenen Muster berechnet. Hier beträgt die Provision oftmals nicht 1 %, sondern nur 0,5 % des Kurswertes. Für die Mindestprovision können ebenfalls andere Grenzen gelten. Wird die Anleihe bis zur Tilgung gehalten, fällt natürlich auch keine Verkaufsprovision mehr an. Die Anlage in festverzinsliche Wertpapiere ist also im Regelfall gebührengünstiger als die Aktienanlage, doch diesem Vorteil steht der Nachteil einer langfristig geringeren Durchschnittsrendite gegenüber.

Beim Kauf von Investmentfondsanteilen wird ein Ausgabeaufschlag zwischen 3 % (für Rentenfonds) und 5 % (für Aktienfonds) erhoben. Im Gegensatz zur Abrechnung eines Aktienkaufs, auf der Provision, Maklercourtage und Spesen offen ausgewiesen werden, sind die Transaktionskosten bei Investmentfondsanteilen bereits im Anschaffungspreis enthalten. Der Anleger merkt also nicht so deutlich wie bei Aktienkäufen, wie hoch seine Transaktionskosten bei Investmentfonds sind. Erst wenn er die Zahl der gekauften Anteile mit dem Rücknahmepreis multipliziert und den so errechneten Betrag mit seinen Anschaffungskosten vergleicht, wird er seine Transaktionskosten erfahren.

Neben den Kosten für den Kauf oder Verkauf von Wertpapieren oder von Investmentfondsanteilen erheben die Banken Gebühren für die Depotverwaltung. Üblich sind hier 1 Promille des Kurswertes, mindestens aber 10 DM je Aktie oder festverzinslichem Wertpapier. Wird ein Wertpapier nicht in Girosammelverwahrung,[11] sondern im Streifband[12] verwahrt,

---

11 Bei der Girosammelverwahrung werden die Aktien einer Unternehmung zusammen in einer Wertpapiersammelbank verwahrt. Der Aktionär erhält eine Gutschrift, aus der nur die Zahl und Art seiner Aktien, nicht aber ihre genaue Nummer (Aktien sind fortlaufend numeriert) hervorgeht. Der Anleger hat Anspruch auf die Herausgabe einer bestimmten Zahl von Aktien, aber nicht auf die Herausgabe ganz bestimmter Aktienurkunden. Dies vereinfacht (und verbilligt) die Verwahrung und Verwaltung von Wertpapieren erheblich.

12 Bei der Streifbandverwahrung werden die Aktien eines Anlegers äußerlich erkennbar gekennzeichnet und getrennt von den Aktien anderer Anleger aufbewahrt. Der Anleger hat dann einen Anspruch auf die Herausgabe genau dieser Aktien.

was vor allem für Namensaktien gilt, sind die Kosten natürlich etwas höher.

Für die Depotgebühren erbringt die Bank verschiedene Leistungen. Sie führt das Depotkonto, versendet mindestens einmal jährlich einen Depotauszug, aus dem der Anleger seinen Wertpapierbestand ersehen kann. Sie überwacht die Zins- und Dividendentermine und überweist die Zinsen oder Dividenden auf sein Konto. Bei Aktien sendet sie dem Aktionär die Einladung zur Hauptversammlung und weitere Informationen über das Unternehmen zu und vertritt ihn auch auf der Hauptversammlung, wenn er es wünscht.

Eine der teuersten (und für den Anleger oft wichtigsten) Dienstleistungen der Banken wird nicht von der Gebührenordnung erfaßt: die Anlageberatung. Ob ein Anleger seine Wertpapieraufträge telefonisch erledigt oder sich in der Bank beraten läßt, die Transaktionskosten und Depotgebühren sind die gleichen. Für Anleger, die keine Anlageberatung brauchen, bietet sich daher als Alternative, die Wertpapiergeschäfte nicht bei einer der bekannten Geschäftsbanken abzuwickeln, sondern bei einem Discount Broker.

Discount Broker sind in aller Regel Tochtergesellschaften großer Banken, die sich auf Wertpapierdienstleistungen spezialisiert haben. Sie bieten aber keine Anlageberatung an, sondern nur Kauf, Verkauf und Verwaltung von Wertpapieren. Die Gebührenstruktur eines Discount Brokers ist prinzipiell der Gebührenstruktur einer Geschäftsbank vergleichbar. Die Provision beträgt nicht 1 %, sondern, abhängig vom Transaktionsvolumen, ca. 0,5 % oder noch weniger.

Die Gebührenhöhe ist für alle Anleger von Interesse, besonders aber für die Aktienanleger, die ihr Depot relativ oft umschichten, also recht rege Aktien aus ihrem Bestand verkaufen und mit dem Erlös andere, vermeintlich ertragreichere Aktien kaufen. Wer einmal pro Jahr sein gesamtes Depot auf diese Weise umschlägt, trägt Transaktionskosten in Höhe von etwa 2,5 % des Depotwertes. Wer die Aktien in seinem Depot in Ruhe „reifen" läßt, hat keine zusätzlichen Transaktionskosten zu tragen. Bei einer angenommenen Aktienrendite von etwa 10 % ist es schon relevant, ob die Rendite durch häufige Umschichtung auf 7,5 % oder noch darunter vermindert wird.

Der Anleger sollte gut abwägen, ob die neu in das Depot aufgenommenen Aktien wirklich eine so viel höhere Rendite versprechen, daß sie die zusätzlichen Kosten rechtfertigen. Für den Anleger, der sein Depot breit gestreut angelegt hat, um langfristig mit hoher Wahrscheinlichkeit in den Genuß der durchschnittlich höheren Rendite der Anlageform Aktie zu kommen, lohnt sich eine häufige Umschichtung nicht. Hier bestätigt sich die alte Börsenweisheit:

Hin und Her macht Taschen leer.

Vater Staat will mitverdienen ...

oder
Gebt dem Fiskus, was des Fiskus ist – aber auch nicht mehr

Udo H. legt Manfred E. ein Formular vor: „Freistellungsauftrag" steht darauf. Manfred E. kann sich darunter nichts vorstellen. „Wen soll ich mit einer Freistellung beauftragen, und wer soll wovon freigestellt werden?" „Es handelt sich um eine Steuersache", klärt sein Berater ihn auf. „Mit diesem Auftrag können wir Ihnen Dividenden und Zinsen ohne Abzug von Körperschaft- und Kapitalertragsteuer auszahlen." „Diese Steuern muß ich aber doch trotzdem bezahlen? Was gewinne ich durch diesen Freistellungsauftrag?", fragt Manfred E.

„An Ihrer Gesamtsteuerschuld ändert sich durch den Freistellungsauftrag nichts", holt der Anlageberater Manfred E. auf den harten Boden der steuerlichen Tatsachen zurück. „Aber Sie können die Steuern, die sonst von Ihren Kapitalerträgen abgezogen würden, durch den Freistellungsauftrag eben schon früher erhalten – bis zur Grenze des Freibetrages." „Freibetrag, Freistellungsauftrag – jetzt versteh ich gar nichts mehr." Manfred E. ist verunsichert. „Was muß ein Privatanleger denn alles beachten? Ich verstehe ja, daß unser Staat sich auch an unseren Zinsen und Dividenden beteiligen will, aber warum muß das immer so kompliziert sein," beschwert er sich (und zwar nicht ganz zu unrecht, wie wir meinen).

„Ganz so kompliziert ist das gar nicht," beruhigt ihn Udo H. „Wenn Sie mehr als 6.100 DM Kapitalerträge im Jahr haben, müssen Sie den darüber hinausgehenden Betrag versteuern, und zwar mit Ihrem persönlichen Einkommensteuersatz. Wenn Sie mit Ihrem Ehepartner zusammenveranlagt werden, verdoppelt sich dieser Freibetrag auf 12.200 DM." „Das klingt ja wirklich einfach", freut sich Manfred E. „Aber wo liegt der Haken?" „In einem komplizierten Verfahren. Aber das erkläre ich Ihnen jetzt ganz einfach Schritt für Schritt", verspricht der Anlageberater. Sehen wir, ob er sein Versprechen einhalten kann.

15. Steuerliche Aspekte der Wertpapieranlage

15.1 Die Besteuerung von Zinsen und Dividenden

Kapitalerträge unterliegen in Deutschland in der Regel der Einkommensteuer. Zu den steuerpflichtigen Erträgen gehören vor allem die Zinszahlungen aus Sparbüchern, Termingeldern und festverzinslichen Wertpapieren sowie die Dividendenerträge aus Aktien.

Nicht der Einkommensteuer unterliegen für den Privatanleger erzielte Kursgewinne bei Aktien und festverzinslichen Wertpapieren. Voraussetzung für die Steuerfreiheit der Kursgewinne ist, daß die Wertpapiere mindestens sechs Monate im Besitz des Anlegers waren. Sonst fallen sie unter die Rubrik „Spekulationssteuer". Auch die Erträge aus Kapitallebensversicherungen sind, sofern sie mindestens über zwölf Jahre laufen, einkommensteuerfrei.

Da viele Sparer in den zurückliegenden Jahren ihre Zinsen aus festverzinslichen Wertpapieren, Sparbüchern oder Termingeldern in der jährlichen Einkommensteuererklärung nicht berücksichtigt haben, wurde in Deutschland ein System des Vorsteuerabzugs eingeführt, das als Zinsabschlagsteuer (ZASt) bekannt ist. Nun werden alle Zinserträge bereits von den Zahlstellen, d.h. den Kreditinstituten, bei denen die Wertpapierdepots verwaltet werden, um 30 % Zinsabschlagsteuer gekürzt.

Beispiel:
Hat ein Anleger eine Anleihe mit einem Nennwert von 30.000 DM und einem Nominalzinssatz von 6,5 % erworben, so würde der gesamte Zinsbetrag 1.950 DM betragen. Tatsächlich erhält der Sparer aber nur 1.365 DM ausgezahlt. Über die fehlende Summe von 585 DM stellt ihm die Bank eine Steuergutschrift aus. Diese Steuergutschrift reicht der Anleger zusammen mit seiner Einkommensteuererklärung ein. Liegt der persönliche Einkommensteuersatz des Anlegers unter 30 %, so wird ihm der zuviel abgezogene Betrag auf die übrige Einkommensteuerschuld (die aus anderen steuerpflichtigen Einkünften resultieren kann) angerechnet, oder es wird ihm der Betrag zurückerstattet.

Kapitalerträge sind nun jedoch bis zu einem Betrag von 6.100 DM pro Jahr (bzw. 12.200 DM bei zusammenveranlagten Ehepaaren) einkommensteuerfrei.[13] Würde das oben beschriebene Standardverfahren immer und ausnahmslos angewandt, müßten Millionen von Kapitalanlegern über ein Jahr auf die vollständige Auszahlung bzw. Rückerstattung ihrer Zinsen warten. Um dies zu verhindern, hat der Gesetzgeber das Freistellungsverfahren eingeführt: Jeder Anleger kann seiner Bank oder Sparkasse einen Freistellungsauftrag bis zur Höhe von 6.100 DM (bei Ehepaaren ist dieser Betrag stets zu verdoppeln) erteilen. Die Bank führt dann die Zinsabschlagsteuer nicht an das Finanzamt ab, sondern zahlt den Zinsbetrag vollständig an den Sparer aus.

Hat ein Anleger mehrere Wertpapierdepots, z.B. bei verschiedenen Kreditinstituten, kann er seinen Freistellungsauftrag auch teilen. Dabei muß er allerdings darauf achten, daß der Gesamtbetrag von 6.100 DM (bzw. 12.200 DM) nicht überschritten wird. Sobald die Zinsen, die das Kreditinstitut an den Anleger ausgezahlt hat, die Höhe des Freistellungsauftrages übersteigen, werden von der Bank automatisch die nun fälligen Zinsabschläge vorgenommen und an das Finanzamt überwiesen. Der Anleger erhält dann mit seiner Zinsabrechnung die schon erwähnte Steuerbescheinigung.

Um Steuern zu sparen, könnte ein gewitzter Anleger auf die Idee kommen, seine Anleihen im Schließfach oder zu Hause aufzubewahren und die Zinskupons immer persönlich am Bankschalter einzulösen. Damit die Anleger die Zinsabschlagsteuer nicht umgehen, müssen die Kreditinstitute bei Kuponeinlösungen aus Tafelgeschäften eine erhöhte Zinsabschlagsteuer von 35 % einbehalten. Damit haben auch Tafelgeschäfte steuerlich gesehen keinen besonderen Reiz mehr.

Etwas komplizierter als bei Anleihen oder anderen verzinslichen Anlageformen ist die steuerliche Behandlung von Aktien. Bei den Dividendenwerten hat der Gesetzgeber bereits 1976 ein Anrechnungsverfahren eingeführt, um eine doppelte Besteuerung von Unternehmensgewinnen – zuerst die Körperschaftsteuer bei der Aktiengesellschaft selber und dann noch einmal die Einkommensteuer auf Dividendenzahlungen beim Aktionär – zu verhindern. Neben der Körperschaftsteuer wird von Dividen-

---

13 Im Rahmen der Steuerreform steht auch die Senkung des Freibetrages zur Diskussion. An der grundsätzlichen Vorgehensweise wird sich aber wahrscheinlich nichts ändern.

den auch noch die Kapitalertragsteuer einbehalten. Über beide Steuern – Körperschaft- und Kapitalertragsteuer – erhält der Aktionär eine Gutschrift, die er bei der Einkommensteuer anrechnen lassen kann.

Beispiel für die Besteuerung von Aktien:
Die Aktiengesellschaft beschließt, je Aktie 10,00 DM Dividende auszuschütten. Das bedeutet, daß sie zunächst 30 % des gesamten Ausschüttungsbetrages (*einschließlich* der Steuer) als Körperschaftsteuer an den Fiskus abführen muß. Die 10,00 DM Dividende entsprechen 70 % der Gesamtausschüttung, und die Belastung mit Körperschaftsteuer beträgt 3/7 der Dividende, also 4,30 DM. Bei 10,00 DM Dividende fließen von der Aktiengesellschaft also insgesamt 14,30 DM ab. Der Aktionär erhält neben der Dividende eine Bescheinigung über die von der Aktiengesellschaft gezahlte Körperschaftsteuer. Diese Bescheinigung reicht er im Rahmen der Einkommensteuererklärung bei seinem Finanzamt ein, und die bereits von ihm gezahlte Körperschaftsteuer wird auf seine Einkommensteuerschuld angerechnet.[14]

Bis hierhin unterscheidet sich aus der Sicht des Aktionärs die Besteuerung von Dividenden nur in den Bezeichnungen von der Besteuerung der Zinserträge. Der Anleihenbesitzer erhält eine Gutschrift über Zinsabschlagsteuer, der Aktionär eine Gutschrift über Körperschaftsteuer.

Von der Dividende wird noch eine weitere Steuer abgezogen: die Kapitalertragsteuer. Sie beträgt 25 % der Dividende, in unserem Beispiel also 2,50 DM. Damit verringert sich der Betrag, der dem Aktionär tatsächlich ausgezahlt wird, auf 7,50 DM. Über die einbehaltene Kapitalertragsteuer erhält der Aktionär nun ebenfalls eine Gutschrift, die er wiederum bei seiner Einkommensteuererklärung anrechnen lassen kann.

Insgesamt werden dem Aktionär bei einer Dividende von 10,00 DM 4,30 DM Körperschaft- und 2,50 DM Kapitalertragsteuer, also 6,80 DM, gutgeschrieben und nur 7,50 DM ausgezahlt. Der Freistellungsauftrag gilt auch für die Gutschriften von Körperschaft- und Kapitalertragsteuer, so daß der Anleger nicht nur seine Zinserträge, sondern auch seine Dividenden ohne Steuerabzüge vereinnahmen kann, immer bis zur Höhe des

---

14 Ausnahme: wenn eine Aktiengesellschaft im Ausland erwirtschaftete Gewinne an die Aktionäre ausschüttet, muß in Deutschland keine Körperschaftsteuer abgeführt werden, und der Aktionär erhält auch keine Gutschrift.

Freibetrags von 6.100 DM bzw. 12.200 DM bei zusammenveranlagten Ehepartnern.

Die Besteuerung laufender Zins- und Dividendenerträge läßt sich so zusammenfassen:

- Bis 6.100 DM Kapitalerträge pro Jahr fällt keine Einkommensteuer an. Hat der Anleger einen Freistellungsauftrag erteilt, erhält er die Kapitalerträge vollständig ausgezahlt.
- Kapitalerträge über 6.100 DM pro Jahr werden mit dem persönlichen Einkommensteuersatz des Anlegers versteuert. Die vorher einbehaltenen Steuern (Zinsabschlagsteuer, Körperschaftsteuer, Kapitalertragsteuer) werden dabei angerechnet.

15.2 Die Besteuerung von Kursgewinnen

Neben den laufenden Kapitalerträgen besteht die Rendite eines Anlegers auch noch aus Kursgewinnen. Während dies bei Anleihen eher eine untergeordnete Rolle spielt, stellt der Kursgewinn bei der Aktienanlage den größeren Teil der Rendite dar. Für Privatanleger sind Kursgewinne in der Regel steuerfrei, wenn einige Voraussetzungen erfüllt sind.

Ein beim Verkauf eines Wertpapieres erzielter Gewinn ist dann zu versteuern, wenn die Wertpapiere sich „nicht mehr als sechs Monate" im Besitz des Anlegers befanden.[15] Bis 999,99 DM Spekulationsgewinn pro Jahr sind steuerfrei, doch bei einem Spekulationsgewinn von 1.000 DM pro Jahr ist der Gesamtgewinn – also auch die ersten 999,99 DM – voll zu versteuern. Es handelt sich hier also steuerrechtlich um eine *Freigrenze* und nicht, wie bei den steuerfreien Kapitalerträgen von 6.100 DM, um einen *Freibetrag*.

Es ist wichtig, bei eventuellen Verkaufsentscheidungen nach ungefähr einem halben Jahr den Verkaufszeitpunkt genau zu berechnen. Wird die Aktie genau ein halbes Jahr nach dem Erwerb wieder verkauft, also z.B. bei einem Erwerb am 13. März genau am 13. September, so wird *Spekulationssteuer* fällig. Die Aktien haben sich nicht mehr als sechs Monate,

---

15 Es steht zur Diskussion, diese Frist auf ein Jahr zu verlängern.

sondern genau sechs Monate im Besitz des Anlegers befunden. Der Anleger sollte also mit dem Verkauf bis zum 14. September warten.

In aller Regel wird auch bei sehr volatilen Aktien ein jederzeit möglicher Kursrückgang von einem Tag zum anderen geringer ausfallen als die zu zahlende Spekulationssteuer. Eine um einen Tag längere Haltedauer wird also kaum schaden. In Ausnahmesituationen, z.B. bei plötzlichen wirtschaftlichen Schwierigkeiten eines Unternehmens, Konkursgerüchten etc. wird der kluge Anleger natürlich die Spekulationssteuer zahlen, da er sonst mit sehr extremen Kursrückgängen und also noch größeren Verlusten rechnen müßte.

Für die Berechnung der Frist ist der Geschäftstag, also der Tag, an dem die Aktie an der Börse erworben bzw. veräußert wurde, entscheidend; nicht der Valutatag, an dem das Geschäft verbucht wurde. Die Frist beginnt um 0.00 Uhr des Tages nach dem Kauf und endet um 24.00 Uhr des Tages, der genau sechs Monate nach dem Kauf liegt. Gibt es diesen Tag im Kalender nicht, so wird die Regel entsprechend angepaßt: für eine am 30. August erworbene Aktie würde die Spekulationsfrist am 30. Februar enden. Da dies nicht möglich ist, wird statt dessen der 28. Februar, in Schaltjahren natürlich der 29. Februar gewählt. Je nach dem Monat, in dem der Kauf getätigt wurde, kann die sechsmonatige Spekulationsfrist also um einige Tage differieren.

Bei zusammenveranlagten Ehepaaren verdoppelt sich die Freigrenze von 1.000 DM nicht automatisch wie bei dem Freibetrag für Kapitalerträge. Es kann aber jeder Ehepartner für seine Spekulationsgeschäfte die Freigrenze von 1.000 DM ausschöpfen. Für Anleger, die trotz der dabei entstehenden Transaktionskosten relativ häufige Umschichtungen ihres Depots vornehmen wollen und dabei auch Kursgewinne erzielen, kann sich die Eröffnung eines zweiten Depots auf den Namen des Ehegatten lohnen.

Spekulationsgewinne aus dem Verkauf einer Aktie können gegen Spekulationsverluste aus dem Verkauf einer anderen Aktie kompensiert werden.

Beispiel:
Wenn in einem Kalenderjahr die Spekulationsgewinne 3.800 DM betrugen und die Spekulationsverluste 2.500 DM, sind nur noch die überzähligen 1.300 DM zu versteuern. Sinkt der Netto-Spekulationsgewinn un-

ter die Freigrenze von 1.000 DM, werden überhaupt keine Steuern mehr fällig. Übersteigen die Verluste die Gewinne, erstattet das Finanzamt dem unglücklichen Spekulanten allerdings nichts zurück; auch eine Aufrechnung der Verluste gegen andere Einkünfte (z.B. Dividenden) ist nicht möglich.

Lange Zeit war zwischen Anlegern und Finanzämtern strittig, welcher Tag als Beginn der Spekulationsfrist gelten sollte, wenn die Aktie in mehreren Schritten zu unterschiedlichen Zeitpunkten erworben wurde. Die Finanzverwaltung wandte stets das Lifo-Verfahren an: *Last In, First Out*. Das bedeutet, daß die zuletzt gekauften Aktien als die zuerst verkauften galten und demzufolge relativ oft Spekulationssteuer anfiel. Das entsprach durchaus dem Interesse des Fiskus, nicht aber dem Interesse der Anleger. Seit einem einschlägigen Urteil des Bundesfinanzhofes gilt nun das Fifo-Verfahren: *First In, First Out*. Die zuerst gekauften Aktien gelten auch als die zuerst verkauften. Somit wird in einer Vielzahl der Fälle überhaupt keine Spekulationssteuer mehr fällig. Verkauft der Anleger jedoch mehr Aktien, als er vor Beginn des Sechsmonatszeitraumes besessen hat, so wird für die der Spekulationsfrist noch unterliegenden Aktien der durchschnittliche Anschaffungskurs angesetzt.

Zeitpunkt		Kurs	Stückzahl
Kauf	31.12.95	100	100
	1.1.96	90	40
	1.2.96	100	30
	1.3.96	110	30
Summe			200
Verkauf	1.7.96	150	150

Die ersten 100 Aktien wurden vor mehr als sechs Monaten erworben, so daß der Kursgewinn aus ihrem Verkauf steuerfrei ist. Der Gewinn aus dem Verkauf der anderen fünfzig Aktien unterliegt hingegen der Spekulationssteuer. Zur Bestimmung des Anschaffungskurses wird das arithmetische Mittel der einzelnen Käufe ermittelt:

$$\frac{(40 \times 90) + (30 \times 100) + (30 \times 110)}{40 + 30 + 30} = 99{,}00 \text{ DM}$$

Der Spekulationsgewinn beträgt (150 – 99) = 51 DM je Aktie oder, da 50 Aktien spekulationssteuerpflichtig sind,

50 x 51 DM = 2.550 DM

Dieser Betrag unterliegt vollständig der Spekulationssteuer. Bei einem persönlichen Einkommensteuersatz von 35 % hätte der Anleger 892,50 DM Steuer zu zahlen, bei 45 % bereits 1.147,50 DM.

Es ist wichtig und sinnvoll, die Regeln der Besteuerung von Spekulationsgeschäften zu kennen und bei den Anlageentscheidungen zu beachten. Allerdings wird die Spekulationsfrist von sechs Monaten häufig mißverstanden. Das erste Mißverständnis lautet, man dürfe Aktien erst nach mindestens sechs Monaten verkaufen. Das stimmt natürlich nicht, denn ein Verkauf ist jederzeit möglich und auch gesetzlich zulässig. Das zweite Mißverständnis lautet, nach sechs Monaten solle eine Aktie verkauft werden. Auch das ist nicht richtig: eine Aktie sollte so lange gehalten werden, wie der Anleger weitere Kurssteigerungen erwartet und keine bessere Anlagealternative kennt. Folgt der Anleger der modernen Portfoliotheorie und stellt ein ausgewogenes Depot verschiedener Aktien zusammen, so wird er ohnehin nur sehr behutsame Umschichtungen vornehmen und die langfristige Rendite dem kurzfristigen Spekulationsgewinn vorziehen.

15.3 Die Anrechnung ausländischer Quellensteuer

Wer die Grundregel der Asset Allocation ernst nimmt und seine Geldanlage auch international streut, wird früher oder später in den „Genuß" einer bereits im Ausland einbehaltenen Quellensteuer kommen. Für den Anleger ist es natürlich wichtig, ob ihm die im Ausland gezahlte Quellensteuer zurückerstattet oder ob sie ihm als Steuer (wie die deutsche Kapitalertragsteuer) angerechnet wird. So kann z.B. ein Teil der im Ausland einbehaltenen Quellensteuer auf Antrag (mit Wohnsitzbescheinigung) zurückerstattet werden. Der nicht erstattete Teil kann dann auf die deutsche Steuer angerechnet werden, die auf die ausländischen Erträge zu zahlen ist.

Diese Fragen sind detailliert in bilateralen Doppelbesteuerungsabkommen (DBA) geregelt, die hier nicht wiedergegeben werden können. Auf jeden Fall lohnt sich aber für den Anleger ein Gespräch mit dem Steuerberater, wenn im Ausland Quellensteuern einbehalten wurden.

15.4 Steuerstrategien bei der Anlagepolitik

Ziel der Anlageentscheidungen ist nicht die Maximierung der Steuerersparnisse, sondern die Maximierung der Rendite nach Steuern. Beides fällt in aller Regel nicht hundertprozentig zusammen. Trotzdem sollten Anlageentscheidungen auch unter Berücksichtigung der steuerrechtlichen Regeln getroffen werden.

Hat ein zusammenveranlagtes Ehepaar bereits den Freibetrag von 12.200 DM für Kapitalerträge ausgeschöpft, können weitere Depots auf die Namen der Kinder eingerichtet werden. Schließlich hat jedes Kind ebenfalls einen Freibetrag von 6.100 DM (und eine Freigrenze von 1.000 DM bei der Spekulationssteuer). Da die Kinder in den meisten Fällen über kein sonstiges Einkommen, z.B. aus unselbständiger Beschäftigung, verfügen, können ihre Erträge aus Kapitalvermögen sogar noch höher sein, bevor eine Steuerpflicht eintritt.

Ein anderer Weg, den Freibetrag von 6.100 DM bzw. 12.200 DM besser auszunutzen, führt über die Depotstruktur. So kann ein Anleger, dessen Kapitalerträge 6.100 DM übersteigen, in festverzinsliche Wertpapiere mit einem Kupon investieren, der unterhalb des Marktzinses liegt. Er hat dann zwar geringere steuerpflichtige Zinserträge, aber dafür einen höheren Kursgewinn, wenn der Marktzins sinkt oder die Anleihe zum Nennwert wieder getilgt wird. Der Anleger muß beim Erwerb neu emittierter Anleihen aber darauf achten, daß der Fiskus nicht jedes beliebig hohe Disagio akzeptiert, also auf die Besteuerung des Kursgewinnes bis zur Tilgung verzichtet.

Noch steuereffizienter (und langfristig ohnehin rentabler) ist ein hoher Aktienanteil im Wertpapierdepot. Bei festverzinslichen Papieren mit einem Kupon von 6 % wird die Grenze des Freibetrages bereits bei einem Depotvolumen von 101.666,67 DM überschritten, bei einem Kupon von 7 % schon bei 87.142,86 DM. Die durchschnittliche Dividendenrendite liegt in Deutschland hingegen bei nur 3 bis 4 %, was ein steuerfreies Depotvolumen von ca. 150.000 bis 200.000 DM ermöglicht. Wer nicht wegen der höheren Rendite der Anlageform Aktie in Dividendenwerte investiert, sollte dies zumindest aus steuerlichen Gründen in Erwägung ziehen, wenn sein Anleihendepot die kritische Grenze erreicht.

Die Möglichkeit, Spekulationsverluste gegen Spekulationsgewinne aufzurechnen, kann zur Eliminierung der gesamten Spekulationssteuer genutzt werden. Ist in einem Kalenderjahr ein spekulationssteuerpflichtiger Gewinn angefallen, so kann im gleichen Jahr durch Verkauf einer Aktie mit Verlust ein Spekulationsverlust erzeugt werden. Wird unmittelbar darauf diese (oder auch eine beliebige andere) Aktie zurückgekauft, hat die Transaktion einen Kursverlust von ca. 2,5 % zur Folge. Wenn die Transaktionskosten geringer sind als die ersparte Spekulationssteuer, haben sich Kauf und Verkauf für den Anleger gelohnt.

Beispiel:
Mit der Aktie A hat der Anleger von April bis August einen spekulationssteuerpflichtigen Gewinn von 3.500 DM erzielt. Bei seinem Steuersatz von 40 % bedeutet dies eine Steuerschuld von 1.400 DM. Die in den letzten sechs Monaten erworbenen 100 Stücke der Aktie B haben dem Anleger inzwischen einen Kursverlust von 2.800 DM eingebracht. Wenn er die Aktie B nun innerhalb der Sechsmonatsfrist verkauft, steht dem Spekulationsgewinn von 3.500 DM ein Spekulationsverlust von 2.800 DM gegenüber. Es verbleibt ein Netto-Spekulationsgewinn von 700 DM, der unterhalb der Freigrenze von 1.000 DM liegt und deshalb nicht versteuert werden muß.

Die Kosten hängen von dem Kurswert der verkauften Aktie B ab. Beträgt dieser z.B. 5.000 DM, so fallen bei Verkauf und Wiederanlage des Verkaufserlöses Transaktionskosten von ca. 125 DM an. Der Anleger hat Steuern in Höhe von 1.400 DM gespart und 125 DM an Bankgebühren gezahlt, er steht sich um 1.275 DM besser als ohne die Tauschaktion.

Voraussetzung für diese Strategie ist, daß sich eine Aktie im Depot befindet, die erst in den letzten sechs Monaten gekauft wurde und deren Kurs stark gesunken ist. Bei der steuerlich motivierten Realisierung von Kursverlusten handelt es sich eher darum, aus Verlusten noch das Beste zu machen. Jeder Anleger wird es natürlich vorziehen, nur gewinnbringende Aktien im Depot zu haben, anstatt mit „Nieten" andere Gewinne zu belasten.

Zu guter Letzt ...

oder
Das soll schon alles gewesen sein?

„Na, das reicht!", meint Manfred E. „Ich glaube, Sie haben zu guter Letzt doch noch einen Finanzexperten aus mir gemacht." „Seien Sie sich da bitte nicht zu sicher", warnt ihn Udo H. „Sie wissen nun eine Menge über Geldanlage. Aber wir haben viele Themen nur kurz anreißen können. Sie kennen die Grundzüge recht gut, aber nicht die Feinheiten. Und auf die kommt es häufig besonders an." „Ja, der Teufel steckt immer im Detail", stimmt ihm Manfred E. zu. „Aber mehr Informationen kann ich jetzt nicht verarbeiten!" „Das sollen Sie auch nicht," beruhigt ihn Udo H. „Das Wichtigste habe ich Ihnen erläutert. Und die Details sollten wir von Fall zu Fall klären. Geldanlage ist ein dynamischer Prozeß. Wir müssen in regelmäßigen Abständen überprüfen, ob Ihre Depotstruktur noch richtig ist."

„Wenn nicht, dann schichten wir um", wirft Manfred E. ein, „das haben wir ja schon besprochen: immer ganz behutsam bei Neuanlagen und der Wiederanlage von Zinsen oder Dividenden." „Ja", bestätigt Udo H. „Das ist billiger und reicht meist aus, eine optimale Depotstruktur aufrechtzuerhalten. Nur bei extremen Änderungen werden wir einzelne Papiere umschichten."

„Das ist einfach!", freut sich Manfred E. „Und was muß ich sonst noch tun?" „Es wäre gut, wenn Sie die wirtschaftliche und politische Entwicklung verfolgen würden. Zinshöhe und Konjunktur, Wirtschaftspolitik und Steuern sind für jeden von uns bedeutsam. Und die Tageszeitungen haben nicht nur einen Sportteil und ein Feuilleton, sondern auch einen Wirtschaftsteil." „Und auch in das eine oder andere Fachbuch zur Geldanlage kann ich ja mal einen Blick werfen.", meint Manfred E.

Damit hat er völlig recht. Und um dies auch Ihnen, liebe Leser, zu ermöglichen, haben wir auf den folgenden Seiten einige weiterführende Literaturhinweise für Sie zusammengestellt.

Literaturhinweise

Die Flut der Bücher, Broschüren und sonstigen Publikationen rund um das Thema Geldanlage ist inzwischen unüberschaubar geworden. Im folgenden kann deshalb nur eine kleine Auswahl ohne jeglichen Anspruch auf Vollständigkeit gegeben werden. Dabei wurden ganz bewußt weniger die üblichen Börsenratgeber („Millionär in sechs Wochen") berücksichtigt als Literatur, die über die in diesem Buch dargestellten Grundlagen der modernen Finanztheorie hinausgeht oder sonst für den Anleger wichtige Informationen enthält.

Jedem Leser kann darüber hinaus angesichts der Vielzahl von Büchern zur Geldanlage und Vermögensbildung nur dringend empfohlen werden, bei weitergehendem Informationsbedarf das einschlägige Angebot in einer größeren Buchhandlung zu sichten. Das teurere Buch ist aber nicht immer auch automatisch das bessere, und das mehr versprechende (oder reißerischere) Buch ist keineswegs immer das gewinnbringendere (vom Gewinn an Erfahrungen einmal abgesehen).

Baßeler, Ulrich, Jürgen Heinrich und Walter Koch: Grundlagen und Probleme der Volkswirtschaft, Köln 1991

Bauer, Ch., Volatilitäten und Betafaktoren – geeignete Risikomaße?, in: Die Bank, Heft 3, 1991, S. 172 – 175.

Bernstein, Peter L.: Capital Ideas. The Improbable Origins of Modern Wall Street, New York u.a. 1992

Bleymüller, J., Gehlert, G., Gülicher, H.: Statistik für Wirtschaftswissenschaftler, 7. Aufl. München 1991

Büschgen, H.E.: Bankbetriebslehre. Bankgeschäfte und Bankmanagement, 2. Aufl. Wiesbaden 1989

Cesar, Gerald: Aktienanalyse heute, Wiesbaden 1996

Christians, F. Wilhelm: Finanzierungshandbuch, 2. Auflage, Wiesbaden 1988

Cottle, S., Murray, R.F.,, Block, F.E.: Graham and Dodd's Security Analysis, 5. Aufl. New York u.a. 1988

Demuth, Michael: Gabler Planer Börse '96, Wiesbaden 1996

Deutsches Aktieninstitut e.V.: Aktien richtig einschätzen, Frankfurt 1997

Deutsches Aktieninstitut e.V.: Alles über Aktien, Frankfurt 1996

DVFA (Hrsg.): Klassische technische Analyse (Charttechnik). Computergestützte technische Analyse, Graphiken mit praktischen Anwendungsbeispielen, Heft 27, Darmstadt 1991

DVFA/SG (Hrsg.): Ergebnis nach DVFA/SG. Gemeinsame Empfehlung, Darmstadt und Köln 1990

Eberts, Manfred: Das Berufsbild des Finanzanalysen in der Bundesrepublik Deutschland, Darmstadt 1986

Edwards, R.D., Magee, J.: Technische Analyse von Aktientrends, Darmstadt 1976

Eller, Roland: Modernes Bondmanagement, Wiesbaden 1993

Elton, E.J., Gruber, M.J.: Modern Portfolio Theory and Investment Analysis, 4. Aufl. New York 1991

Frei, Norbert, und Christoph Schlienkamp: Aktie im Aufwind, Wiesbaden 1997

Hielscher, Udo: Fischer Börsenlexikon, Frankfurt 1992

Hielscher, Udo: Investmentanalyse. 2. Auflage, München und Wien 1996

Holzer, Ch.. S.: Anlagestrategien in festverzinslichen Wertpapieren, Wiesbaden 1990

Janßen, B., Rudolph, B.: Der Deutsche Aktienindex DAX, Frankfurt 1992

Küting, K.H., Weber, C.P.: Bilanzanalyse und Bilanzpolitik nach neuem Bilanzrecht, Stuttgart 1987

Lindmayer, Karl H.: Geldanlage und Steuern '97, Wiesbaden 1996

Loistl, Otto: Computergestütztes Wertpapiermanagement, 4. Aufl. München und Wien 1992

Loistl, Otto: Kapitalmarkttheorie, München und Wien 1991

Markowitz, H.M., Portfolio Selection, in: Journal of Finance, 7. Jg., 1952, S. 77 – 91

Mella, Frank: Dem Trend auf der Spur – Der deutsche Aktienmarkt 1959 – 1987 im Spiegel des Index, Frankfurt 1988

Moody's (Hrsg.): Corporate Bond Defaults and Defaults Rates 1970 – 1994, New York 1995

Müller-Fonfara: Mathematik verstehen, Gütersloh 1994

Perridon, Louis und Manfred Steiner: Die Finanzwirtschaft des Unternehmens, 7. Auflage, München 1993

Rosen, Rüdiger von: Chancengemeinschaft. Deutschland braucht die Aktie, München 1997

Ross, S.A.: The arbitrage theory of capital asset pricing, in: Journal of Economic Theory, Jg. 13, 1976, S. 341 – 360

Ross, S.A.: The CAPM, short-sale restrictions and related isues, in: The Journal of Finance, Jg. 32, 1977, S. 177 – 183

Samuelson, P.A., Nordhaus, W.D.: Volkswirtschaftslehre. Grundlagen der Makro- und Mikroökonomie (2 Bände), 8. Aufl. Köln 1987

Schleis, Konrad: Börsenpsychologie und Aktienkursprognose, Zürich 1993

Schubert, Torsten: Gabler Lexikon Geldanlage. Von Aktie bis Zins-Option, Wiesbaden 1994

Sharpe: Portfolio Theory and Capital Markets, New York et al. 1970

Sieper, Hartmut (Hrsg.): Handbuch Vermögensanlage, Wiesbaden 1992

Standard & Poor's (Hrsg.): S&P 500 1995 Directory, New York 1995

Steiner, Manfred, und Christoph Bruns: Wertpapiermanagement, 4. Auflage Stuttgart 1996

Uhlir, H., Steiner, P.: Wertpapieranalyse, Wien, 3. Auflage

Wöhe, G.: Einführung in die Allgemeine Betriebswirtschaftslehre, 16. Aufl. München 1986

Woll, A.: Allgemeine Volkswirtschaftslehre, 9. Aufl. München 1987

Stichwortverzeichnis

Weitere Titel
aus der Bankfachbuchreihe:

Gerald Cesar
Aktienanalyse heute
Gewinnmaximierung an der Börse
1996, 324 Seiten, gebunden DM 89,–
ISBN 3-409-14058-1

Der Autor Gerald Cesar ist ein Experte in der Entwicklung und Anwendung technischer und fundamentaler Marktsysteme. Er nennt in diesem Buch die Einflußfaktoren für die Kursbildung an den Aktienmärkten und zeigt klassische und neue Methoden und Techniken der Aktienanalyse, um von den Unter- und Überbewertungen zu profitieren. Er überprüft mit Hilfe des Computers auf der Basis der tatsächlichen Kursentwicklung die Prognosefähigkeit zahlreicher Methoden und Modelle und gibt so wertvolle Anregungen für praxisorientierte Anlagestrategien.

Um die komplexen Zusammenhänge an den Finanzmärkten zu verstehen und für das tägliche Geschäft zu nutzen, werden immer öfter Expertensysteme und neuronale Netze verwendet. Anlageberater und professionalle Anleger erhalten einen Überblick, wie sich die unterschiedlichen Verfahren der künstlichen Intelligenz in der Aktienanalyse und im Portefeuille-Management einsetzen lassen und wo ihre Grenzen liegen.

Christoph Graf von Bernstorff
Finanzinnovationen
Anwendungsmöglichkeiten, Strategien, Beispiele
1996, 216 Seiten, gebunden DM 89,–
ISBN 3-409-14168-5

Seit Anfang der 80er Jahre gibt es die sogenannten Finanzinnovationen auf dem Markt und sie sind mittlerweile aus dem heutigen Wirtschaftsleben nicht mehr wegzudenken. Die maßgeschneiderten Angebote, die oft auch durch eine Verknüpfung unterschiedlicher Instrumente erreicht werden, sind von hohem Nutzen für die Marktteilnehmer und begünstigen die rasante Entwicklung dieser Produkte.

Den Chancen stehen jedoch auch viele Risiken gegenüber verbunden mit entsprechenden Beschränkungen – teils gesetzlicher, teils aufsichtsrechtlicher Natur –, die es zu beachten gilt. »Finanzinnovationen" erläutert die komplexe Materie und gibt eine mit praktischen Beispielen unterlegte Einführung. Finanz-, Zins- und Währungsinnovationen wie Optionen, Financial Futures und Swaps werden systematisch erklärt und durch eine tiefgehende Betrachtung des Euromarktes ergänzt. Aktuelle Regelungen wie die Verlautbarungen und Mindestanforderungen an das Betreiben von Handelsgeschäften der Kreditinstitute des BAKred, die 5. KWG-Novelle sowie die Kapitaladäquanzrichtlinie sind berücksichtigt und lassen dieses Buch zu einem Wegweiser durch den Themenbereich werden.

Der Autor Dr. jur. Christoph Graf von Bernstorff ist in der Leitung des internationalen *Firmen*kundengeschäfts einer großen Reginalbank in täglicher Praxis mit Fragestellungen der Finanzinnovationen befaßt. Er hat sich in umfangreichen Buch- und Zeitschriftenbeiträgen zu Fragen des Wirtschaftsrechts einen Namen gemacht.

Zu beziehen über den Buchhandel oder beim Gabler-Verlag, Wiesbaden;
Änderungen vorbehalten

GABLER

BETRIEBSWIRTSCHAFTLICHER VERLAG DR. TH. GABLER, ABRAHAM-LINCOLN-STRASSE 46, 65189 WIESBADEN